"十四五"职业教育国家规划教材

高等职业教育高速铁路客运服务专业系列教材

高速铁路行车技术管理

（第二版）

李海荣◎主　编
杨小燕　姜　雯◎副主编

中国铁道出版社有限公司

2024年·北　京

内 容 简 介

本书为"十四五"职业教育国家规划教材、高等职业教育高速铁路客运服务专业系列教材之一，采用任务驱动方式编写，共7个项目、26个任务，主要内容有：高速铁路的发展及运输组织模式认知、高速铁路车站工作组织、高速铁路旅客列车开行方案的编制、高速铁路列车运行图编制和通过能力计算、高速铁路行车闭塞办理及列车运行组织、动车组运用及乘务计划认知、高速铁路调度指挥工作等。

本书适合作为高等职业院校高速铁路客运服务及相关专业教材，也可供中等职业院校高速铁路乘务及相关专业学生以及从事铁路运输相关工作的职工参考、学习。

图书在版编目(CIP)数据

高速铁路行车技术管理/李海荣主编．—2版．—北京：中国铁道出版社有限公司，2024.6

"十四五"职业教育国家规划教材　高等职业教育高速铁路客运服务专业系列教材

ISBN 978-7-113-31192-6

Ⅰ.①高…　Ⅱ.①李…　Ⅲ.①高速铁路-铁路行车-技术管理-高等职业教育-教材　Ⅳ.①U238

中国国家版本馆CIP数据核字(2024)第080921号

书　　名： 高速铁路行车技术管理
作　　者： 李海荣

责任编辑： 悦　彩　　**编辑部电话：**(010)51873206　　**电子邮箱：**sxyuecai@163.com
封面设计： 王镜夷　高博越
责任校对： 安海燕
责任印制： 樊启鹏

出版发行： 中国铁道出版社有限公司(100054，北京市西城区右安门西街8号)
网　　址： http://www.tdpress.com
印　　刷： 天津嘉恒印务有限公司
版　　次： 2018年9月第1版　2024年6月第2版　2024年6月第1次印刷
开　　本： 787 mm×1 092 mm　1/16　**印张：** 11.5　**字数：** 282千
书　　号： ISBN 978-7-113-31192-6
定　　价： 35.00元

前言

随着我国高速铁路的持续快速发展，以高速铁路、区际干线为重点的大规模铁路建设全面展开，装备现代化水平极大提高。铁路网布局结构的变化必然带来高速铁路人员需求数量、层次和结构的巨变。

本书从基本知识、基本原理及基本技能角度对高速铁路行车技术管理相关知识进行了介绍，力求符合教学需要及高职高专学生的学习和认知规律，使本书内容具有全面性、系统性和实用性。同时，将近年来我国高速铁路建设所取得的卓越成果以及中国高速铁路走出国门等相关前沿知识融入本书，力求给广大读者了解高速铁路提供一个良好的窗口。

本书第一版于 2018 年 9 月出版，入选“十三五”职业教育国家规划教材、“十四五”职业教育国家规划教材。本次修订，收集了相关院校师生的意见，同时结合企业实践调研和高速铁路建设最新发展情况，听取行业专家对本书内容设置、知识架构及实践能力培养方面的建议，对任务引入中的案例、高速铁路车站高铁快运业务、动车组种类、动车组编组及定员、高速铁路线路综合天窗时间、列控系统列控限速值、动车组检修修程及周期、动车组运用计划种类、部分图示、任务评价等内容进行调整、更新，使本书内容更具系统性和实用性。

本书由辽宁铁道职业技术学院李海荣任主编，南京铁道职业技术学院杨小燕和陕西交通职业技术学院姜雯任副主编，中国铁路沈阳局集团有限公司调度所张伟任主审。具体编写分工如下：项目一，项目六的任务二，项目七由李海荣编写；项目二由陕西铁路工程职业技术学院何凯妮编写；项目三的任务一、任务二，项目五，项目六的任务一由杨小燕编写；项目三的任务三、任务四，项目四由姜雯编写。

本书在编写过程中得到了沈阳局集团公司调度所、上海东站、西安北站、上海局集团公司高华红技能大师工作室等现场专家的大力支持和帮助，并参考、借鉴、吸收了相关文献、书籍及资料，在此对相关作者一并表示深深的感谢。

由于本书涵盖内容较多，参考资料和编者水平有限，难免存在不足之处，诚恳欢迎同行专家、师生及相关读者提出批评及改进意见。

编　者

2024年3月

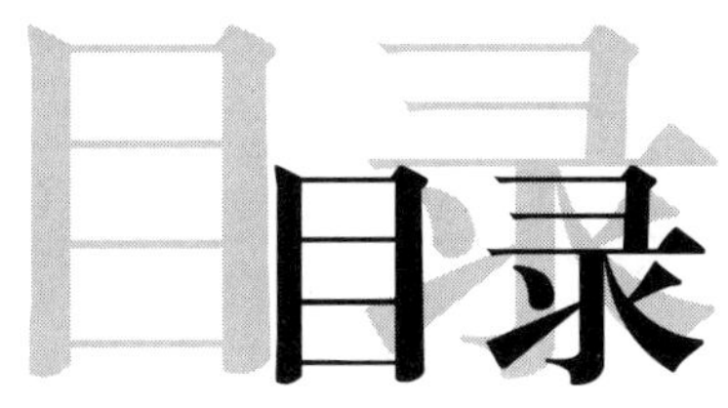

目录

项目一　高速铁路的发展及运输组织模式认知

学习目标

1. 知识目标
- 掌握高速铁路的含义
- 掌握高速铁路的技术经济特征
- 熟悉高速铁路运输组织模式

2. 能力目标
- 能说明我国有代表性高速铁路的情况
- 能说明我国高速铁路运输组织模式

3. 素质目标
- 养成关注我国高速铁路发展动态的学习习惯
- 具有为我国高速铁路发展做出贡献的职业素养

典型工作任务一　高速铁路认知

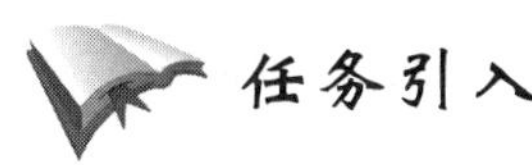

任务引入

高速铁路优势凸显

自1825年英国修建了世界第一条铁路以来，由于运输速度和运输能力上的优点，铁路在很长的历史时期成为各国的交通运输骨干。从20世纪50年代开始，公路和航空运输迅速发展，使铁路在速度上居于劣势，长途客运受航空运输排挤，短途客运被汽车运输取代，铁路进入“夕阳产业”的被动局面。然而进入20世纪70年代以后，由于能源危机、环境恶化、交通安全等问题的困扰，人们重新认识到铁路的价值。高速铁路以其速度高、运能大、能耗低、污染轻等一系列的技术优势，适应了现代社会经济发展的新需求。

高速铁路具有运行速度高、运输能力大、安全性能好、全天候运行、能源消耗少、占用土地省、污染环境轻、乘坐舒适、社会效益好等优势，高速铁路线路平顺、稳定，列车运行平稳，座位宽敞，设施先进，装备齐全，乘坐非常舒适，这些是飞机和汽车难以做到的。

由于高速铁路具有上述多方面的技术经济优势，加之石油资源逐渐枯竭、公路拥挤、环境恶化等因素影响，高速铁路问世以来，形成了一股巨大的潮流，高速铁路建设方兴未艾，高速铁路技术蓬勃发展。

请思考：

1. 何为高速铁路？

2. 发展高速铁路的意义何在?

知识准备

一、高速铁路含义

高速铁路在不同国家、不同时代以及不同的科研学术领域有不同规定。

国际铁路联盟将旧线改造速度达 200 km/h、新线速度达 250 km/h 的铁路定义为高速铁路。

我国《高速铁路设计规范》文件中,将高速铁路定义为新建设计时速为 250～350 km/h,运行动车组列车的标准轨距客运专线铁路。

《铁路技术管理规程(高速铁路部分)》[以下简称《技规(高速铁路部分)》]将 200 km/h 及以上的铁路和 200 km/h 以下仅运行动车组列车的铁路作为高速铁路部分的范畴。

当前各国新建的高速铁路,大多把最高速度定位在 250～350 km/h。

广义的高速铁路既包括轮轨高速铁路,也包含使用磁悬浮技术的高速轨道运输系统。

二、高速铁路技术经济特征

高速铁路是基于传统的轮轨交通工具的基础之上,广泛运用现代高新技术发展起来的产物,其技术既先进又实用,虽源于传统铁路,但借助于多项高新技术,已形成一种能与既有路网兼容的新型交通系统,是当代科学技术进步与经济发展的象征。

(一)高速铁路的基本特点

(1)高速铁路线路的平、纵断面设计以提高线路的平顺性为主,弯道少,曲线半径大,道岔广泛使用可动心轨高速道岔,轨道采用无缝钢轨,而且时速 300 km 及以上的高速铁路通常采用的是无砟轨道,以保证列车运行的安全性、稳定性和平顺性。

(2)大量采用高架桥梁和隧道,来保证平顺性和缩短运输距离。

(3)高速铁路的接触网也与普速铁路不同,要求接触网在机械结构上具有稳定性和足够的弹性。接触网设备及零件要有互换性,应具有足够的耐磨性和抗腐蚀能力。

(4)高速铁路的信号控制系统比普速铁路的等级更高。因为发车密度大,车速高,地面信号作用弱化,故使用了将先进的控制技术、通信技术、计算机技术与铁路信号技术融为一体的列车运行控制系统,以保证列车运行的安全性,提高运输效率。

(二)高速铁路的主要优势

高速铁路是高新技术在铁路上的集中反映,它使交通运输结构发生了新的重大变化,是当代经济、社会、科技、交通发展的必然产物,是世界“交通革命”的一个重要标志。高速铁路与公路、航空等运输方式相比,具有输送能力大,安全可靠,在一定旅行距离内可节省时间,旅行舒适度高,较少受气候变化的影响,又节省石油和土地资源,保护生态环境,摆脱交通堵塞等优势,是解决大通道上大量旅客快速输送问题的最有效途径,已成为世界铁路的普遍发展趋势。高速铁路具有一系列技术经济优势,主要表现在以下几个方面:

1. 速度高

速度是高速铁路技术水平的最主要标志，各国都在不断提高列车的运营速度。法国继1990年5月创造的试验速度515.3 km/h的世界纪录后，地中海新干线建成并构成了由加来至马赛全长1 067.2 km的高速线路；2001年5月26日，法国组织了不停车高速运行1 000 km以上的试验，前1 000 km只用了3 h 9 min，试验平均运行速度达到317.46 km/h（全程历时约3.5 h，试验平均运行速度305 km/h），最高速度达到了366.6 km/h。法国、德国、日本、西班牙和意大利高速列车的最高运营时速分别达到了320 km、300 km、280 km、270 km和250 km。2017年9月，具有完全自主知识产权的复兴号动车组在京沪高速铁路实现350 km运营时速，创当时世界高速铁路商业运营最高速度。2021年初，国铁集团启动了复兴号“CR450科技创新工程”，计划通过对高速铁路移动装备技术的全面提升，研发新一代更高速度、更加安全、更加环保、更加节能、更加智能的复兴号动车组新产品。除最高运营速度外，旅客更关心的是旅行速度，因为旅行速度直接决定了旅客全程的旅行时间。运营速度为250～300 km/h的高速铁路，与公路（100 km/h）、航空（700 km/h）的旅行时间相比，分别在运距250～600 km和200～800 km的范围内具有明显优势。如果考虑到高速铁路列车的安全、方便、舒适、票价等优点，其“优势运距”还可延伸。

2. 安全性好

高速铁路必须保证行车的高度安全，否则，一旦出现事故都将是毁灭性的。各国高速铁路除采用了一系列的现代化的先进技术设备构成的安全监控系统外，在运输组织中对涉及行车安全的各个环节还必须有一套十分严密的管理制度，有关运输设备与设施必须科学地进行养护与维修，与行车有关的操作人员都必须事先进行岗位培训，持证上岗。先进的技术设备及其安全保障系统只能起到防止事故的作用，而严密的管理才能减少和消灭事故。

3. 列车运行正点率高

正点率是高速铁路系统设备可靠性和运输组织水平的综合反映，也是运输服务质量的核心。只有列车始发、运行和终到正点，旅客才能有效安排自己的时间，所以旅客十分看重正点率。各国都十分重视高速铁路列车的正点率问题，并以此作为与其他交通运输方式竞争的重要手段。西班牙规定高速列车晚点超过5 mim要退还旅客全额车票；日本规定到发超过1 min就算晚点，晚点超过2 h就要退还旅客的加快票。在列车正点率方面对旅客有所承诺，不但在市场竞争中赢得了旅客，同时也强化了自身的管理工作。西班牙高速铁路自投入运营以来，列车正点率高达99.6%以上，很少发生赔付事件（退款只占总收入的0.2%）。日本东海道新干线列车平均误点时间只有0.3 min。据统计，中国高速铁路始发正点率达99.1%，到达正点率达98%。

4. 输送能力大

列车间隔越小，运行密度越大，为旅客提供的服务频率越高，旅客等待乘车的时间就越短，就能吸引更多的客流。列车密度主要决定于最小行车间隔时间，高速铁路列车最小行车间隔时间可以达到2 min。京沪高速铁路创造了3趟动车组车次间隔2 min的纪录，截至2021年6月30日，京沪高速铁路开通运营10周年，累计发送旅客13.5亿人次。2023年上半年，京沪高速铁路共开行列车4 952列次，京沪高速铁路本线列车运送旅客2 499万人次，旅客发送量达到1 307万人次。2023年10月3日全天发送旅客达90.3万人次，创下单日旅客运送量的历史高峰。

5. 能耗低

能耗高低是评价交通运输方式优劣的重要经济技术指标之一。根据有关方面的统计，各种交通运输工具平均每人千米的能耗：飞机为 2 998.8 J，大轿车为 583.8 J，小轿车为 3 309.6 J，普速铁路为 403.2 J，高速铁路为 571.2 J。如果以普速铁路每人千米的能耗为 1.0，则高速铁路为 1.42，大轿车为 1.45，小汽车为 8.2，飞机为 7.44。汽车、飞机均使用的是不可再生的一次能源——汽油或柴油（现代新型节能汽车尚未批量投入运用），而高速铁路使用的是二次能源——电力。随着水电、太阳能、风能和核电等新型能源的发展，高速铁路在能源消耗方面的优势还将更加突出。这也是在当今石油等能源紧张的情况下，世界各国选择发展高速铁路的重要原因之一。

6. 环境污染小

当今，环境保护是关系人类生存的全球性紧迫问题，交通运输与生态环境密切相关。交通运输对环境的污染主要是废气和噪声。高速铁路采用电力牵引，因此，消除了粉尘、煤烟和其他废气污染。噪声比高速公路低 5～10 dB。我国每人公里污染治理费用，如以高速铁路为 1，则高速公路为 3.76，飞机为 5.21。从以上数据看，在现代交通运输中，航空和汽车运输造成的环境污染越来越大。而长期生活在噪声环境中，会使人的听觉器官受到损害，甚至耳聋。因此，很多国家都在高速铁路两侧修建隔声墙来降低噪声。人们越来越认识到，为防止地球上臭氧层被破坏而造成的气候异常现象，应大力发展清洁能源的交通工具，减少飞机和汽车排放的废气，加大城市轨道交通和高速铁路发展的力度。

7. 服务质量高

高质量服务必须要有完善的客运服务系统作保证。客运服务系统是指直接面向旅客，为其在旅行过程中提供方便、周到的服务而设置的设施及系统。高速旅客列车不仅设施先进，运行平稳，而且列车上有飞机和汽车无法比拟的个人活动空间，甚至可以提供会议、娱乐、观光等条件。

（三）高速铁路的主要缺陷

高速铁路的造价成本和技术要求高，施建标准严格苛刻，管理维护复杂、困难，因此高速铁路的建设前提是丰富的客源、雄厚的经济、强大的科技、适宜的地形和先进的管理。盲目兴建高速铁路不仅劳民伤财，而且会破坏环境。

三、发展高速铁路的意义

高速铁路是世界铁路的一项重要成就，它集中反映了一个国家铁路线路结构、列车牵引动力、运行控制、运输组织和经营管理等方面的技术进步，也体现了一个国家的科技和工业水平。我国发展高速铁路的必要性在于满足日益增长的出行需求，促进区域经济发展，提升交通运输效率，以及推动科技进步和产业升级。

首先，随着城市化进程的加速和人口流动的增加，传统的铁路运输已经无法满足人们日益增长的出行需求。高速铁路作为一种安全、快捷、舒适的现代化交通方式，能够极大地缓解铁路运力紧张的状况，提升人们的出行体验。

其次，高速铁路对于促进区域经济发展具有显著作用。高速铁路的开通不仅方便了人们的出行，更拉近了城市与城市之间的距离，使得资源、信息、人才等要素的流动更加便捷。这对于推动区域经济的均衡发展和提升整体经济竞争力具有重要意义。

再次，发展高速铁路是提升我国交通运输效率的重要举措。相比传统的铁路运输，高速铁路具有更高的运行速度和更大的运输能力，能够极大地提高铁路运输效率，降低物流成本，进一步推动经济的发展。

最后，高速铁路的发展还能够推动我国科技进步和产业升级。高速铁路的建设和运营涉及众多高科技领域，如列车制造、轨道建设、通信信号、运营管理等。通过自主创新，我国高速铁路在多个领域取得了重大突破，不仅提升了自身的科技实力，也推动了相关产业的升级和发展。

截至 2023 年底，全国铁路运营里程达 15.9 万 km，高速铁路里程达 4.5 万 km。2023 年 6 月28 日，搭载 CR450 新技术部件的试验列车在福厦高速铁路湄洲湾跨海大桥，跑出了单列时速 453 km、相对交会时速 891 km 运行的新纪录，标志着 CR450 动车组研制取得阶段性成果。中国高速铁路是我国自主创新的成功范例，我国铁路总体技术水平已迈入世界先进行列。

不仅如此，我国高速铁路还走出了国门，走向了世界。作为“一带一路”建设的先行领域和关键支撑，中国高速铁路技术创新在推动共建“一带一路”高质量发展中发挥了重要作用。目前，我国已与沿线国家开展了多领域的务实合作，在高速铁路建设、装备制造、技术研发、人才培养等方面取得了丰硕成果。

任务训练

一、场景设计

(一)实训目的和要求

1. 能说明高速铁路的含义。
2. 能说明高速铁路的技术经济特征。
3. 能说明发展高速铁路的意义。

(二)实训内容

1. 根据所学知识和查阅的资料，完成何为高速铁路的表述。
2. 根据所学知识和查阅的资料，举例说明高速铁路技术经济特征。
3. 举例分析说明在我国发展高速铁路的重要意义。

二、实训步骤

(一)实训前准备

1. 实训场所：在普通教室或能连接互联网的多媒体教室中进行。
2. 工具设备：多媒体设备课件、图片、示教板、计算机多媒体设备等。

(二)实训

1. 以 5～6 人小组为单位开展实训活动，通过学习及利用网络资源完成何为高速铁路的表述。

2. 以 5～6 人小组为单位开展实训活动，通过学习及利用网络资源举例说明高速铁路技术经济特征。

3. 以5～6人小组为单位开展实训活动，通过学习及利用网络资源举例分析说明在我国发展高速铁路的重要意义。

三、任务评价

姓　名		地点		时间	
任务名称	实训考察要点	分值	小组评分（40%）	教师评分（60%）	最终得分
高速铁路含义及技术经济特征认知	1. 何为高速铁路	30			
	2. 查找实例，说明高速铁路技术经济特征	30			
	3. 查找实例，说明在我国发展高速铁路的重要意义	40			
合　计		100			

典型工作任务二　我国高速铁路典型案例学习

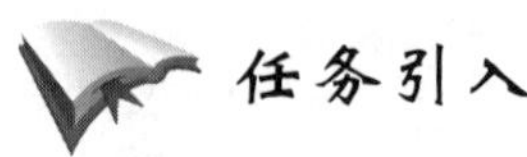

任务引入

世界高速铁路发展方兴未艾

高速铁路是铁路现代化的重要标志，也是当今世界铁路高新技术的一项重大成就。当前，高速铁路在世界许多国家得到迅猛发展，成为世界铁路的新潮流。它以独特的魅力，日益赢得人们的欢迎和赞美。

1964年10月1日东海道新干线正式开通运营，高速列车运行速度达到210 km/h，东京至大阪的旅行时间由6 h 30 min缩短到3 h。

1971年日本国会审议并通过了《全国铁道新干线建设法》，掀起了高速铁路建设的浪潮。1975年山阳新干线通车营业，列车最高时速270 km；1985年东北新干线通车营业，列车最高时速240 km；1982年上越新干线通车营业，列车最高时速240 km；1997年长野新干线通车营业，列车最高时速260 km。

法国在20世纪80年代初期修建的东南部高速铁路列车的最高时速达270 km，一般时速也达200 km以上。横渡英国和法国之间英吉利海峡的高速铁路，列车最高时速达300 km。

法国高速铁路是法国人民的骄傲。目前它的TGV高速列车时速高达317 km，在全世界产生了重大影响，来自世界各国的旅游者都争乘这列高速列车。法国为满足广大旅游者的需要，还成功开发了TGV高速双层列车，并已正式运营。法国也正在编织一幅高速铁路网的宏伟画卷。

德国ICE高速列车完全可与法国的TGV和日本的“子弹列车”相媲美，特别是德国在常导磁浮技术的研究领域一直处于世界前列，并将磁浮列车作为未来的新型交通工具。磁浮列车在运行时悬浮在轨面上，能与地面保持一定的间隔，像一架超低空飞机贴近特殊的轨面飞行。除了空气摩擦外，它没有其他阻力。德国ICE高速列车展现了很多优越性：高速、安全、平稳、不污染环境和节省能源。

京沪高速铁路建成通车以来，我国高速铁路事业飞速发展。到 2023 年底，“八纵八横”高速铁路网主通道已建成 80%、在建 15%，路网布局和结构功能不断优化。物联网、云计算、移动互联网、大数据等新一代信息技术发展突飞猛进，在全国提倡建设智慧城市的大背景下，高速铁路将基于数字化技术，研制运行水平更高、安全性和舒适性更好的高速列车。

请思考：

1. 世界高速铁路起源于何时，又经历了哪些发展阶段？

2. 世界高速铁路的发展现状如何？

知识准备

一、中国代表性高速铁路

1. 京津城际铁路

2008 年 8 月 1 日，京津城际铁路通车运营，这是一条连接北京市和天津市的城际客运专线，也是中国《中长期铁路网规划》中环渤海地区城际轨道交通网的重要组成部分。该线设计时速为 350 km，是《中长期铁路网规划》中的第一个开通运营的城际客运系统。京津城际铁路由北京南站经天津站至滨海站，全长约 166 km，设 7 个车站。2019 年 12 月 10 日起，京津城际铁路及延长线共涉及北京南、天津、天津西、武清、塘沽、滨海、军粮城北 7 个车站试点实施电子客票业务。2021 年 11 月 16 日起，铁路部门在京津城际铁路推出 30 日定期票、20 次计次票两种新型票制产品，方便北京、天津两地商务差旅和通勤旅客便捷出行。

2. 郑西高速铁路

2010 年 2 月 6 日，世界首条修建在湿陷性黄土地区，连接中国中部和西部时速 350 km 的郑西高速铁路开通运营。郑西高速铁路（郑州东站—西安北站高速铁路）经河南、陕西两个省份，全长 523 km，设 10 个车站，同时分别在郑州枢纽、西安枢纽内部设联络线接入郑州站、西安站。郑西高速铁路是《中长期铁路网规划》中“八纵八横”主通道之一“陆桥通道”的重要组成部分，与郑徐高速铁路、西宝高速铁路、宝兰高速铁路共同构成徐兰高速铁路。

3. 京沪高速铁路

京沪高速铁路是一条建设里程长、投资大、标准高的高速铁路，2011 年 6 月 30 日通车。京沪高速铁路作为京沪快速客运通道，是中国高速铁路“八纵八横”的其中“一纵”。京沪高速铁路由北京南站至上海虹桥站，全长 1 318 km，纵贯北京、天津、上海三大直辖市和冀鲁皖苏四省，连接京津冀和长江三角洲两大城市群。基础设施设计速度为 380 km/h，试验速度达 486.1 km/h，目前最高运营时速为 350 km。北京到上海最快只需 4 h 左右。

4. 哈大高速铁路

2012 年 12 月 1 日，世界上第一条地处高寒地区的高速铁路线路——哈大高速铁路正式通车运营，921 km 的高速铁路，将东北三省主要城市连为一线，从哈尔滨到大连冬季只需 4 个多小时。哈大高速铁路时速 300 km 的“中国速度”行驶在高寒地区，成为一道亮丽的风景线。

5. 京广高速铁路

京广高速铁路被誉为世界上运营里程最长的高速铁路，分京石段、石武段、武广段三段建设，由武广段、郑武段、京郑段三段先后开通组成。京广高速铁路自北京站起，经过北京、河北、河南、湖北、湖南、广东 6 省市，止于广州南站，全长 2 298 km，设计最高时速 350 km，运营时速为 300 km。沿途设有石家庄站、郑州东站、武汉站、长沙南站等车站。

6. 京张高速铁路

我国高速铁路逐渐向高端化、智能化、绿色化发展。2019 年 12 月 30 日，首列复兴号智能动车组从北京北站出发，世界上首条时速 350 km 的智能高速铁路——京张高速铁路正式开通运营。

二、中国高速铁路的规划

2016 年 7 月，国家发展改革委、交通运输部、中国铁路总公司联合发布了《中长期铁路网规划》，勾画了新时期“八纵八横”高速铁路网的宏大蓝图。“八纵八横”高速铁路网是以沿海、京沪等“八纵”通道和陆桥、沿江等“八横”通道为主干，城际铁路为补充的高速铁路网。“八纵八横”可实现相邻大中城市间 1～4 h 交通圈、城市群内 0.5～2 h 交通圈。

（一）“八纵”通道

“八纵”通道包括沿海通道、京沪通道、京港（台）通道、京哈—京港澳通道、呼南通道、京昆通道、包（银）海通道、兰（西）广通道。

1. 沿海通道。大连（丹东）—秦皇岛—天津—东营—潍坊—青岛（烟台）—连云港—盐城—南通—上海—宁波—福州—厦门—深圳—湛江—北海（防城港）高速铁路（其中青岛至盐城段利用青连、连盐铁路，南通至上海段利用沪通铁路），连接东部沿海地区，贯通京津冀、辽中南、山东半岛、东陇海、长三角、海峡西岸、珠三角、北部湾等城市群。

2. 京沪通道。北京—天津—济南—南京—上海（杭州）高速铁路，包括南京—杭州、蚌埠—合肥—杭州高速铁路，同时通过北京—天津—东营—潍坊—临沂—淮安—扬州—南通—上海高速铁路，连接华北、华东地区，贯通京津冀、长三角等城市群。

3. 京港（台）通道。北京—衡水—菏泽—商丘—阜阳—合肥（黄冈）—九江—南昌—赣州—深圳—香港（九龙）高速铁路；另一支线为合肥—福州—台北高速铁路，包括南昌—福州（莆田）铁路。连接华北、华中、华东、华南地区，贯通京津冀、长江中游、海峡西岸、珠三角等城市群。

4. 京哈—京港澳通道。哈尔滨—长春—沈阳—北京—石家庄—郑州—武汉—长沙—广州—深圳—香港高速铁路，包括广州—珠海—澳门高速铁路。连接东北、华北、华中、华南、港澳地区，贯通哈长、辽中南、京津冀、中原、长江中游、珠三角等城市群。

5. 呼南通道。呼和浩特—大同—太原—郑州—襄阳—常德—益阳—邵阳—永州—桂林—南宁高速铁路。连接华北、中原、华中、华南地区，贯通呼包鄂榆、山西中部、中原、长江中游、北部湾等城市群。

6. 京昆通道。北京—石家庄—太原—西安—成都（重庆）—昆明高速铁路，包括北京—张家口—大同—太原高速铁路。连接华北、西北、西南地区，贯通京津冀、太原、关中平原、成渝、滇中等城市群。

7. 包（银）海通道。包头—延安—西安—重庆—贵阳—南宁—湛江—海口（三亚）高速铁路，包括银川—西安以及海南环岛高速铁路。连接西北、西南、华南地区，贯通呼包鄂、宁夏沿黄、关中平原、成渝、黔中、北部湾等城市群。

8. 兰(西)广通道。兰州(西宁)—成都(重庆)—贵阳—广州高速铁路。连接西北、西南、华南地区，贯通兰西、成渝、黔中、珠三角等城市群。

(二)“八横”通道

“八横”通道包括绥满通道、京兰通道、青银通道、陆桥通道、沿江通道、沪昆通道、厦渝通道、广昆通道。

1. 绥满通道。绥芬河—牡丹江—哈尔滨—齐齐哈尔—海拉尔—满洲里高速铁路。连接黑龙江及蒙东地区。

2. 京兰通道。北京—呼和浩特—银川—兰州高速铁路。连接华北、西北地区，贯通京津冀、呼包鄂、宁夏沿黄、兰西等城市群。

3. 青银通道。青岛—济南—石家庄—太原—银川高速铁路(其中绥德至银川段利用太中银铁路)。连接华东、华北、西北地区，贯通山东半岛、京津冀、太原、宁夏沿黄等城市群。

4. 陆桥通道。连云港—徐州—郑州—西安—兰州—西宁—乌鲁木齐高速铁路。连接华东、华中、西北地区，贯通东陇海、中原、关中平原、兰西、天山北坡等城市群。

5. 沿江通道。上海—南京—合肥—武汉—重庆—成都高速铁路，包括南京—安庆—九江—武汉—宜昌—重庆、万州—达州—遂宁—成都高速铁路(其中成都至遂宁段利用达成铁路)，连接华东、华中、西南地区，贯通长三角、长江中游、成渝等城市群。

6. 沪昆通道。上海—杭州—南昌—长沙—贵阳—昆明高速铁路。连接华东、华中、西南地区，贯通长三角、长江中游、黔中、滇中等城市群。

7. 厦渝通道。厦门—龙岩—赣州—长沙—常德—张家界—黔江—重庆高速铁路(其中厦门至赣州段利用龙厦铁路、赣龙铁路，常德至黔江段利用黔张常铁路)。连接海峡西岸、中南、西南地区，贯通海峡西岸、长江中游、成渝等城市群。

8. 广昆通道。广州—南宁—昆明高速铁路。连接华南、西南地区，贯通珠三角、北部湾、滇中等城市群。

任务训练

一、场景设计

(一)实训目的和要求

1. 能举例说明我国高速铁路建设典型案例。

2. 能简述我国高速铁路“八纵八横”铁路网的组成。

(二)实训内容

1. 根据所学知识和查阅的资料，完成我国铁路建设典型案例分析。

2. 根据所学知识和查阅的资料，说清我国高速铁路“八纵八横”铁路网的组成。

二、实训步骤

(一)实训前准备

1. 实训场所:在普通教室或能连接互联网的多媒体教室中进行。

2. 工具设备:多媒体设备课件、图片、示教板、计算机多媒体设备等。

(二)实训

1. 以5~6人小组为单位开展实训活动,通过学习及利用网络资源完成国内外高速铁路建设典型案例分析。

2. 以5~6人小组为单位开展实训活动,说清我国高速铁路"八纵八横"铁路网的组成。

三、任务评价

姓　　名		地点		时间	
任务名称	实训考察要点	分值	小组评分(40%)	教师评分(60%)	最终得分
我国高速铁路发展认知	1. 我国代表性高速铁路举例	40			
	2. 说明我国高速铁路"八纵八横"铁路网的组成	60			
合　　计		100			

典型工作任务三　高速铁路运输组织模式的选择

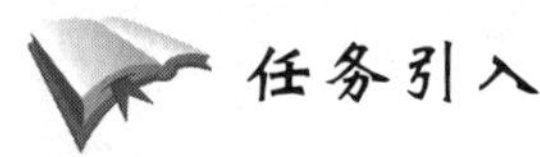

任务引入

我国典型高速铁路建设模式及运输组织模式

京沪高速铁路,正线全长约1 318 km,与既有京沪铁路的走向大体并行,全线为新建双线,设计速度目标值380 km/h,目前最高运行速度为和谐号按时速300 km、复兴号按时速350 km运营。京沪高速铁路共设置23个客运车站,线路自北京南站西端引出,与既有京沪铁路京津段基本平行,经天津设天津南站,并与天津西站间修建联络线连接;向南沿京沪高速公路,在G3京沪高速公路黄河桥下游3 km处跨黄河,在济南市西侧设济南西站;向南沿京福高速公路东侧南行至泰安泰山景区。在徐州市东部新设徐州东站;于蚌埠新淮河铁路桥下游1.2 km处跨淮河设蚌埠南站,至长江北岸设江北第一站滁州站,渡过长江,在长江南岸设南京南站,东行经镇江、丹阳、常州、无锡、苏州、昆山,终到上海虹桥站。天津、济南、徐州等枢纽地区通过修建联络线引入既有站。

合武(合肥—武汉)铁路,又称合武快速铁路,为国铁Ⅰ级双线铁路,全长359 km,以客运列车为主,2005年10月28日开工建设,2009年4月1日开通运营。东起安徽合肥,西至湖北武汉,设计速度250 km/h,目前运营时速200 km。合武铁路是我国沪汉蓉高速铁路的组成部分，是国家规划的“四纵四横”快速客运网的重要组成部分。合武铁路建成后，武汉至合肥的铁路里程由565 km缩至351 km。沿线依次分布合肥、桃花店、合肥西、长安集、南分路、六安、独山、金寨、天堂寨、墩义堂、三河、麻城北、红安西、汉口等14个车站，其中合肥、桃花店、合肥西、长安集、六安、汉口为既有车站。

从上面资料中可以看出京沪高速铁路全线为新建线路，且只运行高速列车，而合武铁路为既有线改造，且客货共用。每条高速铁路线路在建设初期都要考虑将来运输组织的问题，高速铁路运输组织模式的选择，既要结合客流构成、市场定位、路网布局、客运枢纽布局、动车段分布、调度中心设置，还要考虑换乘体系完善程度等各方面影响因素最终确定。

请思考：

1. 高速铁路运输组织模式有哪些？
2. 我国高速铁路运输组织模式具体如何确定？

知识准备

近年来，国家大力发展高速铁路，客运快速化成为我国铁路发展的主要方向。随着越来越多的高速铁路线路通车运营，我国已经初步形成了运输能力强大的高速铁路网，极大地方便了旅客的出行，大大提高了铁路客运服务的质量。但是，我国地域辽阔，各地区人口分布和经济发展水平差异较大，而且初步形成的高速铁路网与既有铁路之间还存在一定的依存关系。因此，在不同地区开通运营的高速铁路，都具有自身的运输组织特点，形成了各具特色的运输组织模式。

高速铁路运输组织模式是制定高速铁路运输组织方案的基础和前提，它决定着高速铁路上所运行列车的性质和特点，决定了高速铁路能否有效地发挥其作用。

一、高速铁路运输组织模式的内涵及分类

1. 高速铁路运输组织模式的内涵

高速铁路的运输组织主要体现在高速铁路上开行的列车种类及其相互关系和组织方法。高速铁路运输组织模式是在一定的管理体制下形成的，受到国情、路情、技术水平、人文地理环境、经济环境等条件的限制，当这些限制条件变化时，高速铁路运输组织模式也将发生改变。此外，高速铁路的客流构成、市场定位、路网布局、客运枢纽布局、动车段分布、调度中心设置以及换乘体系完善程度等方面也对高速铁路运输组织模式有一定影响。

总的来说，高速铁路运输组织模式可以概括地描述为在一定的运营管理体制、一定社会经济和科技发展水平和一定的路网功能结构条件下，高速铁路所承担列车的组织方法，其集中体现在高速铁路上列车开行的组合形式。

2. 高速铁路运输组织模式的分类

按照上述高速铁路运输组织模式的定义，将其按不同分类标准具体划分类型，见表1-1。

表 1-1 高速铁路运输组织模式分类

分类标准	类 型	特 点
列车性质	客货共线	混行或分时段开行
	客运专线	高速线路上只开行旅客列车
列车速度	单一速度列车共线运行	一般列车间无越行
	多种速度列车共线运行	可按需要组织越行
跨线列车运行情况	全本线列车运行	无跨线列车，组织旅客在跨线点换乘
	跨线和本线列车共线运行	可组织跨线列车上、下高速线运行

不同类型的运输组织模式，适应的高速铁路运输组织特点也不尽相同，可以分析得出以下共性：

(1)如果高速铁路线路的速度标准不高，并且能力比较充足，一般可以采用客货共线的模式；另外，当高速铁路在路网中没有可替代的并行线路时，由于路网的结构功能要求，大多会采用客货共线的模式。

(2)采用客货共线的既有线路网能力比较紧张，且技术水平不高，故一般新建高速铁路都会作为客运专线使用。

(3)如果高速铁路相对封闭，一般会采用本线列车独立运营的模式。

(4)对于网络化的高速铁路，若按照直达的方式组织输送旅客，就会形成跨线和本线列车共线运行的模式；若按照换乘的方式组织输送旅客，跨线列车数量就会大大减少，甚至某些线路上会形成全本线列车运行的模式。

(5)考虑客流需求层次的差异化，当高速线路较短时，列车的差异化较小，一般会采用单一速度的列车；如果线路较长，将会组织不同速度的列车共线运营。

(6)考虑到网络化条件下，相邻高速铁路的技术标准不同，若开行跨线列车，就将产生多种速度共线运行的模式。

3. 高速铁路运输组织方案

目前，世界高速铁路采用的运输组织方案大致可以归纳为以下三种：

(1)高速线仅运行高速列车，且高速列车运行范围仅为高速线，简称“全高速—换乘”方案。

高速线上只运行高速列车，无跨线列车运行，直通客流大，跨线旅客采用换乘的方式。这种模式适用于自成体系的高速客运专线，如日本的新干线。这种方案的优点是列车运行速度高(可达到 200～300 km/h)，列车追踪运行时间短(最小可达到 2～3 min)，运输组织简单，便于管理，运输能力大等。但由于跨线客流要全部在衔接作业站进行一次或多次换乘，将延长旅客旅行时间，部分客流可能会转向其他交通工具，加重市内交通压力，给旅客带来不便和困难。所以旅客换乘是“全高速”模式的关键性问题。

(2)高速线仅运行高速列车，但高速列车不仅在高速线上运行，还可以在与高速线相衔接的线路上运行，简称“全高速—下线运行”方案。

高速线上既运行本线高速列车又运行跨线列车的高速线路，跨线列车在高速线上按高速列车运行，下高速线后按普通线路允许的速度运行，这种模式适用于与普通线路相衔接的高速客运专线，如法国的高速铁路。这种方案的优点是由于高速线上运行的高速列车速度基本相同，可按平行运行图运行、通过能力大；高速列车下线运行，可以增加高速列车的通行网络，扩大了高速线路的服务范围，能更多地吸引客流，提高了高速线的利用率，减少旅客换乘，较好地解决跨线旅客运输问题。缺点是需要较多的高速列车车底，必须要求高速客运专线与既有线兼容。

(3)高速线不仅运行旅客列车(包括高速动车组旅客列车和普速旅客列车)，还运行货物列车，简称“混合运输”方案。

高速线上不仅运行高速动车组旅客列车，还运行速度较低的货物列车，多适用于改建既有线为高速线的线路上，如英国、德国等国的高速铁路。这种高速铁路的优点是线路的工程投资小。缺点是线路上由于运行的客货列车速差大(客车的速度一般为 200 km/h，货车的速度一般为 100 km/h)，客车的扣除系数大，通过能力较小，列车的运行组织复杂；客车的最高速度也受到限制，一般只能达到 160～200 km/h，延长了旅客的旅行时间。

二、我国高速铁路的运输组织模式

我国当前高速铁路的运输组织模式归纳为四种情况，见表 1-2。

表 1-2　我国高速铁路运输组织模式

线路设计速度		运输组织模式
300 km/h 及以上		多采用全高速、高速跨高速运行模式
200～250 km/h	新建线路	多采用客运专线模式
	改建线路	多采用客货共线模式
城际铁路		基本上都采用全高速本线运营模式

在对我国高速铁路运输组织模式分析研究的基础上，可以看出：我国高速铁路承担本线的高速客流和跨线(高速)的大部分中长途客流，普速铁路承担货物运输和少量的慢车客流；我国大多数高速铁路在相当一段时间都将作为客运专线使用。

目前，我国高速铁路的运输组织模式可以概括为“不同性质列车共线运行”：

(1)不同速度列车共线运行——高速客运专线上运行有两种及其以上速度的动车组列车。

(2)本线和跨线列车共线运行——高速客运专线上除运行有本线列车外，还运行跨线列车。

(3)不同停站方案列车共线运行——高速客运专线区段上开行不同停站方案的列车。

(4)客货列车共线运行——高速铁路上动车组列车与普通旅客列车、货物列车混合运行。

任务训练

一、场景设计

(一)实训目的和要求

1. 能说明高速铁路运输组织模式的内涵及分类。
2. 能举例说明我国高速铁路的运输组织模式。

(二)实训内容

1. 根据所学知识和查阅的资料，完成高速铁路运输组织模式的内涵及分类表述。
2. 根据所学知识和查阅的资料，举例说明我国高速铁路运输组织模式。

二、实训步骤

(一)实训前准备

1. 实训场所:在普通教室或能连接互联网的多媒体教室中进行。
2. 工具设备:多媒体设备课件、图片、示教板、计算机多媒体设备等。

(二)实训

1. 以5～6人小组为单位开展实训活动,通过学习及利用网络资源完成高速铁路运输组织模式的内涵及分类表述。

2. 以5～6人小组为单位开展实训活动,通过学习及利用网络资源举例说明我国高速铁路运输组织模式。

三、任务评价

姓　　名		地点		时间	
任务名称	实训考察要点	分值	小组评分(40%)	教师评分(60%)	最终得分
高速铁路运输组织模式认知	1. 高速铁路运输组织模式的内涵及分类表述	40			
	2. 查找实例,说明我国高速铁路运输组织模式	60			
合　　计		100			

复习思考题

1. 高速铁路的含义是什么?
2. 简述高速铁路主要优势及缺陷。
3. 简述发展高速铁路的意义。
4. 简述我国有代表性的高速铁路情况。
5. 简述“八纵八横”高速铁路网的组成。
6. 简述高速铁路运输组织模式的内涵。
7. 高速铁路运输组织方案有哪些?
8. 简述我国高速铁路运输组织模式。

项目二　高速铁路车站工作组织

学习目标

1. 知识目标

- 掌握高速铁路车站的含义及作用
- 掌握高速铁路车站工作的特点
- 掌握高速铁路车站工作的内容
- 熟悉高速铁路车站的站型布置及技术设备
- 熟悉高速铁路车站行车岗位设置及职责
- 熟悉高速铁路车站接发列车及调车工作组织
- 了解高速铁路车站到发线运用及车站通过能力计算方法

2. 能力目标

- 能识别不同高速铁路车站站型
- 能简单介绍高速铁路车站技术设备
- 能阐述高速铁路车站工作内容
- 能简述高速铁路车站行车人员任务及职责
- 能简述不同种类列车接发车及调车流程

3. 素质目标

- 培养学生严谨认真的工作态度

典型工作任务一　高速铁路车站类型及技术设备认知

任务引入

武西高速铁路逐步开通，高速铁路建设加速

武西高速铁路云梦东站至十堰东站，全长 377 km，设 9 个车站，设计的最高速度为 350 km/h，最高运营速度为 310 km/h。2015 年 2 月 15 日，武西高速铁路孝感至十堰段开工建设，标志着武西高速铁路正式开工；2019 年 11 月 29 日，武西高速铁路孝感至十堰段正式开通运营。

武西高速铁路连接“古都西安”和“江城武汉”，目标时速为 350 km，线路由西安引出，途经商洛、十堰、襄阳、随州、孝感最后直达武汉。线路建成后西安到武汉最多只需 2 个小时，该线路起于关中平原西安市，经商洛进入湖北的鄂西北地区，经十堰、过谷城，随后到襄阳，再穿枣阳到随州，然后到达孝感境内的安陆，过云梦，到达孝感主城区，与汉孝城际铁路在孝感中心城区内共线，并在孝感中心城区建设一体化的孝感东站，实现武西高速铁路与汉孝城际铁路同站换乘，最后沿武汉东西湖区方向直达武汉市。武西高速铁路首次实现了关中城市圈和武汉城市圈之间通过高速铁路的对接，对促进关中平原和湖北的经济有重要的意义。

请思考：

1. 高速铁路客运站的布置形式有哪些?
2. 高速铁路车站最常见的布置方式有什么特点?

知识准备

一、高速铁路车站的含义及作用

高速铁路车站及枢纽是高速铁路运输组织工作的基层单位，是高速铁路提供客运服务和进行行车组织工作的主要场所之一，是连接高速铁路与城市的桥梁，是高速铁路与旅客间的纽带，是代表铁路形象的标志性建筑。

在我国，铁路车站一般以"地名(行政区、名胜或者道路的名称)或者地名+方位"的模式命名，高速铁路车站也不例外，因此，从本质上来看，它与普速铁路车站没有任何区别，只是高速铁路车站只用于配合高速铁路系统运作，以办理高速铁路动车组列车作业为主。

高速铁路车站在铁路旅客运输生产中起着至关重要的作用，它不仅是旅客运输的始发、中转和终到作业的地点，同时也是铁路旅客运输相关的行车、工务、电务等部门进行各项作业的主要地点。此外，高速铁路车站是旅客选择高速铁路出行接触的首要场所，高速铁路车站的服务质量、作业水平等，是旅客评价铁路运输的重要窗口，代表了铁路的信誉和形象。

二、高速铁路车站的特点

高速铁路车站，是集新技术、新设备、新观念、高标准和高安全性为一体的全新的铁路运营领域，高速铁路在列车编组辆数、运营模式、信号制式等方面均不同于普速铁路，所以为其服务的高速铁路车站也具有不同于普速铁路客运站的诸多特点。

(1)行车组织方式上，全线采用调度集中(CTC)控制，各车站行车工作由列车调度员直接办理。

(2)人员配备上，不设车站值班员、助理值班员和调车人员等专职行车岗，一般仅设应急值守人员，正常情况下不参与行车作业，在设备故障、施工和非正常情况下协助列车调度员处理有关工作。

(3)作业内容基本是客运组织及客运服务工作，少数高速铁路车站有物流组织、装卸作业(如高铁快运业务)。

(4)技术设备上，采用计算机联锁、调度集中(CTC)、铁路综合移动通信系统(GSM-R)、列车运行控制系统(CTCS-2 或 CTCS-3)等，实行车站、线路全封闭管理。

(5)各车站作业内容单一、性质相同，行车人员配备少，管理方法相同，日常工作专业性强，自动化程度高。

三、高速铁路车站的分类及站型

高速铁路车站根据客运量大小可分为大型客运站、中型客运站和小型客运站。一般情况下，直辖市、省会所在地的车站为大型客运站；省辖市所在地的车站为中型客运站；位于县城和县级市的车站为小型客运站。

高速铁路车站一般是办理单项客运业务为主的车站，按照技术作业等级可分为特等站、一等站和二等站，其分类依据可参照普速铁路客运站，见表 2-1。

表 2-1　客运站技术等级划分依据

技术等级	日均上下车及换乘旅客数量(人次)
特等	≥60 000
一等	≥15 000
二等	≥5 000

高速铁路车站按照作业性质和在线路上所处的位置可以分为越行站、中间站、始发(终到)站和枢纽站。在高速铁路行车组织工作中，一般按照此种分类方式进行划分。

(一)越行站

越行站是为办理高等级本线高速铁路列车越行跨线的低等级高速铁路列车而设置的车站。越行站是中国高速铁路特有的，一般设于站间距离较长的区间，办理高速列车越行作业。

高速铁路越行站主要办理以下作业：

(1)办理正线各种旅客列车的通过作业。

(2)办理速度较快的列车越行速度较慢的列车，不办理旅客乘降作业，只需设 2 条待避到发线。

(3)个别车站设有综合维修管理区岔线，需办理相关作业。

(4)通常不办理客运业务，原则上不设站台。

越行站虽然原则上不设置站台，但有的越行站在设计时为未来办理客运业务预留了必要的发展条件。

图 2-1 为越行站基本布置图，图中正线Ⅰ、Ⅱ主要用来办理高速列车通过作业，到发线 3、4 主要用来办理列车待避作业。

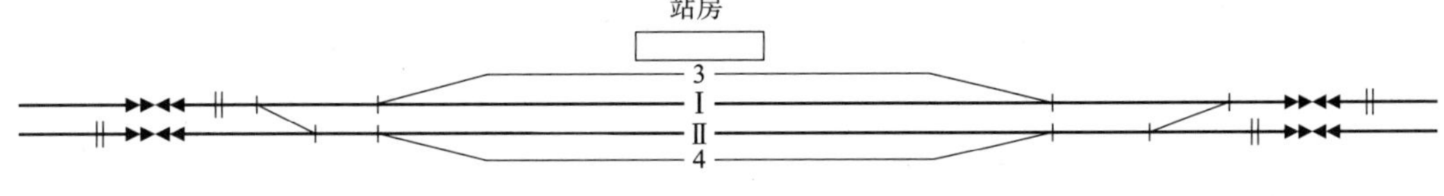

图 2-1　高速铁路越行站布置图

越行站在高速线上的布局，应根据高速、跨线旅客列车的比例、列车开行方案、高速线需要的通过能力等因素来决定。

(二)中间站

高速铁路中间站是办理停站列车的到发作业和不停站列车的通过作业以及办理旅客上、下车及换乘的车站。其中，较大的一些中间站还办理高速动车组列车的少量始发、终到或立即折返作业。当然,中间站也可以办理高速列车越行作业。

1. 中间站作业

高速铁路中间站主要办理以下作业:

(1)办理旅客列车到发或者不停站通过作业。

(2)办理较低速旅客列车待避较高速旅客列车作业。

(3)办理少量高速旅客列车夜间折返停留,如客运整备作业、动车组取送等。

(4)在综合维修管理区有岔线接轨的中间站,除办理上述业务外,正常情况下在天窗时间内还负责办理检测和维修列车进出正线的作业。

(5)与普速铁路有联络线连接的中间站,办理转线列车(包括高、中速列车)的接发作业。

高速铁路中间站在高速铁路线路上分布较多,一般设置在地市、县所在地,具有 2~4 股到发线和 2 座旅客站台。

2. 中间站的布置形式

高速铁路中间站的基本站型布置形式有对应式和岛式两种。

(1)对应式。

对应式中间站的两个站台设在到发线外侧,即两个站台夹四条线,两条正线和两条到发线。考虑到办理四交汇的可能性,因此设两条停车待避用的到发线。

对应式布置中间站的优点是:站台不靠近正线,高速列车自正线通过时,不影响站台上旅客的安全,站台安全退避距离不必加宽。如果客运量较大而且某个方向需办理 2 列停站待避列车时,可增加 1 条到发线,如图 2-2 中虚线位置。

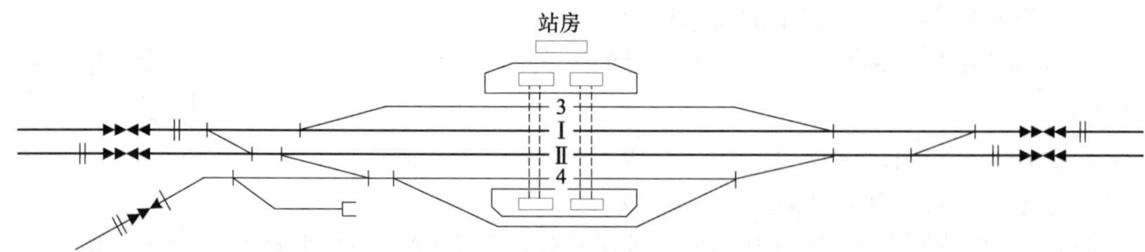

图 2-2　高速铁路中间站(对应式)布置图

这种布置形式一般适用于正线通过列车较多、停站列车相对较少的高速铁路中间站。

(2)岛式。

岛式中间站的两个站台均设在正线和到发线之间,站台一侧靠正线,另一侧靠到发线。

岛式布置的中间站缺点是:当有列车在正线停靠站台时,会影响后续追踪列车通过,降低区间通过能力;另外,由于高速列车通过时受列车风的影响,站台安全退避距离需要加宽,以保证旅客的安全,并需设置防护栅栏或者半封闭式屏蔽门。其优点是:岛式各线均可进行乘降作业,接发旅客能力大。

岛式布置中间站如图 2-3 所示。

这种布置形式一般适用于停站旅客列车较多时,可以充分利用站台。

由于高速旅客列车运营组织原则之一是尽量缩短长途旅客列车的旅行时间,也就是说,大部分长途直达旅客列车在中间站是不停站通过的,结合以上两种中间站布置形式的特点,中间站布置采用对应式的较多。

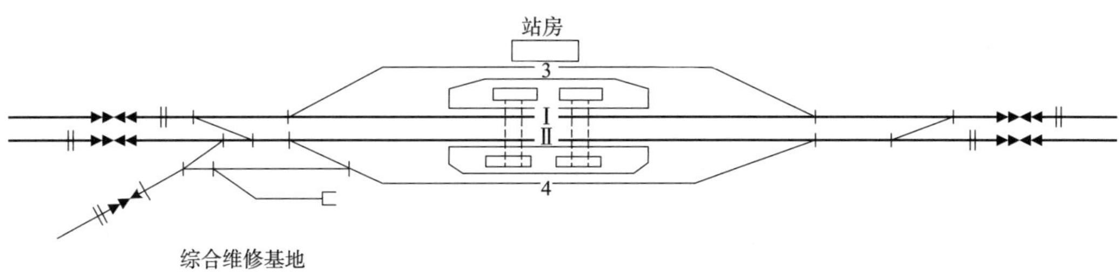

图 2-3　高速铁路中间站(岛式)布置图

除上述两种布置形式外,为便于高速铁路动车组停留折返,有少量动车组折返停留作业的中间站,宜采用图 2-4 所示布置图,要设置 3～4 条到发线,折返用的到发线布置位置应根据折返列车到达时不切正线为原则。

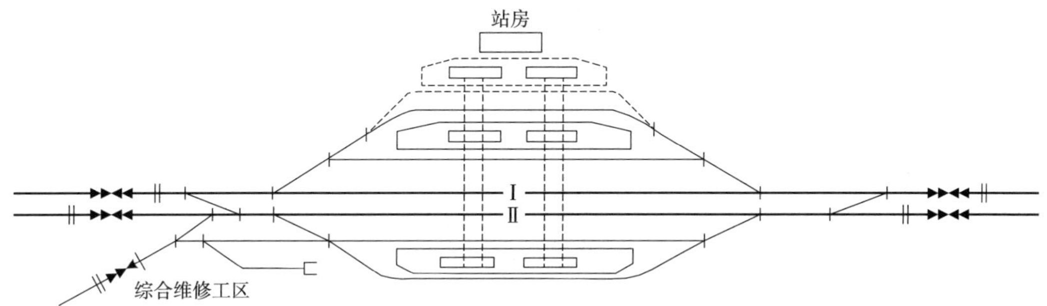

图 2-4　有折返作业的高速铁路中间站布置图

(三)始发(终到)站

高速铁路始发(终到)站主要位于高速铁路线的起点和终点及有大量客流出发和到达的大城市,如京沪高速铁路的北京南站和上海虹桥站,办理大量高速旅客列车的始发和终到作业。

始发(终到)站的特点是:具有全线最大的客运量,是全线高速列车主要检修基地和运营指挥机构所在地的车站,并且设有高速列车动车段和管理机构。

高速铁路始发(终到)站主要办理以下作业:

(1)办理高速旅客列车的客运业务。

(2)办理高速旅客列车的始发、终到,动车组的取送和折返作业。

(3)办理动车组的整备、检修作业。

(4)办理部分动车组的重联和摘解作业。

新建的高速始发(终到)站布置图如图 2-5(a)所示,若基本上没有不停站通过列车,正线与到发线之间可设置中间站台,如图 2-5(b)所示。

始发(终到)站应设有与到发线相衔接的动车段(所)或综合维修基地。动车段(所)宜靠近车站设置并留有发展余地。

始发(终到)站和有立即折返作业的中间站的到发线数量,应根据旅客列车对数及其性质、列车开行方案、引入线路数量和车站技术作业过程等因素进行确定,并应满足高峰时段列车密集到发的需要。

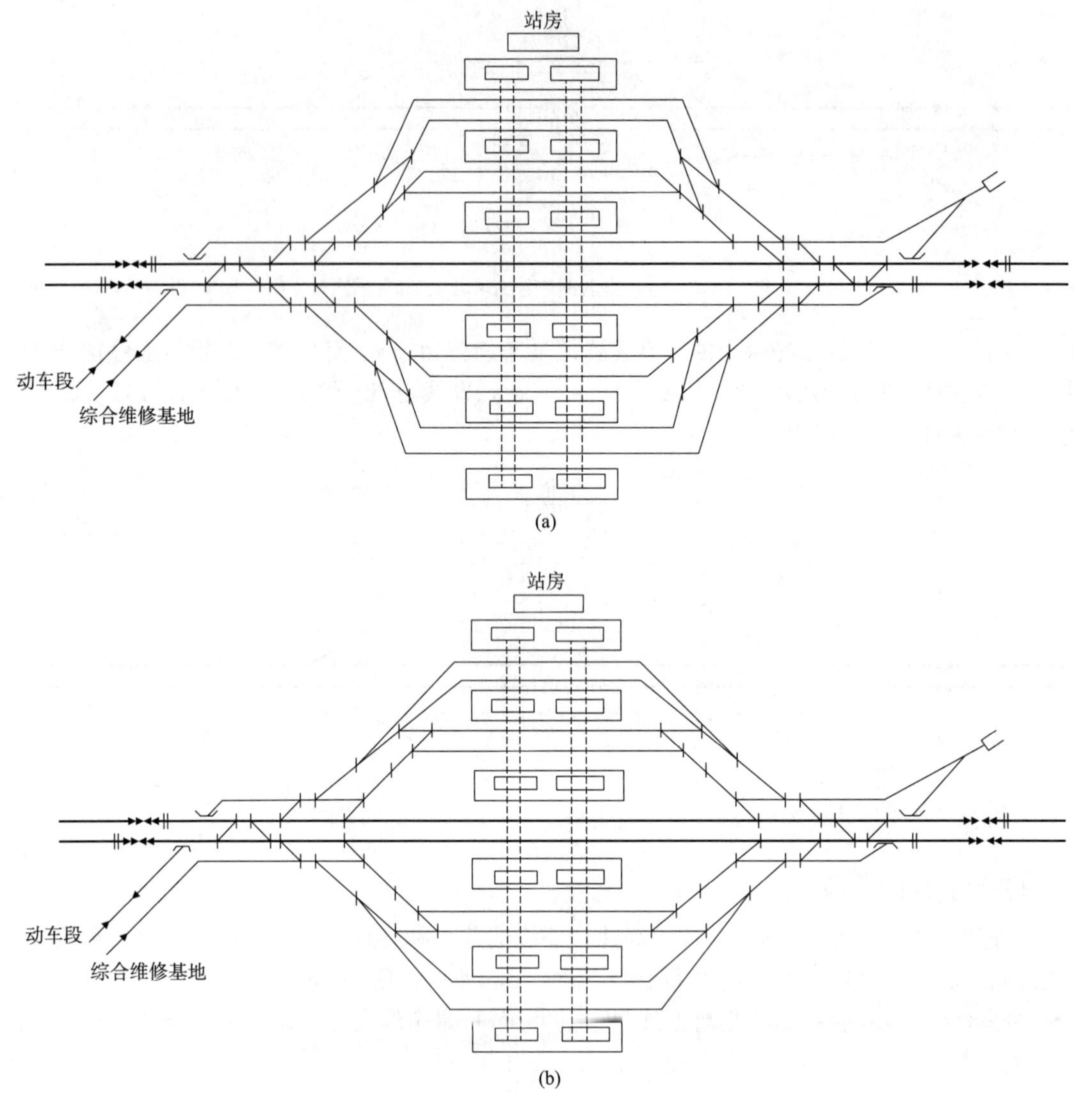

图 2-5　高速铁路始发(终到)站布置图

(四)枢纽站

高速铁路枢纽站一般位于铁路枢纽或省会、直辖市,有大量的列车始发和终到作业,但是不办理动车组的日常检修等技术作业。

高速铁路枢纽站除办理全部中间站的作业外,主要办理以下作业:

(1)办理大量停站高、中速列车的到发作业。

(2)办理少量高、中速列车通过作业。

(3)办理为数较多的高速列车始发终到作业。

(4)少量的动车组合并或分解作业。

高速铁路枢纽站一般均设有与普速铁路车站之间的高中速联络线。

四、高速铁路车站技术设备

高速铁路车站的技术设备主要由站前广场、站房和站场三大部分组成，并配有行车指挥、运营管理、生活服务等方面的设施设备和相关工作人员。

(一)站前广场

高速铁路车站的站前广场是车站最为醒目的组成部分，它们设计和建筑是高速铁路对外的形象展示，同时也是车站所在地经济、文化等方面的直接体现，一般与所在城市建筑风格协调一致，并兼具中国高速铁路特色。

(二)站房

站房是客运站的主体，包括为旅客服务的各种用房，运营管理工作所需要的各种技术办公用房及办理售票、候车等用房。

1. 站房的设置原则

站房的设置要满足以下原则：

①站房的位置要和城市规划及市内交通网密切配合。

②各种流线应该保证畅通无阻、便捷，避免交叉干扰，使旅客、行包和各种车辆在站安全、迅速地集散和通行。

③站房建筑应按旅客的需求设置，方便旅客办理各种手续，便于车站工作人员组织旅客上车、下车。

④根据客流量的大小，尽可能使到达与始发客流、短途与长途客流分开。

⑤站房应力求适用、经济、美观，并体现出城市的建筑风格和地理环境特点，还要求有良好的通风和采光条件。

2. 站房的空间位置

由于我国高速铁路车站有离开既有铁路车站新建的高速铁路客运站，也有与既有客运站合设或直接经过既有站改扩建而成等形式，因此，站房的空间位置也相对多样。高速铁路车站建设形式不同，站房的空间位置也会有所差异。

(1)新建高速铁路车站。

总体来看，新建车站有地面站、高架站及线上站等站房布置方案。

①地面站。

地面站是新建高速铁路车站常规的布置方案，线路以及站房平面布置，一般按照对应式进行分布。高速铁路地面站布置如图 2-6 所示。

地面站布置形式适用于高速铁路线路本身铺设于地面填土之上，车站选址位置横向宽度足够的情况，多用于中小型客运站。实际应用案例如图 2-7 所示的某地面站实际应用效果图。

②高架站。

高架站是新建车站两端线路因与多处地面道路交叉，故而设计为高架线路，车站也因此而成为高架站，如图 2-8 所示。

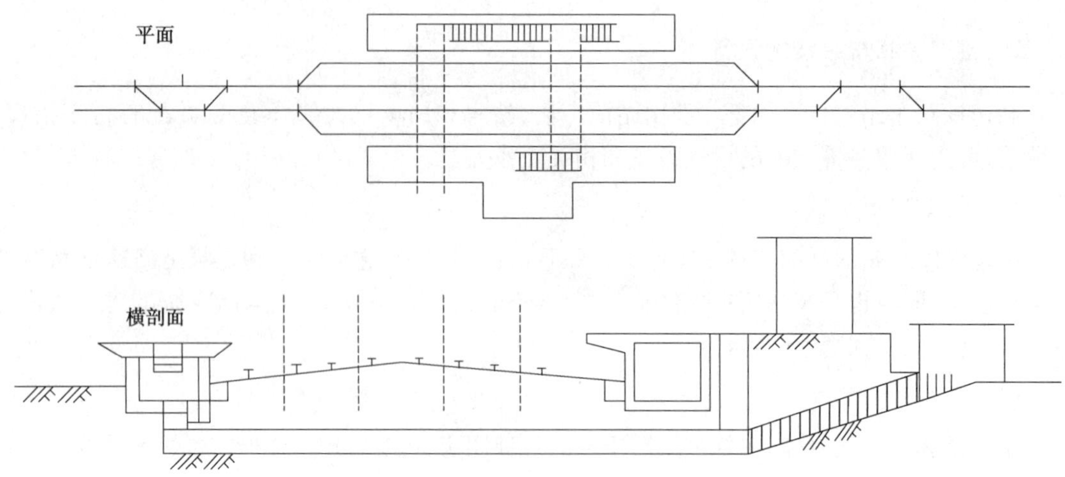

图 2-6　地面站布置

图 2-7　某地面站实际应用效果

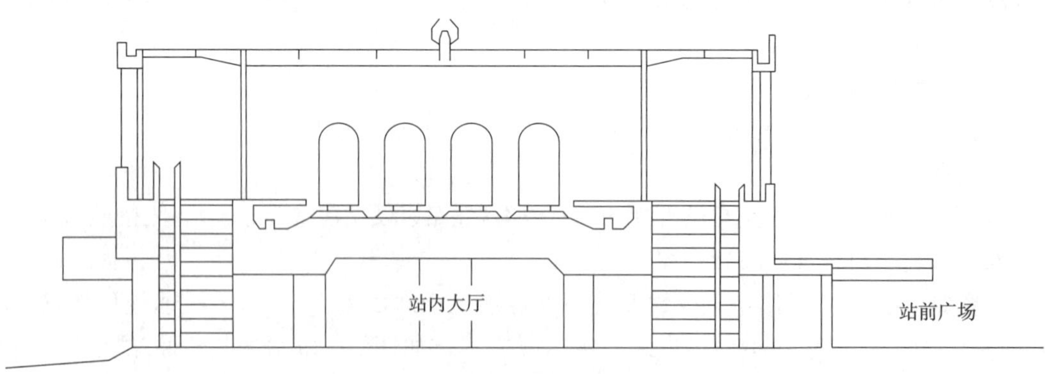

图 2-8　高架站布置

高架布置车站能够充分利用空间，减少土地利用，在车站选址面积有限或地面交通较复杂的高速铁路车站经常采用高架站布置形式，实际应用比较广泛，如图 2-9 所示为某高架站实际应用效果图。

图 2-9　某高架站实际应用效果

③线上站。

线上站是指旅客候车室或者站房高架于车站线路之上的高速铁路车站，其布置形式如图 2-10 所示。

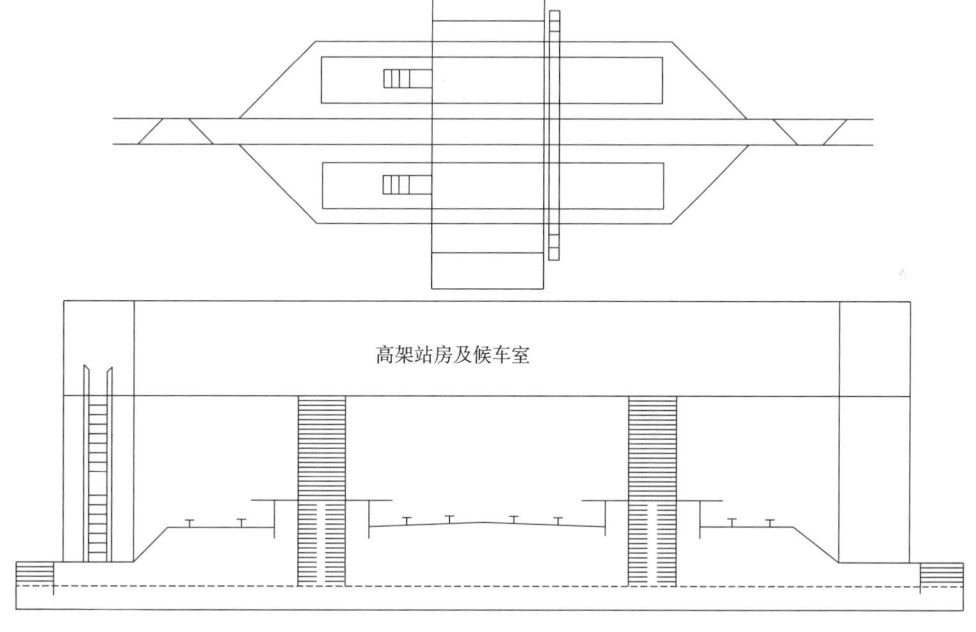

图 2-10　线上站布置

这种布置形式的高速铁路车站的优点在于旅客流线清晰、便捷，能够节省站房建设用地，适用于建设在城市内部的大中型车站，在高速铁路系统中大型车站使用广泛。实际应用案例如图 2-11 所示的某线上站实际应用效果图。

(2)与普速铁路车站并列设置的高速铁路车站。

与普速铁路车站并列设置的高速铁路车站站房，相对普速铁路车站的位置关系，同样可分为两种设置形式。

图 2-11　某线上站实际应用效果

①高速铁路车站为地面站，与普速铁路车站基本等高的布置方案。

这种布置是将高速线与普速铁路线并行引入普速铁路尽端式客运站，在普速铁路站房对侧，新建副站房，主站房与副站房之间采用高架通廊和地道相连，供旅客进、出站和换乘，如图 2-12 所示。

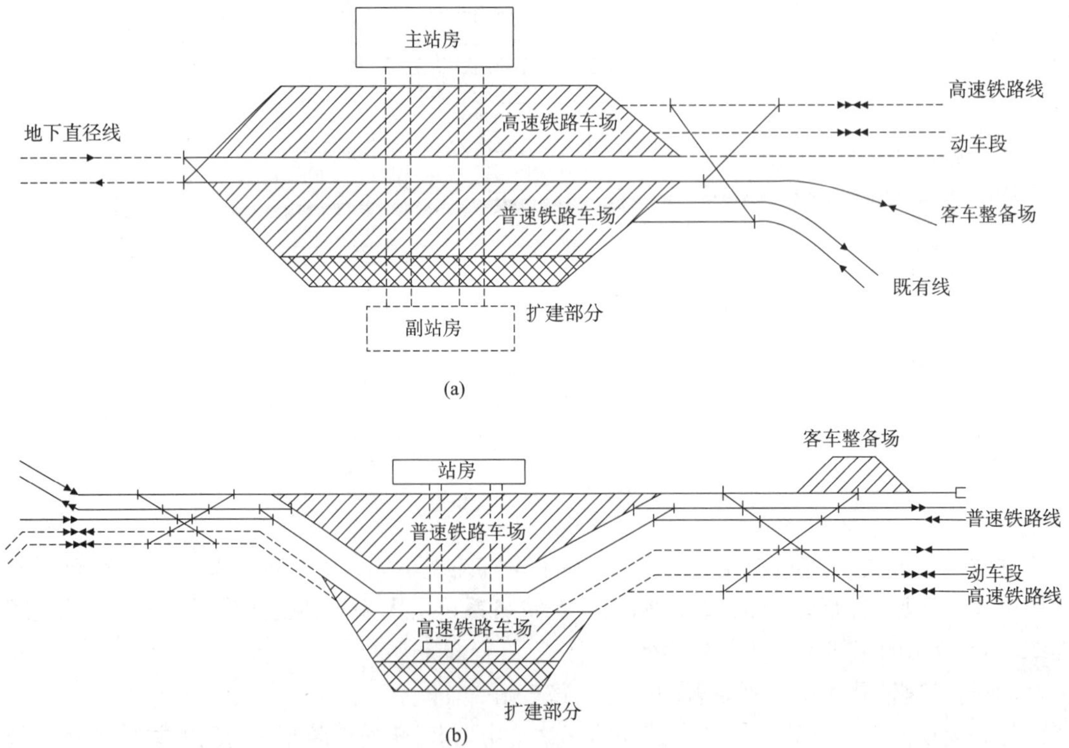

图 2-12　与普速铁路车站等高的地面站布置

这种布置方案适用于办理始发、终到高速铁路列车为主的高速铁路车站。

②高速铁路车站为高架站，与既有站紧靠并列的布置方案。

高速铁路车站为高架站，与既有线并列布置方案是利用高架站桥下的净空作为高速铁路车站旅客候车大厅或者进出站大厅，普速铁路车站与高速铁路车站通过地下通道或者天桥连接，高速铁路车站旅客与普速铁路车站旅客公用跨线通道的布置形式。因此，这种布置形式可以细分为“低进低出”和“高进高出”两种方案。图 2-13(a)所示为客流“低进低出”方案布置图，图 2-13(b)所示为客流“高进高出”方案布置图。

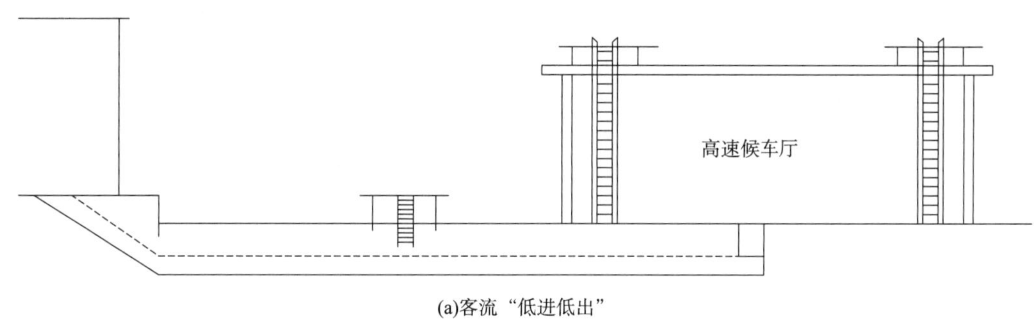

(a)客流“低进低出”

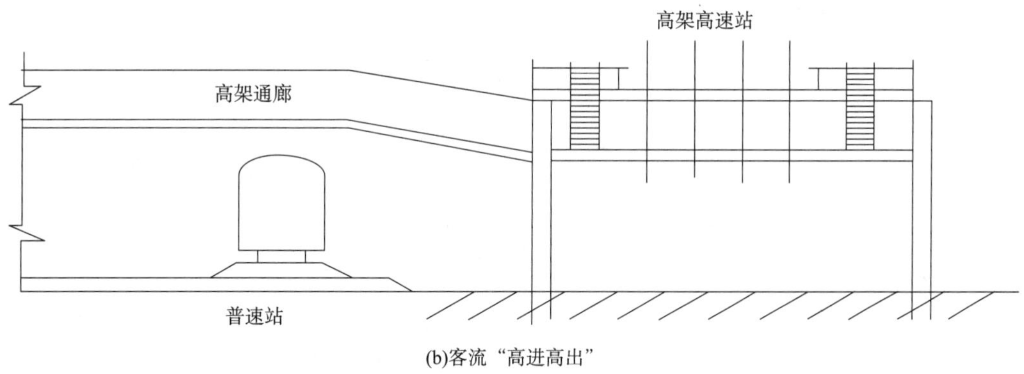

(b)客流“高进高出”

图 2-13　与普速铁路车站紧靠并列的高速铁路车站布置

(3)高架于普速铁路车站之上的高速铁路车站。

高架于普速铁路车站之上的高速铁路车站主要承担接发高速铁路旅客列车和不停车通过列车的任务。而桥下为普速铁路车站，主要承担接发始发、终到和停站通过的普速旅客列车任务。其布置如图 2-14 所示。

(4)设于普速铁路车站下方的地下高速铁路车站。

高架于普速铁路车站是通常利用立体空间的普遍做法，但也有建设地下站的情况，如图 2-15 所示。

由于我国高速铁路的运输组织模式为本线旅客列车和跨线旅客列车共线运行，因此高速铁路车站就必须有新建高速铁路车站和高速铁路车站与普速铁路车站合设两种基本形式，如上文介绍。高速铁路车站与普速铁路车站合设时的优点在于：能够吸引更多的旅客乘坐高速铁路列车；有利于充分利用普速铁路客运站的站场、站房及其他旅客服务设施，节省工程投资和城市用地；有利于旅客换乘等。

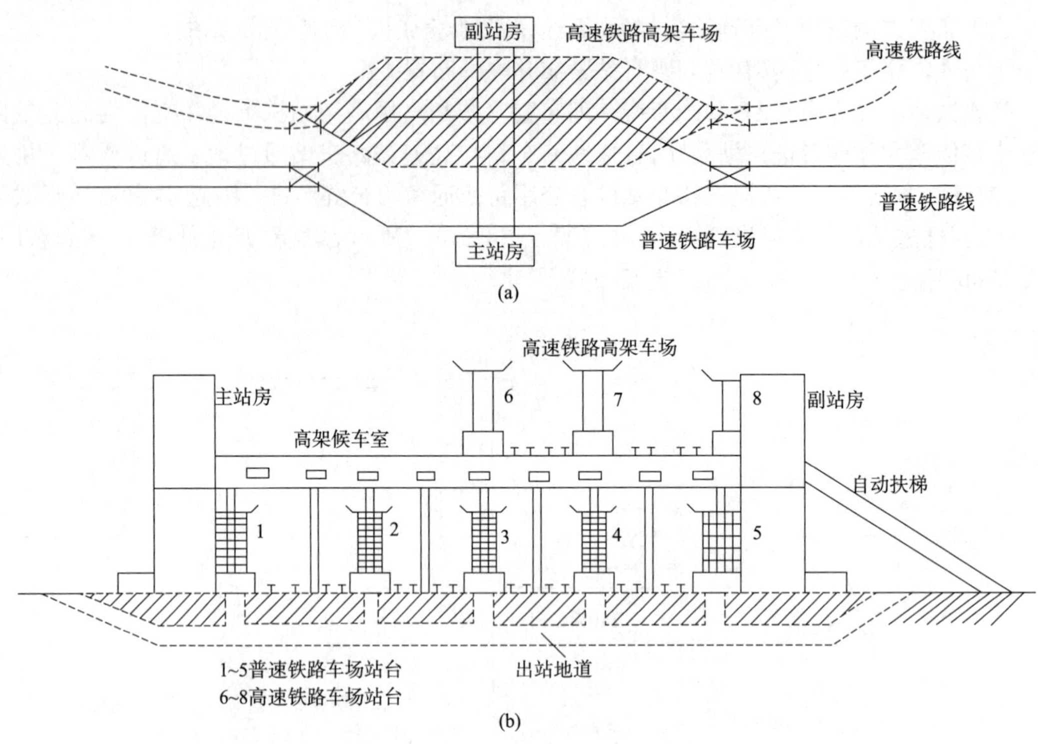

图 2-14　高架于普速铁路站之上的高速铁路车站布置

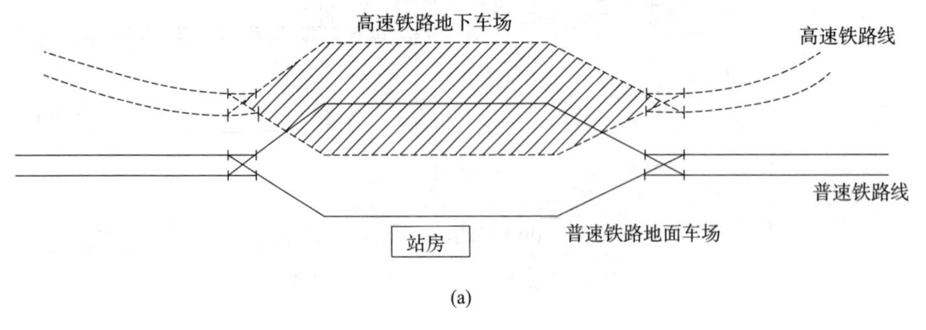

(a)

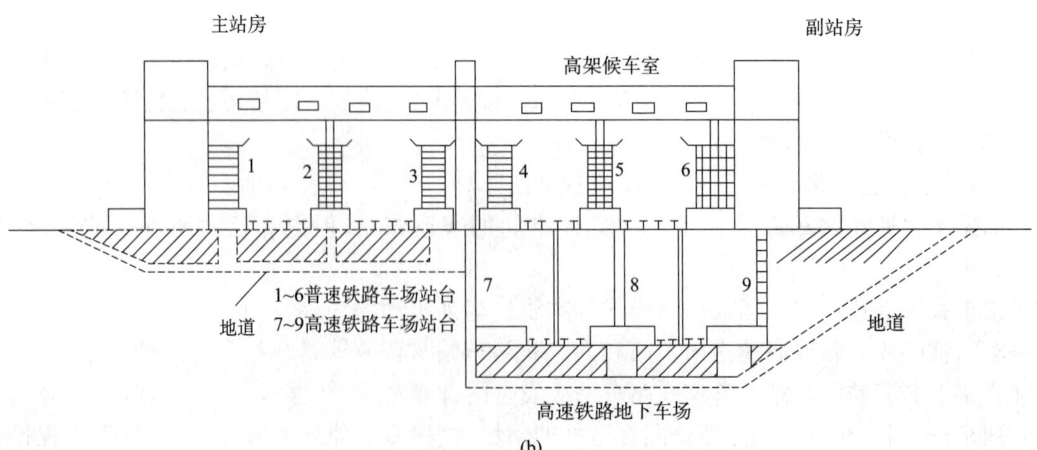

图 2-15　设于普速铁路车站下方的地下高速铁路车站布置

3. 站房的组成

高速铁路站房应根据客运量设置为旅客服务和客运生产、管理、办公、生活及驻站单位使用的各类房舍和设施。

高速铁路站房的组成，从功能上应包含以下各种用房：

①直接为旅客服务的各种房屋，如出入口、广厅，问询处、售票处、候车室，通过大厅等。

②为旅客提供生活、文娱服务的餐厅、酒吧、超市、阅览室、公用电话、互联网服务中心、医务室、洗手间等房屋，是客运站房的核心部分。

③为运营管理所需要的各类技术业务用房，如行车室、技术室、列检车间及其他辅助用房。

④车站行政办公用房，如站长室、运转室、客运室、财务室等行政办公室、会议室。

⑤建筑设备用房、车站电气机械设备和通风、采暖、供应冷热水和饮用水所需房室。

⑥驻站单位用房，如海关办事处、公安驻站机构、检疫机构等单位用房。

⑦职工生活用房，如职工休息室、食堂等。

(三)站场

站场是高速铁路车站行车作业的主要场所，是车站技术设备的重要组成部分。站场布置有多条铁路线路和旅客站台等设备，用于高速铁路旅客列车的接车、发车以及停靠并进行客运作业和技术作业。站场内各种技术设备的位置和布局是由车站类型、旅客组织流线以及技术作业特点等方面决定的，主要是为满足旅客组织流线的需要，安全、合理、便捷地组织旅客上下车服务。

高速铁路车站站场内的技术设备设施包括站线、旅客站台及雨棚、跨线设备、检票口等。

1. 站线

车站站线包括正线、列车到发线、联络线、走行线、段(区、所)连线。

(1)正线。

高速铁路车站内正线一般采用上下行全部平行顺直与两端区间连接，如图 2-16(a)所示；只有个别采用的是正线外包式，如图 2-16(b)所示。

采用平行顺直的正线布置形式时，两条正线的线间距应与正线相同。

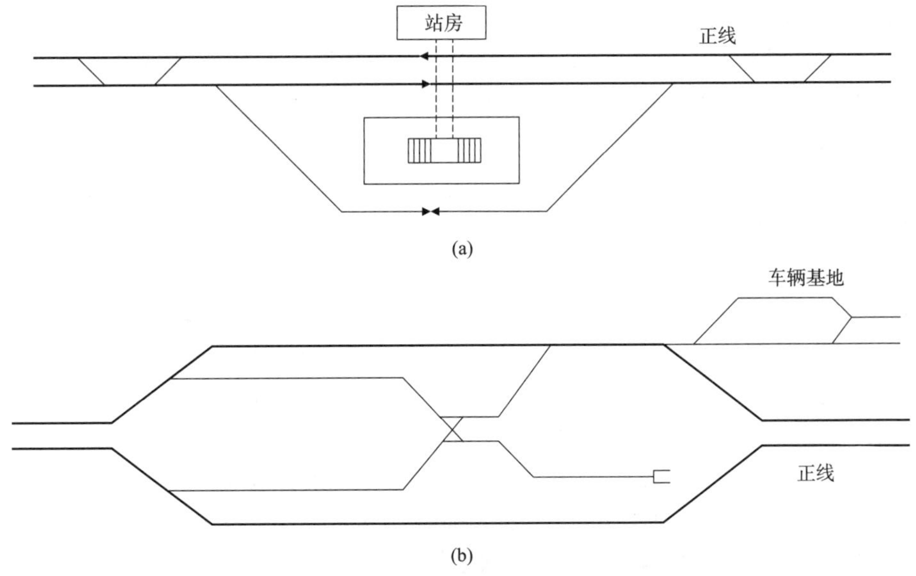

图 2-16　高速铁路车站正线布置形式

(2)列车到发线。

高速铁路车站列车到发线是站内除正线以外,供高速铁路列车接车、发车和停靠,与正线平行设置且一定与站台相邻的站线。到发线的有效长应该根据高速铁路线上运行的客车种类、性质、长度等确定,一般为 650 m,并应按照双方向进路设置。

(3)联络线、走行线、段(区、所)连线等。

联络线:在普速铁路车站引入高速铁路线并设置高速铁路车场的车站,为了增加高速铁路列车和普速旅客列车作业之间的协调性,要求相应设备具有互换性和灵活性,可以在两系统间设置联络线。

走行线:动车段与车站之间的走行线应尽量布置在正线两侧,其中一条以立交穿越正线。

段(区、所)连线:其他的动车运用维修所、运用所以及综合维修管理区都可以根据其自身的特点设置,一般最好使用立交连接。

2. 旅客站台及雨棚

(1)旅客站台及附属设施。

站台是高速铁路客运站必备的设备之一,是供旅客乘降列车的场所。

同时,为了旅客人身安全以及行车作业和客运作业的需要,旅客站台上应设置安全标线、停车位置标识、防护栏杆、站台出入口等附属设备设施。

(2)雨棚。

雨棚是旅客站台的配套设备,旅客站台上必须设置雨棚,以保障旅客优质服务。雨棚的长度和宽度应该与站台的长度和宽度基本一致,对于客运量较小的小型站,雨棚的长度可以减少到 200～300 m。雨棚应与进出站检票口相连接。

雨棚的形状与站房整体建筑风格一致,具有防雨、防风、抗压、耐用等基本特点。

3. 跨线设备

跨线设备是站房与站台之间或站台与站台之间连接的供旅客与工作人员通行的通道。

跨线设备的设置应该根据车站、站房等总体布局,配合旅客流线选用合适的类型,已达到合理的流线组织,保证旅客安全、方便地通行和上下车。

平过道是最简便的跨线设备,常见于小型车站。中型以上高速铁路车站常采用立体跨线设备,常见的有人行天桥和地道。大型以上的车站,需要设置两个立体跨线设备。天桥和地道的宽度一般不应小于 4 m。

特、大型高速铁路车站天桥、地道宽度不小于 10 m、高度不低于 3.6 m;中、小型高速铁路车站天桥、地道宽度不小于 6 m、高度不低于 3 m。

4. 检票口

检票口是站房与站台之间重要的连接设备,也是旅客进出车站必经的环节。检票口的布置位置以尽可能地缩短旅客步行距离为原则。检票口分进站检票口和出站检票口。前者设在旅客由候车室分线进入站场的各个入口处,后者设在旅客由站场走出车站的管理卡口。进站检票口和出站检票口的数目、位置和宽度都应符合进出站旅客流程、流量和检查方式,同时要根据通过该处检票进站(出站)的旅客人数及其检票口通过能力来确定。

高速铁路客运站检票口的检票作业方式与常规检票方式有较大区别,配备的先进设备可以部分或全部地取代人工检票,从而大大加快了检票的速度,提高了检票口的通过能力。

任务训练

一、场景设计

(一)实训目的和要求

1. 熟悉并掌握高速铁路车站的分类和基本站型布置图。
2. 能说明高速铁路车站技术设备的组成,尤其是站房的不同布置形式及其优缺点。

(二)实训内容

1. 根据所学的知识,绘制高速铁路车站不同类型的站型布置图(体现自己的合理设计)。
2. 结合自己周边的高速铁路车站,详细分析其技术设备的配置形式,并说明原因。

二、实训步骤

(一)实训前准备

1. 实训场所:普通教室、绘图专用教室或项目化多媒体教室。
2. 工具设备:绘图纸、铅笔、尺子、多媒体课件、计算机多媒体设备等。

(二)实训

1. 个人进行第一项实训内容,绘制站型布置图。
2. 以5～6人小组为单位开展第二项实训内容,结合现场收集资料及网络资源,制作多媒体课件分析某高速铁路车站技术设备配置形式,每组分析对象尽量不要重复。

三、任务评价

姓　　名		地点		时间	
任务名称	实训考察要点	分值	小组评分(40%)	教师评分(60%)	最终得分
高速铁路车站类型及技术设备认知	1. 简述高速铁路车站分类及站型	30			
	2. 分析某高速铁路车站技术设备配置形式(结合多媒体课件演讲)	30			
	3. 对各组实例进行对比分析	40			
合　　计		100			

典型工作任务二　高速铁路车站客运及行车作业组织

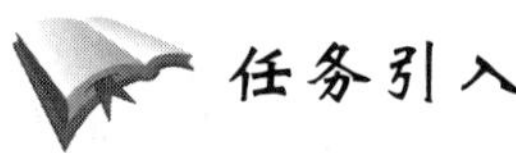

任务引入

我国高速铁路客运车站实例

武汉站是京广高速铁路湖北段的客运枢纽站及10个始发站之一,2009年12月26日建成启用。京广高速铁路列车、沪汉蓉快速客运通道部分列车及郑州九江方向普速铁路列车于武汉站停靠。

武汉站总建筑面积 370 860 m^2,站房分为地下层、交换层、候车层,地下层为地铁 4 号线站台层,交换层为车站到达层并设有售票厅、地铁站厅及商业空间,四侧有出站通道并设有始发公交站场、出租车站及停车场,站台层设站台及股道,高架层设东西进站通道、A 候车室、B 候车室及对应检票口。

武汉站设有站台 11 座(侧式站台 2 座,其余均为岛式站台),共有 20 条到发线,其中包括 4 条正线和 16 条侧线。武汉站分为高速场和普速场两个车场,其中高速场具有 15 条到发线(2 条正线)、8 座站台,普速场具有 5 条到发线(2 条正线)、3 座站台。

客运站的工作就是利用上述线路、站台、站房等设备,组织各种类型列车在本站的接发车、旅客乘降、出入动车段、检修等相关作业。如何充分利用各项设备的能力,达到高质量服务广大旅客,是车站工作组织的关键。

请思考:

1. 高速铁路客运站作业内容具体有哪些?与普速铁路客运站一样吗?
2. 如何高效利用车站设备组织车站各项作业?

知识准备

高速铁路车站是以单项客运为主,其主要目标是为旅客提供最大方便、保护环境、保障所有设施的高技术水平运营。高速铁路车站的主要作用是组织旅客安全乘降和迅速集散,保证旅客能迅速方便地办理一切旅行手续,并为旅客提供舒适的候车环境和良好的文化生活服务,车站还应及时组织高速旅客列车的到达、出发以及动车组的出入段等作业。因此,车站的工作组织水平直接影响铁路旅客运输的效率及服务质量以及广大旅客对高速铁路运输的体验。

一、高速铁路车站的作业特点

1. 车站作业单一,只办理客运作业,不办理货运作业

高速铁路运营初期,能力上会存在一定富余,但由于技术上的原因一般不开行货物列车。

日本、法国等多数国家的高速铁路均不开行货物列车,德国虽存有两条客货共线的高速线,但仍以客车为主,货车主要在夜间运行,车站办理的作业主要是通过作业。我国高速铁路大部分也设定为不办理货物列车作业(这里所指货物列车不包括运送高速铁路快递的动车组列车),即使如石太等客货共线的车站也基本不办理货运作业。因此,高速铁路车站的技术作业不包括与货物列车相关的解体、编组等调车作业,站内技术作业类型比较单一。

2. 高速铁路车站一般不办理行包和邮件装卸业务

我国普速铁路客车多挂有行李车和邮政车。高速铁路车站办理行包、邮件承运业务,必须建立地下拖车道路系统,这将大量增加高速铁路车站特别是部分高架于普速铁路车站上和与普速铁路车站并列设置的高速铁路车站的工程投资。在高速铁路列车和跨线快速列车上占用两节旅客车厢而挂邮车和行包车,成本高,不经济。为办理行包、邮件装卸而延长旅客列车停站时间与高速铁路追求最短的旅行时间是背道而驰的。

因此，高速铁路车站为满足快速便捷等需求，一般不办理行包、邮政托运等业务，但是由于近年来中铁快运股份有限公司开通了高速铁路快递业务，利用动车组确认车或动车组的空车厢运送货物，使得高速铁路车站办理行包和邮件业务成为可能，但仍需在列车停站时间及站台配置两方面满足条件的情况下实行，该业务的办理尚有一定的局限性。

3. 高速铁路车站作业比较频繁

高速铁路列车的开行一般具有小编组、高密度的特点，因此高速铁路列车的追踪间隔时间短，造成高速铁路车站的技术作业比较频繁，尤其是车站作为一个枢纽站衔接若干条高速铁路线路时，其技术作业更加频繁。

4. 列车在高速铁路车站作业时间短

列车在高速铁路车站的停站时间很短，一般在小型车站的停站时间为 1～3 min，大型车站的停站时间为 2～6 min，立即折返的列车在终到站的停站时间一般在 15～25 min 之间。这就要求高速铁路的客运和行车组织工作要适应高效率、快速作业的要求。

5. 在高速铁路车站作业的列车一般为动车组列车

高速铁路上的旅客列车一般由动车组列车担当，动车组列车具有牵引动力与运输载体一体化的特点，因此动车组列车在车站办理技术作业时不需要换挂调车机车，从而缩短了车站技术作业中换挂调车机车的时间，避免了因调车机车走行而产生的交叉干扰，减少了作业环节，提高了车站技术作业效率。

6. 高速铁路车站作业必须突出“以人为本、安全第一”的思想

高速铁路车站是一个大量人流集散的场所，其设计要以方便旅客使用为宗旨，从“管理为本”向“以人为本”的思想转变。同时，由于高速铁路车站技术作业具有作业频率大、作业时间短、列车进站速度快等特点，在对办理车站作业时的旅客和车站工作人员人身安全、列车行车安全、高速列车维修养护安全都提出了更高要求，要做到引导旅客顺畅地进出站，做到快速集散客流、尽量减少旅客步行距离、减少滞留时间和安全方便。

7. 高速铁路车站需要保证较高的服务质量

高速铁路旅客运输的最终目标在于为旅客提供高质量的服务，而对旅客来说，高质量服务必须做到以下两方面：首先，应当保证高速铁路列车较高的正点率；其次，应当提高在高速铁路车站乘降或换乘的旅客的满意度，例如减少旅客的走行距离、提供人性化的便捷服务等。

二、高速铁路车站客运工作组织

高速铁路车站办理的作业主要包括客运作业和行车技术作业。行车技术作业是体现车站工作组织水平的主要方面，客运作业则是旅客评价铁路旅客运输服务水平和质量的依据，是铁路旅客运输最基础的工作。

目前，随着高速铁路网的逐步形成，对交通运输格局及人们生活出行方式产生了重大的影响，高速铁路的旅客服务体系也发生了重大的变化。运输组织由运能管理中心转变为以旅客服务为中心，并以“人民铁路为人民”的服务理念为指引，建设成集新技术、新设备、信息化为特点的旅客服务系统。

高速铁路车站客运工作组织内容和模式与普速铁路车站相比有较大的区别和改进。

高速铁路车站很大程度上对传统的客运组织模式进行改革，形成售票、候车、检票、上下车、进出站，以及在途服务等全过程的客运组织新模式，最大限度提升旅客出行的便捷性和舒适性。

在实际工作中，高速铁路车站充分借鉴地铁和国外铁路客运站的先进经验，在现有铁路计算机客票发售及预订系统广泛应用的基础上，通过应用自动售检票系统（AFC）、旅客自动查询系统、车站自动引导揭示系统等先进的信息管理系统，改变以候车厅为中心的组织格局，建立以综合大厅为中心的新格局。

将传统的旅客"等候式"旅客组织形式转换为"通过式"，改革传统的"售票—候车室候车—人工检票进站—上车—在途服务—下车—人工检票出站"客运组织模式，实行"自动售票—自动检票进站—站台或候车室候车—上车—在途服务—下车—自动检票出站"的模式，引导旅客快捷进出车站，简化进站流程，缩短在站停留时间。主要的改变在于自动化设备的引入，这些设备的使用具体体现在以两方面：

（1）根据车站客运量的大小，在车站配备一定数量的自动售票机、车站信息发布和客流导向系统等，以方便旅客购票、乘车，缩短旅客排队购票、进出站的时间。

（2）乘客进出车站均需通过检票机检票，从而杜绝了人工检票时的漏检、逃票、以售代检、以检代售等问题的发生，并可因此取消困扰旅客多年的车上验票制度。自动售检票系统通过对客流量、客票收入等综合业务信息的汇总分析，可以增强企业客流分析预测的能力，合理地调配车辆，为运营管理提供实时准确的统计分析报告和决策依据。

三、高速铁路车站行车作业组织

高速铁路车站行车作业通常情况下包括列车技术作业和动车组调车作业，核心作业是列车技术作业，动车组调车作业相对较少。

我国高速铁路的行车指挥全面采用调度集中系统（CTC），车站接发列车作业主要由调度中心完成，车站工作人员配合，车站仅在特定条件下暂时接管接发列车的指挥任务，即在分散自律模式下通过操作计算机联锁系统来办理接发车作业。此外，动车组的调车工作也可由调度中心完成。

（一）高速铁路车站行车岗位设置及职责

普速铁路的行车方式是"列车调度员—车站值班员—列车司机"，车站的行车组织工作由车站值班员负责统一指挥，下设调车员、助理值班员等，共同完成车站行车工作。但在高速铁路信号系统下，作业环节减少，自动化程度高，列车调度员可以直接指挥列车司机，使行车效率大大提高；车站值班员的工作变成了监视列车作业过程（在特殊情况下使用非常站控模式）、签收和转发调度命令、编制调车作业计划、生成调车作业通知单并组织实施、输入与列车进路冲突的预计作业时间以及办理与列车平行的调车进路等。

高速铁路车站的行车组织工作由列车调度员直接操控，车站值班员负责监视。非集控站设置行车值班员岗位，集控站一般不设固定的车站值班员，而是设应急值守人员。应急值守人员由车务具有车站值班员职名的人员和电务信号人员担任，其中车务应急值守人员在车站行车控制室值守，电务应急值守人员除完成规定的巡视检查、维护工作以外，还需在车站行车监控室参与值守工作。应急值守人员在非常站控模式下，担当车站值班员的职责。

车站值班员正常情况下在车站行车室值守和间休，根据列车调度员的指示协助做好设备故障、施工维修、非正常情况下等有关行车工作。车站值班员具体岗位职责如图 2-17 所示。

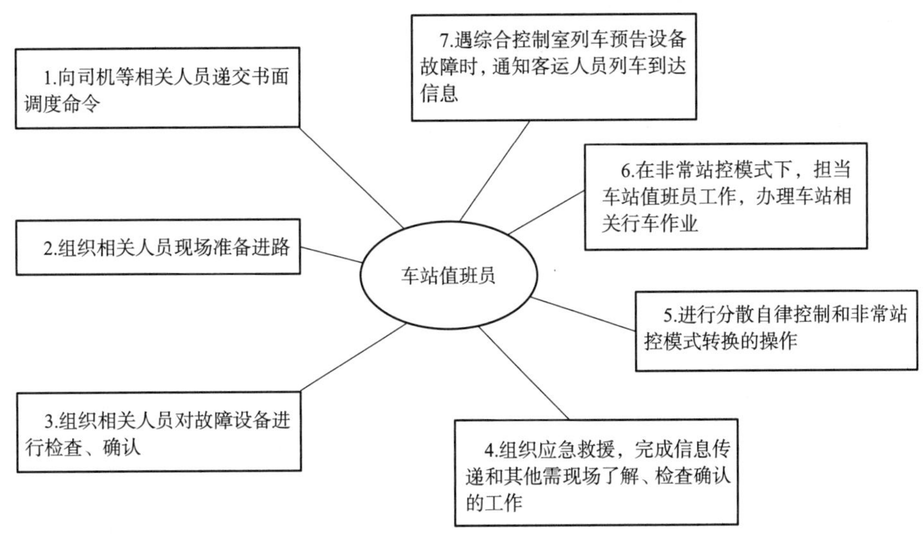

图 2-17　高速铁路车站值班员岗位职责

（二）高速铁路车站列车技术作业

1. 高速铁路车站技术作业内容

高速铁路车站技术作业包括客运站车场及线路的专门化、车站作业计划的编制、动车组相关技术作业、接发列车等。车站车场及线路固定使用办法已提前在高速铁路调度系统中设置，旅客列车到发股道有专门的车站到发作业计划具体规定，所以一般情况下不需要客运站做什么工作。我国高速铁路的行车指挥采用分散自律式调度集中设备，客运站接发列车作业也主要由调度中心完成，车站仅在特定条件下暂时接管该作业的指挥任务，故一般情况下，高速铁路车站的技术作业相当简单，仅包括 CTC 条件下的接发列车、调车作业组织和动车组的相关技术作业等。

2. 高速铁路车站列车技术作业流程

按照列车在高速铁路车站作业方式的不同，在车站进行技术作业的列车主要包括始发旅客列车、终到旅客列车、立即折返旅客列车和通过（停站、不停站）旅客列车。不同作业方式的列车技术作业流程不同，必须按照规定的流程办理。

（1）始发旅客列车技术作业流程。

高速铁路车站的始发旅客列车从动车段（所）或停留线转入到发线，在进行相应的技术检查并组织旅客乘车完毕后发车，具体技术作业流程见表 2-2。

表 2-2　始发旅客列车技术作业流程

作业顺序	作业名称	作业内容	占用设备
1	动车组出段作业	从动车段（所）或停留线转入到发线	咽喉
2	出发技术作业	技术检查，组织旅客上车	到发线
3	发车作业	办理区间闭塞，准备发车进路，车站开放信号	咽喉

(2)终到旅客列车技术作业流程。

终到旅客列车接入到发线,组织旅客上下车完毕后,动车组自行转入动车段(所),或到停留线停留等待下一次运输任务,具体技术作业流程见表 2-3。

表 2-3 终到旅客列车技术作业流程

作业顺序	作业名称	作业内容	占用设备
1	接车作业	办理区段闭塞,准备接车进路,车站开放信号	咽喉
2	到达技术作业	组织旅客下车	到发线
3	动车组入段作业	动车组转入动车段(所)或停留线	咽喉

(3)立即折返旅客列车技术作业流程。

立即折返旅客列车是指终到旅客列车到达车站到发线,组织旅客下车完毕后,不转入动车段(所),直接在到发线上进行整备检修作业后,继续担当另一列旅客列车的运输任务。立即折返列车可以分为本线折返和转线折返两种方式。

本线折返列车的折返作业可以视为始发作业,表 2-4 为本线折返旅客列车的技术作业流程。

表 2-4 本线折返旅客列车技术作业流程

作业顺序	作业名称	作业内容	占用设备
1	接车作业	办理区段闭塞,准备接车进路,车站开放信号	咽喉
2	到发线作业	在车站到发线进行客运作业(列车上水、旅客下车)	到发线
3	始发作业	旅客上车	到发线
4	发车作业	办理区间闭塞,准备发车进路,开放车站信号	咽喉

转线折返列车的折返作业可以视为终到作业、转线作业以及始发作业的一个连续过程,表 2-5 为转线折返旅客列车技术作业流程。

表 2-5 转线折返旅客列车技术作业流程

作业顺序	作业名称	作业内容	占用设备
1	接车作业	办理区段闭塞,准备接车进路,车站开放信号	咽喉
2	到发线作业	在车站到发线进行客运作业(列车上水、旅客下车)	到发线
3	转线作业	通过折返线折返时准备进路,开放信号 通过正线折返时办理区间闭塞,准备进路,开放车站信号	咽喉 到发线
4	始发作业	旅客上车	到发线
5	发车作业	办理区间闭塞,准备发车进路,开放车站信号	咽喉

(4)通过旅客列车技术作业流程。

通过旅客列车可以分为不停站通过旅客列车和停站通过旅客列车。不停站通过旅客列车一般在车站正线上直接通过,有固定的列车进路,无须进行特殊的进路排列,也较为简单,其技术作业流程见表 2-6。

表 2-6 不停站通过旅客列车技术作业流程

作业顺序	作业名称	作业内容	占用设备
1	接车作业	办理区段闭塞,准备接车进路,车站开放信号	咽喉
2	通过作业	通过车站正线	正线
3	发车作业	办理区间闭塞,准备发车进路,开放车站信号	咽喉

停站通过旅客列车在车站办理旅客乘降作业后按预定方向发出,表 2-7 为停站通过旅客列车技术作业流程。

表 2-7 停站通过旅客列车技术作业流程

作业顺序	作业名称	作业内容	占用设备
1	接车作业	办理区段闭塞,准备接车进路,车站开放信号	咽喉
2	停车作业	停在车站到发线进行客运作业(列车上水、旅客上下车)	到发线
3	发车作业	办理区间闭塞,准备发车进路,开放车站信号	咽喉

3. 高速铁路车站列车技术作业时间标准

列车在车站的技术作业时间标准与具体车站的布局形式、车站设备等相关,可以实际查定获得。作业时分分为两类:一类是车站技术作业时分,另一类是列车在站停留时分。车站技术作业时分与车站平面布局和列车速度有关,计算时线路长度根据设计图确定,列车走行速度根据线路道岔和曲线确定,转线作业一般牵出不超过 40 km/h、推送不超过 20 km/h。旅客列车在站停留时间按列车类别确定。列车在站停留时间主要考虑旅客乘降作业过程,包括旅客上、下车时间,打扫卫生时间,尽端站旅客座椅转向时间等。这些时间与运营方式有密切关系,甚至车厢结构对其也有显著影响。

旅客下车时间主要考虑车厢内旅客人数与每位旅客经过车门需要的时间,高峰时段按列车满员考虑,每车厢乘员 75～85 人,若每人经过车门时间为 3 s,则旅客下车占用时间为 3.75～4.25 min,考虑两端门同时下车,占用时间为 1.9～2.3 min。在方案计算中,最小可取 3 min,城际列车可相应减少 1 min。

由于旅客上车后要寻找座位,走行通道不畅引起时间延滞,旅客上车通常比下车要占用更多的时间,一般按比下车多 1 min 取值,在方案计算中,最小可取 3～4 min,城际列车可相应减少 1 min。

中间站停站时间按上下车旅客数量确定,一般按 1～3 min。

动车组在有折返作业的中间站及始发、终到站,需计算在站折返时间。长编动车组最小折返时间为 20 min,短编动车组最小折返时间为 15 min。因运输调整需要,一般可压缩 3～5 min。动车组在始发、终到站还需计算吸污上水时间。一般列车补水时间为 6 min,吸污时间为 12 min,同时还应根据列车运行安排必要的辅助时间等。

(三)高速铁路车站接发列车作业组织

接发列车作业是车站办理列车由区间接入、向区间发出和通过所进行的作业,是列车运行不可缺少的重要环节。合理正确地组织接发列车作业可保证列车运行安全正点、线路畅通、运输潜能充分挖掘,以完成铁路运输生产任务。

对于接发旅客列车的作业组织,高速铁路车站与普速铁路客运站一样,该项作业主要是占用咽喉区和到发线一起构成的列车运行进路，作业的过程也基本一致。但是，在高速铁路车站中，采用了先进的调度集中系统设备，工作人员的数量减少了（如车站站台上不再设置接发列车人员，只需设置客运服务人员），从而提高了车站的工作效率。

站控模式下，车站接发列车主要作业内容有：办理区间闭塞；准备接、发列车进路；开放和关闭进站、出站信号；交接行车凭证；接、送列车和指示发车等。这些作业必须按照一定的程序和要求进行。

(1)高速铁路车站值班员（应急值守人员）接车作业流程如图2-18所示。

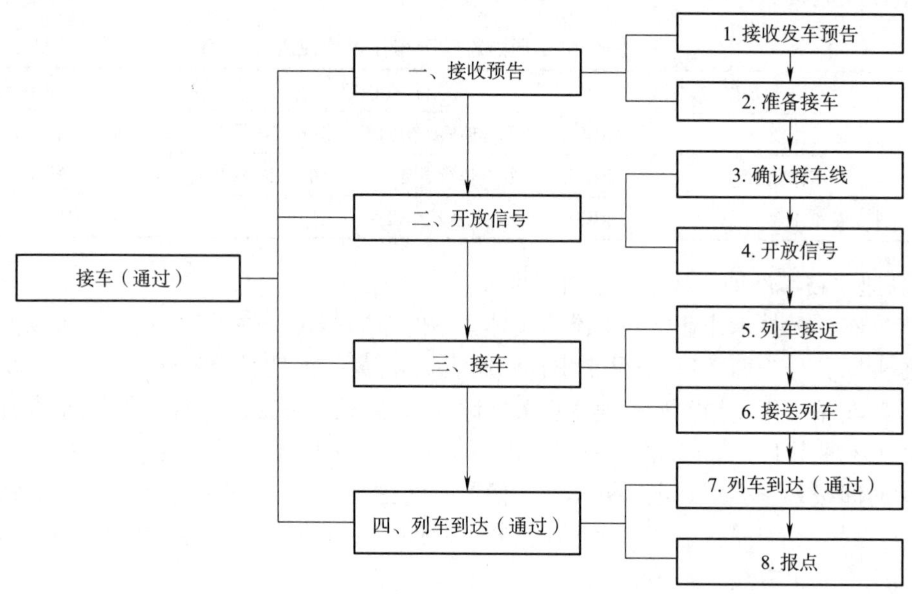

图2-18　高速铁路车站接车作业流程

(2)高速铁路车站值班员（应急值守人员）发车作业流程如图2-19所示。

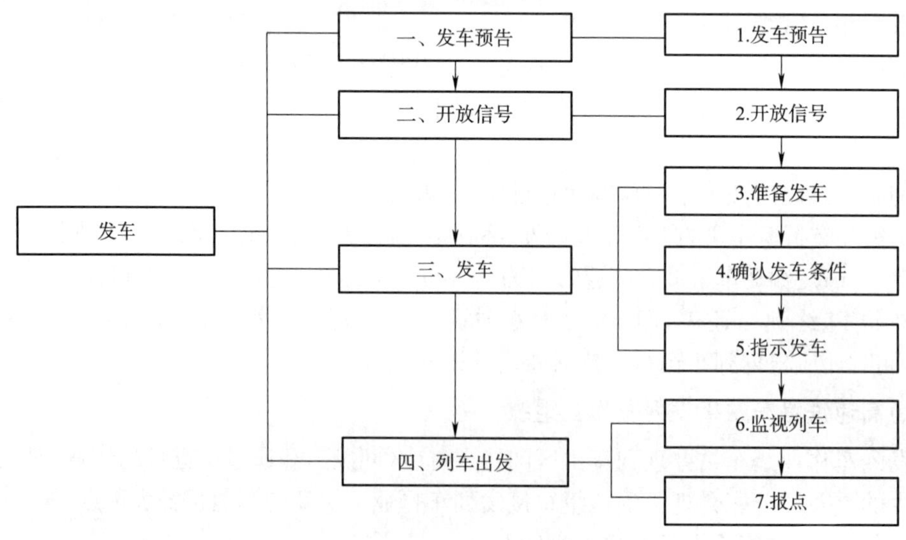

图2-19　高速铁路车站发车作业流程

(四)高速铁路车站调车作业组织

高速铁路车站调车包括旅客列车投入或终止运营列车的出入段调车作业、转线作业、列车解体和重联、特殊情况调车作业等。

高速铁路车站调车作业由助理调度员担当调车领导人。设有车站值班员或由分散自律控制模式转为非常站控模式的调车作业,由车站值班员或应急值守人员担当调车领导人。

1. 动车组列车出入段调车作业

在始发终到站和枢纽站,除少量站折列车外,车底在非运营期间可能停留于客运中心、动车段等地点。动车组列车在夜间不运行,结束一天的运输任务后,列车需进动车段整备和检修,早晨动车组列车再出段执行一天的客运任务。投入或终止运营时需往返于这些地点与车站到发线间,需要进行出入段的调车作业。由于高速铁路动车组运用一般采取套跑的形式,该调车作业一般按照动车组运用计划投入或终止运营时进行。

对于动车组出入段的调车过程,可以根据动车组走行方式的不同分为两类:

(1)动车组出入段执行运输任务,在出段过程中,通过动车段走行线与站线衔接处的道岔一次,便完成调车任务到达相应股道。这样的过程叫作单程调车,其流程如图 2-20 所示。

图 2-20 单程调车流程

(2)动车组出入段执行运输任务,在出段过程中,通过动车段走行线与站线衔接处的道岔一次,进入车站正线,接着又反方向再次通过该道岔,经过两次调车过程才进入相应股道。这样的过程叫双程调车,其流程如图 2-21 所示。

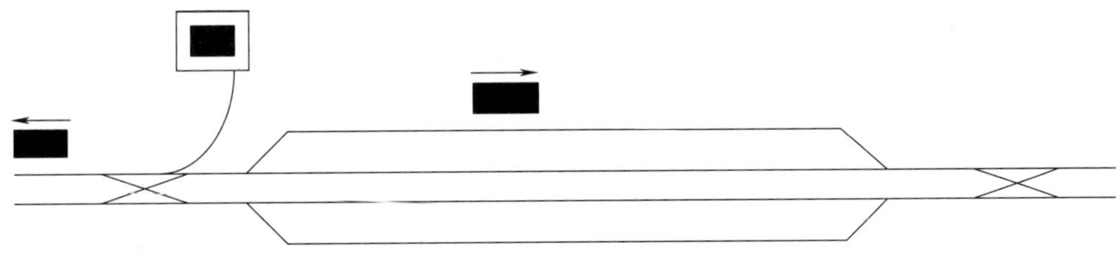

图 2-21 双程调车流程

2. 动车组转线作业

为充分使用动车组,常需要根据动车组运用计划,利用折返线安排动车组在到发线担当另一车次的运输任务。此外,当动车组需要等待入动车段(所)或进入到达线,可暂时转往车站内停留线停留,等待到发线腾空或动车段(所)出入线腾空后再作业。这些情况都需要进行动车组转线作业。

3. 列车解体和重联

高速铁路旅客列车编组可以为单列动车组,也可以为两列重联,列车的分解和编组一般需要利用专门的牵出线进行。

4. 特殊情况调车

特殊情况(如动车组出现故障时),需要有其他动车或专设的调车机车完成牵出作业。

为保证各种作业安全和提高效率,一般需要注意以下几点:

(1)动车组调车一般需要设置专用的进出站线路和牵出线,尽量避免与到发列车进出站进路产生交叉干扰。必要时可采用立交的线路布置形式。

(2)动车组的调车作业需要严格按照CTC设备调车作业的规定进行。正常条件下严格禁止车站单独下达调车命令。

(3)除特殊情况外,动车组在站内的调车严格按照动车组运用计划和调度所下达的日调整计划及调车计划进行。

(4)特殊情况时,需要建立完善的联系制度保证调车的安全。

(5)CTC条件下,调车作业对设备的依赖性较高,要确保设备的正常运转,在设备发生故障条件下要及时报警。

任务训练

一、场景设计

(一)实训目的和要求

1. 能区分高速铁路车站与普速铁路车站作业的异同。
2. 能说明高速铁路车站行车组织工作的内容。

(二)实训内容

1. 根据所学的知识,绘制高速铁路车站作业内容结构图。
2. 模拟高速铁路车站接发列车作业流程。

二、实训步骤

(一)实训前准备

1. 实训场所:普通教室或接发列车实训室。
2. 工具设备:绘图纸、笔、CTC系统、调度电话、行车日志等。

(二)实训

1. 个人进行第一项实训内容,绘制高速铁路车站作业内容结构图。
2. 以5~6人小组为单位开展第二项实训内容,模拟开展高速铁路车站接发列车作业流程。

三、任务评价

姓　　名		地点		时间	
任务名称	实训考察要点	分值	小组评分（40%）	教师评分（60%）	最终得分
高速铁路车站作业组织	1. 认识高速铁路车站作业内容结构图	30			
	2. 模拟高速铁路车站接发列车作业流程	30			
	3. 对各组实例进行对比分析	40			
合　　计		100			

典型工作任务三　高速铁路车站到发线运用及通过能力分析

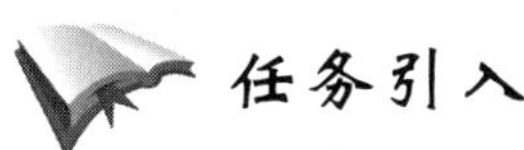

2024年春运广州南站旅客总到发量超2 000万人次

2024年春运自1月26日开始，到3月5日结束。在2024年整个春运期间，广州南站到发旅客超2 000万人次，启动各类保障措施，确保了春运期间南站地区社会管理和谐有序、旅客出行平安顺畅，圆满完成2024年春运任务。

广州南站高速铁路大站，总建筑规模高达60多万平方米。为了让每天近60万名旅客顺利进出，车站建立起了以地面标识、静态揭示、灯箱指示和语音引导为一体的立体式引导标识系统。

为解决车站作业区域大、列车密集、旅客安全监控难等问题，广州南站在全国铁路率先创建了综合指挥中心，运用科技手段保安全。综合指挥中心有8个子系统，全面整合了行车组织、乘降组织、售票情况、设备状态、岗位人员等各方面信息资源，实现人机互控。

由此可见，对于客运量巨大的高速铁路车站，尤其当遇到节假日等出行高峰时期，车站停靠列车数量增多，为了满足旅客高峰时期出行的需求，车站必须充分调动可用资源提高车站通行能力，充分挖掘潜在运能，以达到快速输运的目的。

请思考：

1. 高速铁路车站通过能力与哪些因素有关？
2. 如何有效地提高高速铁路车站通过能力？

一、高速铁路车站到发线运用

车站到发线运用是运输生产组织的重要组成部分，列车完成过站服务以及其他机务作业与到发线运用密切联系。到发线的运用问题不仅关系到保证车站的正常运输秩序和列车运行图的实现,还关系着铁路行车安全,是各种行车设备协调的关键所在。为了保证车站接发列车工作的顺利进行及运行的安全,必须做好车站各作业之间与到发线作业间的协调工作。

(一)高速铁路车站到发线运用原则

结合本项目典型工作任务二中高速铁路车站各种列车的作业流程,为保证车站作业安全和车站技术设备的高效利用,应根据客运站的客运行车量、到发线数量、咽喉区道岔的排列方式及客运组织工作的要求等技术作业特点制订到发线运用计划,同时必须遵循以下原则:

1. 满足发车需要

一方面车站到发线由于具体位置与设备的不同,其用途存在一定差异;另一方面,在车站作业的列车由于等级不同、停站方式不同,对到发线的要求也不同。因此,到发线的运用主要考虑以下几点:

(1)方向。由于车站衔接正线方向和位置的不同,为了安全,到发线一般分方向安排运用。

(2)正线或侧线。一般通过列车使用正线,其他情况使用侧线。

(3)站台。有旅客上下车作业的列车必须使用有站台的股道。

2. 方便旅客上下车

由于旅客列车的经常性和到发时刻比较固定,主要高速车站必须对车场及线路进行专门化,可将一定种类和一定方向的列车到发作业固定于某一车场或某一线路便于旅客乘车。

3. 减少交叉干扰

接发列车与站内作业不可避免会产生交叉干扰,安排到发线运用方案时,应根据到发场咽喉布置情况,分析列车到发时间及站内调车作业时间,合理安排各次列车占用到发线路,以减少列车到发与调车进路的交叉干扰,提高车站作业效率和安全性。

(二)列车占用到发线时间分析

列车在接发列车作业过程中,从列车准备进路时刻开始,到发线实际上已经被预先占用,直至列车离开到发线所在轨道电路为止,这一段时间为列车占用到发线时间。所以,列车占用到发线的时间由两部分组成:一是列车占用咽喉区进路的时间,由列车在车站作业类型、列车的速度等级、列车长度以及咽喉区进路的长度综合确定;二是列车在到发线的停留时间,不同类型和性质的列车在到发线停留时间不同,其作业时间取决于列车在车站办理的客运及行车作业时间。

二、高速铁路车站通过能力

(一)车站通过能力的概念

在车站现有设备情况下,采用科学合理的作业方式,一昼夜车站能够接发各方向的列车数量,为车站的通过能力。对于高速铁路车站,由于车站只办理客运业务,所以列车数量是指具有不同速度类型的动车组列车的数量。

沿用普速铁路车站通过能力概念,按照车站设备类型还将车站通过能力分为到发线通过能力、咽喉通过能力。

基于高速铁路车站运力资源的利用,高速铁路车站通过能力计算的目的在于:挖掘车站列车接发最大数量的潜力,验证高速铁路车站能力对各种车流特征和运输需求的适应性,为改善高速铁路车站服务水平提供依据。

(二)车站通过能力影响因素

高速铁路车站通过能力的影响因素可分为三类:一是进行列车技术作业的各种硬件设备及数量,如站型、股道、咽喉、信号等设备及布置情况和使用状态等;二是为了保证列车安全和车站作业协调等规定的车站作业参数等,如列车最小间隔时间、车站技术作业时间、列车技术作业流程及维修天窗设置等;三是运营组织及车站作业组织方式,如到发线运用方案、咽喉区运用方案、列车接发顺序方案等。

1. 车站技术设备对通过能力的影响

(1)站场设备布置形式。

在站场布置中,正线分为两端区间平行顺直布置以及正线外包式布置两种,由于正线外包式存在反向曲线将影响列车通过速度,从而一定程度上影响车站通过能力。

到发线有效长和数量也会影响车站通过能力,长度越长、数量越多,通过能力越大。

站台设置形式也将影响车站通过能力,如中间站对应式比岛式通过能力大。

(2)信号联锁设备类型。

信号联锁设备的类型不同,信号开放时间、进路排列时间、道岔转换时间不同,将直接影响列车在车站各种安全间隔时间标准,从而影响车站通过能力。

(3)车站衔接线路区间。

高速铁路车站与线路区间衔接数量及方式将直接影响车站咽喉区的复杂度,衔接线路越多,咽喉区进路联锁关系复杂,进路间干扰大。高速铁路车站咽喉区布置应紧凑,尽量缩短咽喉区长度,提高咽喉各衔接方向的平行进路数,可以提高车站咽喉通过速度,有利于提高车站整体通过能力。

2. 车站作业参数及规则

(1)高速铁路车站列车间隔时间标准。

高速铁路车站列车间隔时间是指车站办理两列车到达、出发或通过作业所需的最小间隔时间。与普速铁路车站有所不同,需要按线路、车站和列车速度种类等条件查定。

(2)列车技术作业流程及时间标准。

列车在车站的技术作业流程需要安排每个列车的接发车、停站、出入库、整备技术等作业,且每项作业需要尽可能满足最小技术作业时间标准,很大程度上会影响车站的通过能力。

(3)高速铁路车站维修天窗。

设置高速铁路维修天窗对保证车站设备、设施的安全和效率有重要作用。通常情况下,维修天窗时间内必须停止接发列车,因此其作业时间和作业内容对高速铁路车站通过能力有直接影响。

3. 车站作业组织方案

(1)到发线运用。

列车间到发线作业耦合性极强,某列车的到发线运用方案将直接限制后续列车对车站资源利用的空间及效果,从而影响车站通过能力。

(2)列车接发顺序。

高速铁路车站通过能力计算中,确定某列车到发时刻的依据主要是相邻列车的最小安全间隔时间,当车站的车流构成类型固定时,列车接发顺序的调整可能会引起相邻列车最小安全间隔时间的变化，从而影响车站通过能力。缩短列车最小安全间隔时间，有利于提高车站通过能力。

(三)车站通过能力计算

高速铁路车站通过能力计算方法主要有三种：分析计算法、图解法和计算机模拟法。

1. 分析计算法

分析计算法的优点是简单易行，节省时间，使用车站广泛，无论是新建车站还是已建成的车站计算通过能力都可以采用。分析计算法有直接计算法和利用率计算法两种。

(1)直接计算法。

基本公式如下：

$$N=\frac{1\ 440-t_{停}}{t_{占}}$$

式中　N——车站某设备能力；

$t_{停}$——夜间高速铁路列车停止运行的时间(包括维修天窗时间)；

$t_{占}$——每一列动车组到发作业占用该设备的平均时间。

(2)利用率计算法。

基本公式如下：

$$K=\frac{\sum t_{占}}{1\ 440-t_{停}}$$

$$N=\frac{n}{K}$$

式中　K——车站某设备利用率；

n——一个工作日内占用该设备的动车组列车数。

2. 图解法

图解法是通过绘制高峰时段的车站作业计划来确定通过能力，结果较为精确，但绘图工作量巨大，计算效率低，不适用于高速铁路车站通过能力计算。

3. 计算机模拟法

计算机模拟法求解车站通过能力使用模型较多，最常用的是排队论理论，将车站接发列车过程看作是“服务机构”给“顾客”提供服务的过程，建立排队论模型，借助计算机手段模拟车站接发列车强度，计算车站通过能力。

任务训练

一、场景设计

(一)实训目的和要求

1. 能说明高速铁路车站到发线运用原则。
2. 能说明不同类型列车占用到发线的时间组成。
3. 能说明高速铁路车站通过能力影响因素。

(二)实训内容

1. 根据所学的知识,列出影响高速铁路车站通过能力的各种因素。

2. 分析提高高速铁路车站通过能力的方法和措施。

二、实训步骤

(一)实训前准备

1. 实训场所:普通教室或项目化讨论教室。

2. 工具设备:纸、笔、可联网计算机等。

(二)实训

1. 以5~6人小组为单位开展实训活动,通过实地考察周边高速铁路车站并结合所学,列出影响此车站通过能力的各种因素。

2. 以5~6人小组为单位开展实训活动,按照所列影响因素分析讨论如何提高此车站通过能力的方法和措施,并做汇报。

三、任务评价

姓　　名		地点		时间	
任务名称	实训考察要点	分值	小组评分 (40%)	教师评分 (60%)	最终得分
高速铁路车站通过能力分析	1. 高速铁路车站通过能力影响因素列举	30			
	2. 提高车站通过能力的方法及措施分析	30			
	3. 对各组实例进行对比分析	40			
合　　计		100			

复习思考题

1. 高速铁路车站的特点有哪些?

2. 高速铁路车站站型布置形式有哪些?分别有什么特点?

3. 高速铁路车站技术作业包括哪几方面?

4. 高速铁路车站作业的特点有哪些?

5. 简述各种类型列车在车站的作业流程。

6. 简述高速铁路车站接发列车流程。

7. 高速铁路车站行车岗位职责是什么?

8. 高速铁路车站调车作业的内容有哪些?

9. 高速铁路车站到发线运用的原则有哪些?

10. 影响高速铁路车站通过能力的因素有哪些?

11. 高速铁路车站通过能力的计算方法有哪些?

12. 如何提高车站通过能力?

项目三　高速铁路旅客列车开行方案的认知及编制

学习目标

1. 知识目标
- 掌握制定高速铁路旅客列车开行方案的要求
- 掌握高速铁路旅客列车开行方案的主要内容
- 掌握高速铁路旅客列车开行方案特点和编制方法
- 了解高速铁路旅客列车开行方案的客流调查与预测要素及方法
- 掌握编制高速铁路旅客列车开行方案时要考虑的条件
- 掌握高速铁路旅客列车开行对数的确定方法
- 掌握我国高速铁路旅客列车停站方案

2. 能力目标
- 能够认识到高速铁路旅客列车开行方案的重要性
- 能够编制简单的高速铁路旅客列车开行方案
- 能综合运用专业知识，通过利用专业书籍、多媒体课件和图片资料获得帮助信息
- 能根据学习任务确定学习方案，从中学会表达及展示活动过程和成果

3. 素质目标
- 形成优化高速铁路旅客列车开行方案的意识
- 具备能分析高速铁路旅客列车开行方案优劣的思维模式
- 能与小组成员和教师就学习中的问题进行交流和沟通
- 能与他人共享学习资源且具有较好的合作能力和团队协作精神

典型工作任务一　高速铁路旅客列车开行方案基础知识认知

任务引入

全国铁路调图为旅客出行提供更多便利

2024 年 1 月 10 日 0:00 起，全国铁路实行新的旅客列车开行方案。调整后，全国铁路每日安排旅客列车 11 149 列，较以往增加 233 列；每日开行货物列车 22 264 列，较以往增加 40 列，列车开行结构不断优化，客货运输能力进一步提升，为经济社会发展注入新动能。

此次方案调整，将北京西站办理经由京广高速铁路方向至南宁东站、武汉站间各 2 列动车组列车延伸至北京站始发终到；将北京朝阳站至哈尔滨西站、丹东站至北京朝阳站各1列动车组列车，北京丰台站至太原南站间2列动车组列车，调整至北京西站始发终到；将北京西站至西安北站、三门峡南站至北京西站各1列，北京西站至重庆西站、石家庄站间各2列动车组列车，北京站至日照西站间2列普速客车，调整至北京丰台站始发终到，为旅客出行提供更多选择。

2023年12月18日津兴城际铁路开通运营，调图后安排动车组列车日常线8列、周末线10列，安排天津经由津兴城际铁路至北京西站间动车组列车4列。增开天津西站至大兴机场站间动车组列车10列及天津、唐山至雄安间动车组列车各2列，促进空铁联运发展。

此外，进一步增加廊坊、涿州、燕郊等车站旅客列车停站频次，为早晚高峰时段进京或环京通勤旅客出行提供更多便利。

这样的旅客列车开行方案关系广大旅客的整个旅程和旅行时间长短，铁路内部完成这些方案调整工作的过程是非常复杂的。

请思考：

1. 旅客列车开行方案对国民生活的影响有哪些？
2. 旅客列车开行方案对铁路运输服务质量有哪些影响？

知识准备

高速铁路运输组织是一个涉及各类运输资源和运输需求的大规模复杂决策问题，一般运输组织问题被划分为五个计划问题：列车开行方案、运行图、动车组运用计划、乘务计划、车站作业计划。其中，列车开行方案是运输组织工作的基础，也是完成旅客运输任务的重要保障。旅客列车开行方案要能够反映铁路旅客运输的经营策略和服务水平，优质的旅客列车开行方案能够提高铁路旅客运输的经营效果和经济效益，尤其在市场经济条件下，旅客列车开行方案是与其他运输方式有力竞争的体现。因此，研究设计适应运输市场变革需要、符合高速铁路特点的列车开行方案是铁路客运系统的重要工作之一。

列车开行方案是铁路旅客运输组织的核心，它主要包括旅客列车运行区段、列车种类开行对数的计划等，能较好地反映旅客运输的经营策略和服务质量，好的旅客列车开行方案能够提高铁路旅客运输的经营效果和效益。旅客列车开行方案的制定是一个庞大的系统工程，不仅与客流量大小有关，还与客流成分及旅客出行特点密切相关。我国铁路旅客列车开行方案虽经多年不断的积累和调整，初步摸索出了一些经验，但要适应市场经济条件下不断涌现的新需求和变化，必须对旅客列车开行方案进行不断优化，其基本准则是提高铁路竞争力、努力扩大运输市场份额。旅客列车开行方案的优化就是遵循铁路旅客运输的特定规律，在一定的铁路运输能力的限制下，更有效地组织长途、中途及短途旅客列车的开行，达到既能较充分地满足旅客运输市场需求，又能合理有效地利用铁路现有运输能力的目的，在两者之间找到合理的经济平衡点。

随着经济的发展和人民生活水平的提高，我国旅客出行需求不断增加的同时，旅客对运输的准时性、便捷性、舒适性、安全性等要求不断提高，因此高速铁路旅客运输必须从市场出发，从旅客的需求出发，以运输市场为背景，以最大限度地满足旅客出行的各方面需求为基本要求，提高运输质量。高速铁路旅客列车开行方案的研究对发展高速铁路旅客运输、提高旅客运输的经营策略和服务质量、争取客运市场份额有着极其重要的作用。旅客列车开行方案的好坏关系到能否满足旅客运量要求，好的开行方案能以高服务频率、高服务质量满足旅客对速度、安全、准时、舒适、方便等因素的追求，吸引到足够的客流。开行方案是列车运行图的基础，好的开行方案能确定出合理的列车运行图，从而保证列车安全、正点运行和经济有效的铁路运输组织，给旅客出行带来方便。

高速铁路旅客列车开行方案是连接客流和列车运行图所必需的中间桥梁，直接关系到能否满足旅客运输需求，能否提高铁路竞争力来吸引更多的客流。因此，编制旅客列车开行方案是客运组织的关键步骤。

一、旅客列车开行方案的作用

旅客列车开行方案是以客运量为基础，以客流性质、特点和规律为依据，科学合理地安排旅客列车起讫点、经由线路、开行等级、数量、编组内容、停站方案、车底运用等内容，体现从客流到列车流的组织方案。旅客列车开行方案是铁路旅客运输组织及运营的基础，在铁路运输中占有非常重要的地位。

首先，列车开行方案能很好地反映铁路旅客运输的经营策略和服务水平，编制良好的开行方案有助于提高铁路旅客运输的经营效果和运营效益。

其次，旅客列车开行方案是编制列车运行图，形成旅客列车时刻表的基础，而旅客列车时刻表是铁路参与市场竞争过程中所提供客运产品的表现形式，因此，在市场经济条件下，铁路旅客列车开行方案还是铁路客运服务与其他运输方式竞争实力的体现。

二、高速铁路列车开行方案的主要内容

高速铁路旅客列车和普速铁路旅客列车的开行方案内容基本相同，但由于高速铁路旅客列车具有快速性等特点，其开行方案相较于普速铁路列车的开行方案有其独特性。高速铁路旅客列车开行方案有以下内容：

1. 列车运行区段

列车运行区段包括始发站、终到站以及经由线路，其中始发站是指旅客列车的起点；终到站是指旅客列车的终点；经由线路是列车从始发站到终到站所途经的路段。经由线路由路网的情况决定，路网越复杂，可选择的开行径路就越多。近年来我国高速铁路发展迅速，不少高速铁路线路已有平行径路的存在，如京沪高速铁路和京津城际铁路、沪宁城际铁路等。我国高速铁路已经成网，很多起讫站间不只一条高速径路，因此确定始发终到站后，还要对最佳开行径路进行选择，从而确定出运行区段。

2. 列车的种类

高速铁路旅客列车主要由动车组担当，其性能比普速铁路列车大幅提高，速度高，燃料省，安全可靠。目前，我国高速铁路旅客列车的种类有很多，根据不同的标准有不同的分类。

(1)目前我国高速铁路上开行的旅客列车都是动车组，主要有 CRH1、CRH2、CRH3、CRH5、CRH6、CRH380 系列以及 CR400、CR300、CR200 系列，其中 CR 系列为复兴号动车组，不同型号动车组的技术特点不同，适应的线路类型不同。

(2)按列车编组可分为大编组列车(16 辆)和小编组列车(8 辆)。动车组的编组方式非常灵活，主要是根据线路客流情况，有针对性地选用编组方案。一般情况下，短途列车应采用小编组的编组方式，以实现公交化运营，长途列车应采用大编组的编组方式，以减少列车开行数量，降低运营成本。

(3)按开行距离可以分为长途旅客列车、中途旅客列车和短途旅客列车。一般情况下，开

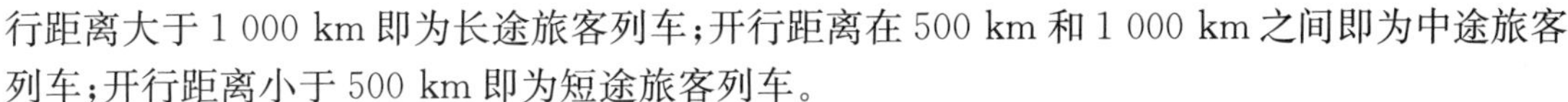

行距离大于 1 000 km 即为长途旅客列车；开行距离在 500 km 和 1 000 km 之间即为中途旅客列车；开行距离小于 500 km 即为短途旅客列车。

3. 列车开行对数

列车开行对数是指方向上或区段内为满足客流量需要而开行的旅客列车数量，基本上取决于客流计划。旅客列车对数确定的合理性是衡量运行图编制质量的重要标志之一，它不仅要与客流量的需求相适应，同时要更经济合理地利用铁路的客运设施设备。

4. 列车停站方案

旅客列车停站方案主要是为了确定合理的列车停站序列和停站时间。一般说来，高速铁路列车开行区段比较少，中间站没有始发、终到旅客列车，因此中间站的旅客只能通过其他列车在此停站来运输旅客。基于旅客选择列车的方便性，列车在每个中间站停的次数越多，其服务频率越高，那么旅客出行的便利性越好；但停站次数过多会降低列车旅行速度，增加旅客出行的总时间，降低高速铁路的通过能力，也会增加旅客列车的运营组织成本。所以，高速铁路列车停站方案要从这两方面出发，既可以较好地满足中间站旅客出行的需要，又能保证高速铁路旅客列车的速度，同时不过多地降低高速线路的通过能力。

高速铁路旅客列车的停站方式主要有以下几种：

(1)一站直达列车。从始发站直接到达终到站，中途不停站，能充分发挥高速铁路的速度优势。开行一站直达动车组列车，始发站与终到站之间必须要有足够多的客流，且一般适合距离较短的列车开行区段。

(2)大站停列车。列车开行时只停靠在客流量比较大的高速铁路客运站，全程停站次数很少，因此不会过多地降低旅客列车的旅行速度，同时又可以满足大站大客流的需求。停靠站点的确定主要考虑车站所在地客流情况或客运节点的分类。

(3)择站停列车。列车在开行过程中除了停靠在大站外，还通过不同的停站组合来服务中间客流量较小的车站，一般适用于开行区段较长的列车。

(4)站站停高速铁路列车。开行区段内列车在所有站都停车，开行模式公交化，一般适用于开行区段比较短，且所有车站的客流量都较大的情况。由于过多地降低旅客列车的旅行速度，因此这种方式的列车开行数量不宜过多。

5. 列车车底需求数量

动车组的价格很高昂，所以在满足客流的前提下要尽量减少动车组车底的使用，对其进行优化。动车组的车底主要是由旅客列车的开行数量决定的，同时列车车底数量对列车开行的数量也有反馈的作用。长编组和短编组列车在不同情况下的合理，可以减少列车的开行对数，同时满足旅客需求。

对旅客列车车底需求数产生影响的因素主要有：

(1)受到高速铁路动车组运用方式的影响，同时与车底运用作业时间标准和旅客列车的在途旅行时间有关。

(2)和车流量有关，一般是正比关系。

(3)和旅客列车的铺画方案、列车运行线以及停站方案等有关。列车运行线的改变会影响车底的需求数量，如在递远递停的方式下，列车车底周转效率要高于非递远递停的方式。

(4)受到旅客列车车底长、短途的套用程度的影响，若能充分考虑到长、短途列车的检修里程，并据此合理使用套用车底，那么车底需求数量会得到节省。

任务训练

一、场景设计

(一)实训目的和要求

1. 能说明我国高速铁路旅客列车开行方案的作用。
2. 能说明我国高速铁路列车开行方案的主要内容。

(二)实训内容

1. 根据所学知识,完成高速铁路旅客列车开行方案作用的表述。
2. 根据所学知识,完成高速铁路旅客列车开行方案主要内容的表述。

二、实训步骤

(一)实训前准备

1. 实训场所:在普通教室或能连接互联网的多媒体教室中进行。
2. 工具设备:多媒体设备课件、图片、示教板、计算机多媒体设备等。

(二)实训

1. 以 5～6 人小组为单位开展实训活动,通过学习完成高速铁路旅客列车开行方案作用的表述。

2. 以 5～6 人小组为单位开展实训活动,通过学习说明高速铁路旅客列车开行方案主要内容的表述。

三、任务评价

姓　名		地点		时间	
任务名称	实训考察要点	分值	小组评分(40%)	教师评分(60%)	最终得分
高速铁路旅客列车开行方案认知	1. 高速铁路旅客列车开行方案作用的表述	40			
	2. 高速铁路旅客列车开行方案主要内容表述	60			
合　计		100			

典型工作任务二　高速铁路旅客列车开行方案的影响因素分析

任务引入

高速铁路列车不能“拦”

某日,一女乘客因为丈夫没有上车,强行阻止高速铁路列车发车,并最终导致该列车晚点的事件引发社会热议。

当天的 G1747 次列车从京福铁路转到合武线，然后到武广线，经过这样三条高速铁路线路，从蚌埠开到广州南。高速铁路的枢纽就是多条高速铁路交会的点，在枢纽，会有来自多条线路的列车进入同一个车站、换乘时间过长，在车站里，会存在转线这样一种运输方式，从一条线路开过来的动车组列车，转到另一条高速铁路线路。所以，多条线路开过来的动车组列车就会在枢纽形成交互效应。因为这种交互效应的存在，一条高速铁路线路的晚点，就可能扩散到其他的高速铁路线路，甚至影响到高速铁路路网，严重违反高速铁路运行计划。

高速铁路客运方案在制定过程中，需要考虑到很多相关因素。

请思考：

高速铁路旅客列车开行成功的实施需要考虑哪些影响因素呢？

知识准备

高速铁路旅客列车开行方案是一个很复杂的系统问题，受到多方面因素的共同影响。本任务将详细分析旅客列车开行方案的主要影响因素，包括本身应该满足的技术条件和技术指标以及高速铁路客流波动系数、运量与服务频率的关系等，这些均是高速铁路特有的影响因素。

一、高速铁路客流输送方式

客流输送模式的确定是列车开行方案编制过程中的基础环节，其合理与否直接影响着列车开行方案的优劣。随着高速铁路网络的形成，高速铁路与普速铁路之间的相互衔接程度已经越来越高。在如今的成网条件下，在高速铁路线路上不仅需要开行本线动车组列车，还要运行跨线列车，不仅能够释放相关普速铁路的运输通过能力，还能让旅客有更加快捷化、直达化的出行。

（一）旅客换乘方式

旅客在高速铁路线与普速铁路的衔接车站进行换乘，在高速铁路线上用动车组列车进行输送，在普速铁路上用普速铁路列车进行输送。采用换乘方式对跨线客流进行输送时，高速铁路上便有条件开行速度目标值较单一的高速动车组列车，从而较充分地利用区间通过能力，同时也简化了行车组织。但是换乘方式要求换乘站具有良好的换乘组织和接续设备，如果进行换乘衔接作业的场所不是同一个车站、换乘时间过长，不仅导致换乘十分不便，还将对城市内部的交通产生一定影响。对于一种交通运输方式，每当进行一次换乘就会损失部分客流，因此，采取频繁地跨线输送旅客时，便会导致大量客流流失。

（二）开行跨线列车方式

高速铁路除了本线上各车站间到发的客流，还有部分是铁路网上其他车站与本线各车站之间相互到发，或其他车站之间互相到发而经过高速铁路线的客流。当在高速铁路和提速之后的普速铁路之间开行跨线列车时，跨线客流可以搭乘跨线列车进行直通运输。

跨线客流通常采用直通方式：(1)高速列车直通方式，直通方式跨线旅客全程都用高速列车输送，高速列车下到既有线上须按线路允许速度运行。此种方式与换乘方式一样，高速铁路上运行的都是高速列车，速度单一，区间能力利用较充分，行车组织较简单；在既有线上，高速列车与其他列车速差大，对既有线的通过能力影响大，行车组织复杂。(2)中速跨线列车直通方式，跨线旅客全程都用中速跨线列车输送，跨线列车在高速铁路上按中速行驶，在既有线上按照线路允许速度运行。

以上方式由于在高速铁路上运行中速跨线列车，高速列车与中速线列车之间速差较大，区间通过能力受到限制，行车组织较复杂。

采用列车跨线输送客流，能够延伸高速铁路的服务范围，减少旅客的换乘之苦，从而吸引更多的潜在客流。

二、客流量与客流特征

高速铁路的客流量是旅客出行需求的表现，是制定高速铁路旅客列车开行方案的依据和基础。"按流开车"是编制开行方案时计算列车开行数量的重要依据。列车开行区段的客流密度确定了开行方案中的客流，在一定程度上决定了车流。铁路客流的特征可以从不同方面来看，比如旅客的旅行目的、生活层次以及收入水平等。因此，从高速铁路客运部门制定开行方案的角度出发，应该考虑旅客的出行距离、是否跨线等方面的客流特征。

（一）客流起讫点（OD）分析

铁路的客流 OD 主要由国民经济和社会发展水平来决定，它是确定旅客列车开行方案首要和基本的原则。

（二）客流层次的划分

通常情况下，旅客出行时都希望所支付的费用少和出行的时间短。但是在市场经济条件下，这两者不可能同时满足。当二者不能同时兼顾时，不同性质的旅客就会选择不同等级的列车。如商务客流大多会选择高等级的列车，探亲、上学、旅游由经济状况确定部分会选择高等级列车。所以当进行客流分配时，不能简单笼统地将调查得到或是预测得到的 OD 量平均到每一列车上。客流分配的过程中需要考虑旅客的性质和旅行心理，只有这样才能如实地反映旅客对不同列车的选择行为。

不同种类列车的开行比例是根据调查及预测的客流数据来确定的。任何一条线路的修建都会在前期进行客流数据的采集、预测和分析，所以客流的分层是可以做到的。

(1)按消费高低，可以用高消费客流、中消费客流和低消费客流来划分。

①高消费客流包括大部分的公务客流、商务客流和小部分的旅游探亲流，这部分旅客的时间价值较高，对列车的舒适度和旅行速度提出了较高的要求。

②低消费客流包括大部分的学生流、外出务工流和小部分的探亲流，他们对于票价的关注度比较高。

③中消费客流包括大部分的旅游、探亲流，他们对于时间、票价、舒适度要求介于高消费和低消费客流之间。

客流层次划分好后再根据不同客流的比例确定不同种类即不同票价的列车的开行比例。

(2)根据旅客出行距离，可以把高速铁路客流划分为短途客流、中途客流和长途客流。

①短途客流：以城际客流为主，按高速铁路设计最高运营速度可在 2 h 内到达，其主要特点是客流量大，随节假日和高峰小时的波动明显。由于这部分客流在动车组列车上的旅行时间很短，故对候车时间和市内交通时间的要求较高，应尽量制定小编组、高密度、节拍式的开行方案。

②中途客流：按高速铁路设计最高运营速度在 2～6 h 内可到达的客流，也可采用节拍式的开行方案，方便旅客记忆，应注意设置合理的停站方案以及灵活的列车编组方案。高速铁路吸引了较多原来公路和航空的中途客流，在中途客运市场上占有很大的优势。

③长途客流:按高速铁路设计最高运营速度大于 6 h 到达目的地的客流。制定开行方案时,应当采用大编组列车输送长途客流,并尽可能地实现 2 000 km 夕发朝至与综合维修天窗的协调。另外,由于旅客在列车上的旅行时间较长,应考虑加强动车组车厢的舒适度。

(3)按是否跨线可将客流划分为本线客流和跨线客流。

①本线客流:在高速铁路网络范围内,起讫点和运行径路在同一条高速铁路上的客流,如郑州至西安的客流。对于本线客流制定开行方案时,不需考虑不同高速铁路之间的技术标准是否一致和设备条件是否兼容等问题,运输组织比较简单。

②跨线客流:在高速铁路网络范围内,起讫点和运行径路不在同一条高速铁路上的客流,如上海至西安的客流。跨线客流的输送主要有旅客换乘方式和开行高速铁路跨线列车两种方式,对开行方案的制定有很大影响。

同时,客流量的波动系数也对开行方案有影响。高速铁路的客流量是时时会发生变化的,它受到很多因素(如环境、季节和时间等)的影响。而客流的变化可以用客流波动系数来衡量,即客流高峰月的日平均客流量与整年的日平均客流量之比。按照我国目前的客流情况,客流一般主要在节假日有大的波动,基本上每年的一月、二月、七月、八月、春节等节假日是铁路客流的最高峰时期。我国旅客运输的需求长期有不均衡的状况,时间上的不均衡体现在节假日的客流高峰,空间上的不均衡主要体现在我国西北、西南的客流密度较小而中部、东部的客流密度较大。

因此,编制高速铁路旅客列车开行方案时,必须对客流高峰时期的客运需求做出一定的调整,如加开部分临时旅客列车等措施。在制定高速铁路旅客列车开行方案时,应该以满足旅客平日出行需要为基本,考虑高峰日的客流波动,形成基本列车开行方案和高峰列车开行方案复合而成的旅客列车开行方案。

三、列车编组及定员

列车编组是指由固定数量和类型的车辆所组成的固定车底。列车定员是指列车编组中可以乘坐旅客的车厢的总座席数量,即一个高速旅客列车可供旅客乘坐的席位总数。

从理论上讲,影响列车编成的主要因素是客流密度和旅客的被服务频率,达到一定的服务频率才能完成预测的运量。除此之外,列车的编组内容(如车型和车数等)还要根据列车运行径路上沿途车站的到发线有效长度、站台长度、折返牵出线长度、列车间隔时间、线路能力等多种因素来统一确定。通常来说,列车的编组数量较小时,列车的开行数量则相应增多,也即短编组、高密度可以大大地提高服务的频率,能较好地吸引客流,且为乘客提供多个可供选择的服务。但是线路能力紧张时,大编组能够达到充分利用能力的目的。因此高速铁路旅客列车的定员及编成应当根据具体的情况综合考虑。

列车的编组和定员还受到其他因素如列车始发、终到站所在城市的经济和公民消费水平、旅客对客运需求的层次、旅客列车的在途旅行时间以及客流波动系数等的影响。

同时,列车的编组也要考虑列车开行距离,如高速铁路开行短途列车时,短编组可开行更多列车,提高开行的密度和服务频率,能够较好地吸引客流;而高速铁路开行长途列车时,尤其是在高速铁路能力紧张时,一般多开行长编组列车。我国高速铁路旅客列车采用的是 CRH 和 CR 系列动车组列车,与普通旅客列车的编组方式不一样。我国动车组列车一般以 8 辆车为基本编组，在客流较大的情况下，可以采用 16 辆车编组的重联动车组列车。部分城际铁路线上，根据客流大小，也逐渐开始采用 4 辆、8 辆编组两种类型的编组方式。

四、席位利用率

列车席位利用率就是通常所说的上座率，是指某一列车在某一区段有人乘坐的座位数量与列车总座位数量的比值，用 λ 表示。

对于铁路部门来说，列车席位利用率越高，则列车虚糜率就越小，客票盈利一般来说会更大。然而对旅客来说，席位利用率过高会降低旅客的舒适性。在旅客列车开行方案的制定中，选择合理的列车席位利用率很重要，这时不只是要满足“保本上座率”，还要对于不同的开行径路分别进行研究，与列车的运距、停站次数以及旅行时间等多个因素都有关。但一味地追求高上座率，极有可能导致旅客大量聚集，造成车站及交通问题，影响车站服务效率。为了制定出合理的满足客运质量和需求的开行方案，λ 的取值根据前人的研究和高速铁路旅客列车开行现状，可取为 0.75～0.85。

五、车站及区间通过能力

高速铁路列车开行方案的编制受车站及区间通过能力的影响，也就是受到“点”和“线”能力的限制。当某一车站的运输设备能力（包括咽喉、到发线条数或长度、存车能力、在站停留时间、整备时间、折返时间等）不足时，除了改进加强外，还可以通过调整开行方案避开能力限制，譬如改变列车开行区段、减少停站等以缓解车站能力的不足；当区间通过能力不足时，可以减少一定的列车开行数量，还可以优化列车开行结构和秩序，高速铁路旅客列车开行方案的列车种类、速度差异、停站时间等都会对区间通过能力产生影响。车站和区间通过能力都会对旅客列车开行方案产生制约和限制。

由于高速铁路对于本线的客流采取公交化的运营组织方式，保证本线客流具有较高的服务频率，即在充分利用线路能力的基础上，提高列车的行车密度。因此，高速铁路上列车的编组数量相对较小，而且通常来说本线车流的编组内容基本都相同。一般来说，在确定了线路能力及其能力利用系数之后，根据客流密度最大区段的高峰小时的客流量以及最小列车间隔时间，就可以确定出相应的列车编成辆数及定员了。为了适应客流波动和增长的需要，在高峰小时还可以通过增加列车的编组数量的方法来提高高峰小时的运能。

六、高速铁路线路综合天窗

综合天窗是指铁路运输生产中预留给工务、电务、供电、水电、通信等部门对设备进行施工和养护维修的时间，分为综合维修天窗和综合施工天窗两种。天窗的开设形式和开设时段的选择对旅客列车开行方案有很大的影响。

由于我国高速铁路列车大都是日间开行，只有夕发朝至列车的开行方案会受到夜间天窗的影响。夕发朝至高速铁路列车作为我国高速铁路新产品，提高了高速铁路的使用效率和线路通过能力，为白天的运输组织和列车运行调整提供更好的条件，也更符合部分旅客的出行需求。高速铁路在夜间设置综合维修天窗，不可避免地要占用夜间夕发朝至列车的开行时间，从而对夕发朝至列车的开行方案产生影响。

高速铁路的天窗开设方案有“一线维修一线运行”和“两线同时维修”两种模式。但若在天窗内采用“一线维修一线运行”模式，列车必须按照 160 km/h 的限速行车，运行速度会受到很大影响，而且维修人员的安全得不到绝对保证。因此，目前我国夕发朝至高速铁路列车不采用“一线维修一线运行"的天窗开设方式。高速铁路采用“两线同时维修”的综合维修天窗时，天窗设置的基本形式有垂直矩形天窗、分段垂直天窗和分隔式天窗。

我国在未开行夕发朝至列车的高速铁路线路上或日期内于 0:00—4:00 设置综合维修天窗，在开行夕发朝至列车的线路上，每个区段采用不同的开始时刻，形成分隔式矩形天窗，保证列车不等待天窗的连续运行，有利于提高列车旅行速度和延长夕发朝至列车的开行范围。夕发朝至列车理论上在天窗内可以采用以下三种行车组织方式：

(1)采用“等线”方式运行，也即旅客全程在高速铁路线路运行，综合维修天窗开始前在站停车等待，综合维修天窗结束之后，继续在高速铁路线路运行直至终点站。

(2)采用高速铁路与普速铁路换乘方式，在进入天窗之前的车站，旅客同站换乘到普速铁路列车上，继续运行至列车终到站。

(3)采用动车组列车下普速铁路线方式，旅客全程无换乘，列车在进入天窗之前的车站或衔接点，通过联络线下到普速铁路线继续运行直达终点站。

总之，天窗的开设形式、开设时段、天窗内的行车组织方式等，都会对夕发朝至高速铁路列车开行方案产生很大的影响。

七、运量与服务频率

服务频率是旅客出行的难易方便程度的表现，为吸引客流起很大的作用。它与运量有密切的关系，在一定的服务频率内，服务频率增大，运量增长，即能吸引更多的旅客；但如果服务频率达到了一定值，服务频率即使增大，运量也不会有更大的提升了，而是基本不变。它们之间的关系可以用图 3-1 表示。

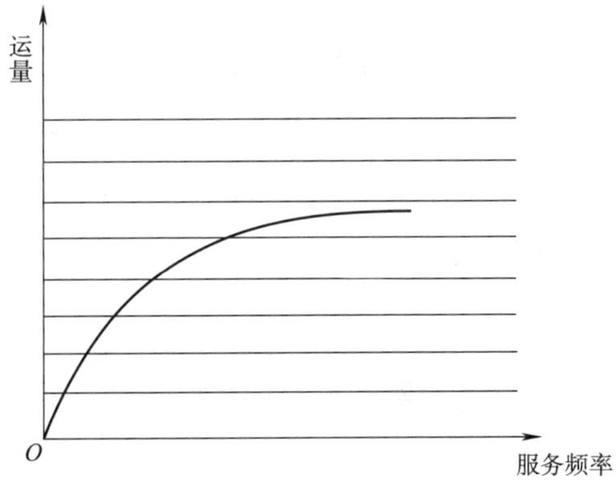

图 3-1　运量与服务频率关系

八、铁路部门的收益

一个企业在生产产品提供服务的时候，考虑得最多的就是这个产品或者服务能为企业带来多少收益。铁路是我国交通运输事业的基础建设之一，它承担着国家指定的大量的运输任务，但同时铁路部门也需要考虑他们自身的收益。在生产产品、提供位移服务的时候，也需要考虑他们提供的产品能为铁路部门自身带来多大的收益。所以铁路部门的收益对于列车开行方案的制定来说也是一个很重要的因素。高速铁路旅客列车的开行效益不仅仅是经济效益，它的开行还能提供巨大的社会效益和市场效益，因而其开行效益包括了以上三个部分。提高高速铁路旅客列车开行的经济效益，根据市场需求调整列车开行方案，是铁路部门参与市场竞争的必然结果。铁路部门的收益又主要由铁路部门的运营收入和成本两部分决定。

(一)铁路部门的运营收入

高速铁路旅客列车开行经济效益分析的关键问题是如何合理地将列车在一定期间内的成本和收入相匹配。铁路部门开行列车的运营收入包括客票收入和其他附加收入。其他附加的收入相对来说比较固定，而且与旅客选择不同乘车方案并没有太大关系，在此可以看作是一个常数值。客票收入是铁路部门运营收入的主要收入，可依据票价、客座率和列车定员等数据计算而得。在交通供给水平基本保持不变的前提下，旅客票价水平的确定，主要应考虑以下因素：

(1)运输成本是定价时应考虑的一个重要因素。票价水平应能保证企业运输收入弥补运输支出和税金外，有合理的盈利，这是保证企业生存和发展的基本条件。

(2)各种运输方式旅客票价水平及比价关系。

(3)居民旅行支付能力与心理承受能力是确定旅客票价必须遵循的重要原则。票价水平应与提供的运输服务质量、居民旅行消费需求层次相一致。

(4)旅客构成及其旅行支付能力。

客票收入的大小取决于列车的载客量、各旅客乘车里程及人公里票价率。

(二)铁路部门的成本

铁路部门的成本包括固定成本和变动成本。

固定成本包括线路、车辆等固定资产的折旧费，人员的工资等费用，但是这一部分的成本对于开行方案的制定不会产生影响，故可以不予考虑。变动成本包括列车公里费用和旅客的中转组织费用。

九、高速铁路旅客的出行费用

作为一个企业，提高经济效益是铁路客运部门开行客车的主要目的，但是我国的铁路客运作为国家的骨干运输，在国民经济中有着特殊的地位和作用，它必须兼顾到社会效益和市场效益，而且经过一段时间的市场培育后，社会效益和市场效益也会逐渐转化为经济效益。因而，在确定旅客列车开行方案的时候，除了考虑铁路部门自身的经济收益外，还应当考虑到旅客的出行需求及旅客的出行成本，其中最主要的就是旅客的出行费用支出和时间的消耗，以此来提高列车开行的社会效益和市场效益。

旅客乘坐高速铁路列车出行时，支出的不仅仅是票价的费用，还包括时间及精力。因此，旅客的出行费用包括支付的票价、出行的时间价值，除此之外还有精力负担。

(一)票价支出

一般来说，铁路的客票单位里程价格有着递远递减的规律，而且不同等级的列车以及运行线路的不同类别都会影响客票的价格。

(二)出行的时间价值支出

旅客的出行时间是旅客出行成本的重要组成部分，是制定旅客列车开行方案需要考虑的重要因素。为了减少旅客的出行时间，在此需要对影响旅客出行时间的各个因素进行全面的考虑。旅客出行的时间包括旅客的在途时间、候车时间、因列车停站所付出的时间以及旅客的中转时间。

1. 旅客在途时间

旅客的在途时间消耗是旅客在旅行过程中的主要时间消耗，它与列车运行区间的里程和在区间运行时的技术速度有关。当列车的运行区段确定后，列车运行区间的里程是个常数值。此时决定在途时间消耗的主要因素就是列车的技术速度。

2. 旅客的候车时间

高速铁路车站通常都设置在离市区较远的地方，因而一个理性的乘客会合理地安排他到达车站进行候车的时间。所以候车时间在此可以考虑为一个常数。旅客在始发出行时，除了要进入车站候车厅的等待候车时间消耗外，在到达候车厅之前，还要通过其他的运输方式（主要是城市交通车流）进行运送，因此，还要消耗一部分门到站的运输时间。另外，在始发站还会产生由于铁路客票发售不方便的因素，为旅客带来其他方面的额外消耗。

3. 因列车停站所付出的时间

旅客因列车的停站所付出时间是由于列车的中途停站而使车上旅客增加的时间消耗，为了照顾长途客流，高速铁路要尽可能地开行直通列车。但是，为了吸引多方面的客流，也不得不开行途中需要停站甚至站站停的列车。此时长途客流将会有由于列车停站所造成的时间消耗。因列车停站所造成的时间消耗主要由旅客所选择的乘车方案中的列车的停站方案来决定。在确定了可行方案之后，列车的途中停站时间取决于运输组织的方式，大多数发达国家的高速铁路列车的在同等级的车站上，其途中停站时间基本是相同的。

4. 中转时间

中转时间主要与可选择换乘列车的开行密度以及相互列车的接续时间有关。而高速铁路动车组的运行密度较高，对于中转至高速铁路的旅客，如果其先乘坐的普速旅客列车发生晚点，高速铁路上的高行车密度以及相对较为富余的座席利用率设计将使乘客顺利地继续前行。而如果是先乘坐的动车组列车，由高速铁路线换下的话，由于动车组列车的可靠性较高，晚点率较低，晚点程度也较小，只要乘客在列车的接续选择上留有相对较宽的余地，也能保持旅客的旅行顺利。

(三)精力负担

旅客选择一种出行方式时通常也会考虑此出行方式的舒适度。通常来说，旅客都希望乘坐舒适度较高的列车。但是高舒适度通常都会有较高的票价，所以这一部分的支出已经反映在票价上了。除此之外，在中转过程中，除了前面分析所要消耗的接续时间之外，还要产生更多的体力、能量的消耗，客流一般在有其他非换乘方式的选择可能的前提下，都会选择其他非换乘方式。同时旅客可能因中转的不畅而承担一定的精力负担。同时中转的不畅还会带来中转时间的增加和中转后列车的舒适度降低。

任务训练

一、场景设计

(一)实训目的和要求

1. 能举例说明高速铁路旅客列车开行方案的影响因素。

2. 能分析说明高速铁路旅客列车开行方案的最主要影响因素。

(二)实训内容

1. 根据所学知识和查阅的资料，完成高速铁路旅客列车开行方案的影响因素表述。

2. 根据所学知识和查阅的资料，完成高速铁路旅客列车开行方案的最主要影响因素分析。

二、实训步骤

(一)实训前准备

1. 实训场所:在普通教室或能连接互联网的多媒体教室中进行。
2. 工具设备:多媒体设备课件、图片、示教板、计算机多媒体设备等。

(二)实训

1. 以5~6人小组为单位开展实训活动,通过学习及利用网络资源完成高速铁路旅客列车开行方案的影响因素表述。
2. 以5~6人小组为单位开展实训活动,分析高速铁路旅客列车开行方案的最主要影响因素。

三、任务评价

姓　　名		地点		时间	
任务名称	实训考察要点	分值	小组评分(40%)	教师评分(60%)	最终得分
高速铁路旅客列车开行方案影响因素分析	1. 高速铁路旅客列车开行方案的影响因素的综述	30			
	2. 分析高速铁路旅客列车开行方案的主要影响因素	30			
	3. 高速铁路旅客列车开行方案影响因素定性排序	40			
合　　计		100			

典型工作任务三　高速铁路夕发朝至旅客列车的开行方式分析

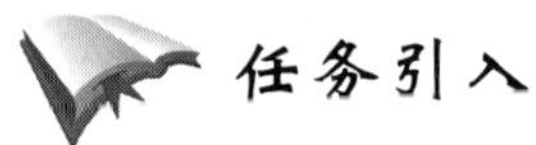

任务引入

广九客运段首开京沪方向夕发朝至周末线动卧列车

2023年7月1日0:00起,全国铁路实行2023年三季度列车运行图,调图后,广州局集团公司广九客运段共担当旅客列车375.5对,其中动车组列车360.5对,普速旅客列车15对。

新图实施后,广九客运段首开夕发朝至周末线动卧列车1.5对,分别是深圳北至北京西间D904/3次0.5对,深圳北至北京西间D910/09次0.5对,深圳北至上海虹桥间D908/7次0.5对。

请思考:

1. 举例说明你所熟悉的开行夕发朝至的高速铁路旅客列车车次?
2. 夕发朝至列车优点有哪些?

知识准备

一、夕发朝至列车的含义及其优点

夕发朝至列车是在 1997 年铁道部根据旅客运输市场需求推出的一种运输产品，至今为止一直受到广大旅客的欢迎，已经成为一个很好的客运品牌。根据铁道部于 1997 年 3 月 12 日颁布的快速列车及夕发朝至列车管理办法，夕发朝至列车是指运距在 1 500 km 以内，全程旅行时间在 12 h 左右，16:00—23:00 始发，次日 5:00—11:00 终到的列车。这个概念是基于普速铁路提出的，由于高速铁路列车的旅行速度要更高，所以在相同时段内，高速铁路夕发朝至列车的运距会更长。

夕发朝至列车之所以具有市场竞争力，主要有以下原因：首先，我国经济发展的地域极度不平衡性导致全国千千万万务工者前往珠江三角洲、长江三角洲、环渤海等经济圈，这就产生了大量中长距离旅客的出行需求；其次，与其他交通运输方式相比，夕发朝至列车在安全性、舒适性和经济性等方面都有着明显的优势，旅客的始发、终到时间点很合理，在车上过夜也节约了一些旅行费用，所以，它成为我国主要中心大城市之间的主力运输方式；最后，随着我国普速铁路提速以及高速铁路的修建，夕发朝至列车的服务范围正在不断加大，其市场竞争力将更加强大。

二、高速铁路夕发朝至列车的开行方式

（一）本线夕发朝至列车的开行方式

夕发朝至列车的始发站、终到站在高速铁路本线上，其开行有两种形式：

（1）如图 3-2(a)所示，夕发朝至列车从高速铁路车站始发后在高速铁路线路上开行，在综合维修天窗之前通过联络线下到普速铁路线路开行至天窗时段完毕，然后再利用联络线上到高速铁路线路运行至终到站。

（2）如图 3-2(b)所示，夕发朝至列车从高速铁路车站始发后在高速铁路线路上开行，在综合维修天窗之前通过联络线下到普速铁路线路开行至列车终到站。

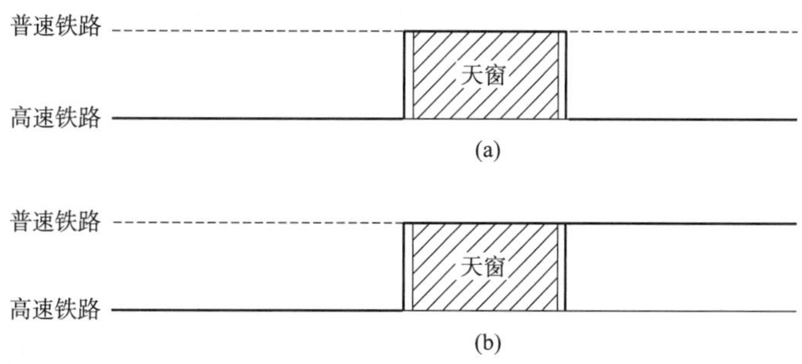

图 3-2　本线夕发朝至列车开行方式

(二)跨线夕发朝至列车的开行方式

跨线夕发朝至列车的始发、终到站至少有一个不在高速铁路上,其开行方式有以下四种形式:

(1)如图 3-3(a)所示,跨线夕发朝至列车首先在普速铁路上开行,中途通过在衔接站的联络线上到高速铁路开行一段时间后,在综合维修天窗开始之前又通过联络线下到普速铁路开行,待天窗完毕后,当满足上高速铁路线路的条件再上高速铁路线路开行,否则继续走既有线开行至终到站。

(2)如图 3-3(b)所示,跨线夕发朝至列车首先在既有线上开行,中途通过在衔接站的联络线上到高速铁路开行一段时间后,在综合维修天窗开始之前又通过联络线下到普速铁路开行至终到站。

(3)如图 3-3(c)所示,跨线夕发朝至列车到达衔接站时,已经进入综合维修天窗时段,列车继续在普速铁路上开行,待天窗完毕后,再利用联络线上到高速铁路开行。

(4)如图 3-3(d)所示,跨线夕发朝至列车到达衔接点时,综合维修天窗作业已完毕,如满足上线条件则上高速铁路开行,否则在普速铁路上开行至终到站。

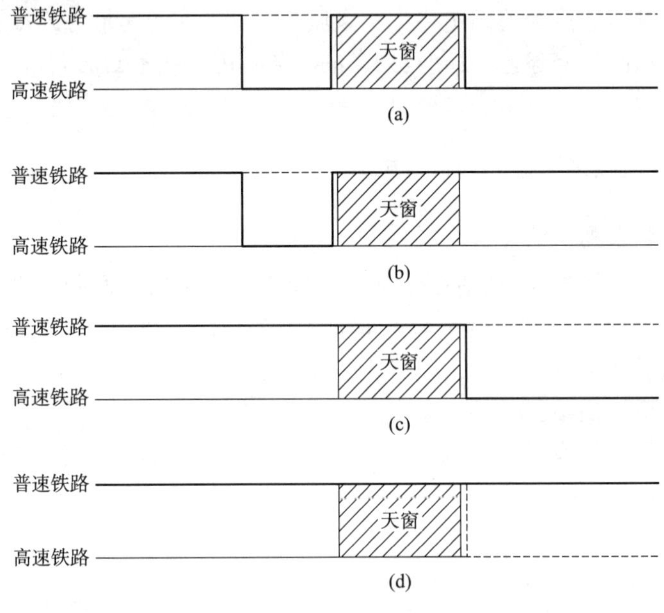

图 3-3 跨线夕发朝至列车开行方式

三、高速铁路开行夕发朝至列车的适应性

开行夕发朝至列车的优点是显而易见的,但是在高速铁路上尤其是高速铁路成网后过多地开行夕发朝至列车能否实现?夕发朝至列车是在普速铁路线路上发展起来的,当它开行经过高速铁路时其实是属于跨线列车范畴,根据其合理到发时间范围来看,它几乎全是夜间行车需求。根据不同的天窗开设形式,夕发朝至列车的开行方式有三种可能:

（1）开设单线隔日矩形天窗，采用“一线维修、一线行车”方式。虽然采用单线隔日矩形天窗同时具有矩形天窗和平行天窗的优势，且能在天窗时段内腾出一条单线通道以组织列车以不同的形式运行，满足一定数量的夕发朝至旅客列车和跨线列车的需要。但是，按照这种方式组织运输生产时，“一线维修、一线行车”会对行车和施工造成一定的影响，邻线列车虽然降低了车速，但速度仍然较高，其运行产生的气流对维修人员的安全影响较大。因此，“一线维修、一线行车”的列车运行组织模式，对于维修施工的线路，将会影响其维修效率的充分发挥。

（2）把综合维修天窗挪至白天开设。白天开设综合维修天窗，会对日间行车造成严重的干扰。白天时段正是行车量最大的时段，从中抽出 3 h 开设天窗，显然不符合我国的国情和路情。对于无砟轨道线路，虽然可以将天窗时间缩短到 2 h 左右，但是也会严重增加线路综合维修的难度和运输组织的难度。因此，白天开设综合维修天窗的可行性也很小。

（3）天窗前从高速铁路通过联络线下到普速铁路继续运行。一方面，当开行的夕发朝至列车较多时，有可能引起普速铁路在天窗时段通过能力紧张；另一方面，必须设置方便的高速铁路和普速铁路的联络线，从而增大了投资。

高速铁路开行过多的夕发朝至列车，在高速铁路和普速铁路之间保证良好的运行秩序是比较困难的，从经济上来说不划算，从技术上来说有困难。

任务训练

一、场景设计

（一）实训目的和要求

1. 能掌握夕发朝至列车的开行方式。
2. 能绘制跨线夕发朝至列车开行方式示意图。

（二）实训内容

绘制跨线夕发朝至列车开行方式示意图。

二、实训步骤

（一）实训前准备

1. 实训场所：在普通教室或能连接互联网的多媒体教室中进行。
2. 工具设备：多媒体设备课件、图片、示教板、计算机多媒体设备等。

（二）实训

1. 以 5～6 人小组为单位开展实训活动，根据本组同学在实训过程中的能力表现及结果进行自评、组内互评。
2. 根据其他小组同学在成果展示活动中的表现及结果进行互评。

三、任务评价

姓　名		地点		时间	
任务名称	实训考察要点	分值	小组评分（40%）	教师评分（60%）	最终得分
夕发朝至列车开行方式示意图绘制	1. 掌握夕发朝至列车的开行方式	40			
	2. 能按照夕发朝至列车的特点确定开行方式	60			
合　计		100			

典型工作任务四　高速铁路旅客列车开行方案编制

任务引入

兰州局集团公司优化列车开行方案

2024 年 1 月 10 日 0:00 起，全国铁路实行 2024 年一季度列车运行图。兰州局集团公司持续深化运输供给侧结构性改革，以不断提升铁路客货运输服务品质和效率为目的，积极适应运输市场需求，对列车开行方案进行优化调整，此次调图后，兰州局集团公司开行旅客列车 292 对，运输能力进一步提升，为更好服务甘宁两省（区）经济社会发展提供有力运输保障。

动车组列车调整方面，新增兰州西至齐河、银川至贵阳北、济南东至兰州西方向日常线动车组列车 3 对，“凤凰城”银川的动车组列车首次开进“筑城”贵阳，自此银川至贵阳间有了直达列车，旅客在西北至西南间出行有了更多的选择；兰州西至南昌西 G3186/3 次改南昌东终到始发，新增景德镇北、鄱阳等到站，进一步方便旅客出行；武汉至兰州西、中川机场至兰州的 2 对动车组列车变更运行区段为武汉至西宁、中川机场至兰州西，更好地满足旅客出行需求。

请思考：

1. 高速铁路旅客列车开行方案的特点如何？
2. 如何编制高速铁路旅客列车开行方案？

知识准备

高速铁路旅客列车开行方案的内容包括：列车车次（等级），起讫点站名，开行对（列）数，途中停站站名，编组辆数（定员）和车底运用等。列车开行方案是编制列车运行图和动车组运用计划，进行调度指挥的基础，是高速铁路旅客运输和行车组织的核心。

列车开行方案要符合旅客出行规律，最大限度地方便旅客，尽可能减少旅客换乘次数，缩短旅行时间，提高服务质量，吸引更多客流，提高列车上座率，充分利用通过能力，合理确定各种列车开行的（对）列数和编组辆数（定员），合理使用动车组，以提高铁路经济效益和社会效益。

一、编制高速铁路旅客列车开行方案的主要特点

与普速铁路旅客列车开行方案编制相比，高速铁路旅客列车开行方案的编制有其自身独特的特点。

(1)与普速铁路旅客列车开行方案的编制相比，高速铁路旅客列车开行方案的编制在考虑客流因素时有着明显的区别。对于普速铁路线路来说，只要两地之间的客流满足开行一列车的条件就可以开行，列车开行区段长度没有特别的要求，列车的开行频率很低，大多数每日都只开行一列车；高速铁路都是修建在具有很好客流基础的地段，在考虑列车开行区段时，判定列车开行的客流条件不再是满足开行一列车的客流量，而是客流量要达到满足一定的开行频率才行。同时，客流的波动情况在高速铁路上面体现得更加明显，高速铁路列车通常采用更加灵活的编组方案来满足各个时期内客流的波动。

(2)在旅客输送方式方面，高速铁路采用直达与中转换乘相结合的方式比普速铁路更加明显，尤其是在高速铁路成网以后。由于我国国土面积宽广、各大城市分布比较分散，导致跨线客流的比例较大，在编制高速铁路旅客列车开行方案时要充分考虑跨线客流的输送方式。

(3)高速铁路旅客列车采用的是动车组列车，它有别于普速铁路传统的机车车辆运用方式，传统机车车辆是分别在机务段、客车整备所和车辆段运用和维修作业，它们是分开运用的；高速铁路上开行的动车组列车则是整列运用，按照动车组基本组可以单列或是重联开行，具有很高的灵活性。在编制高速铁路旅客列车开行方案时，车底的运用方式和优化方法，需要考虑的因素和使用的方法有其独特的特点。

二、编制高速铁路旅客列车开行方案的基本原则

高速铁路旅客列车开行方案的编制是一个非常复杂的系统问题，需要考虑众多的影响因素，而且各个因素之间也会相互影响，编制高速铁路旅客列车开行方案主要有以下基本原则：

(1)高速铁路分工方面。通道型高速铁路主要承担高速铁路线路本线大站间的旅客交流和跨线列车所衔接的主要大站间的客流交流(跨线交流)；城际高速铁路主要承担线路沿线各站点之间的绝大多数城际旅客交流量。

(2)编制开行方案时要以主要大站之间的OD交流量为根本依据，合理考虑高速铁路大密度、公交化开行的特征，适当提高行车密度。这样可以减少旅客候车时间，缩短其在途旅行时间，提高高速铁路在客运市场的竞争力。

(3)合理配置铁路运输设备，提高设备的利用效率。首先，尽量减少旅客列车始发、终到站的数量，对于其他非始发、终到车站的旅客，采取通过列车带流方式输送；其次，合理编组，包括根据社会经济水平合理选择车辆的等级以及不同客流时段内和不同运距内列车编组的长度等。

(4)对于起讫点均在高速铁路线路本线的客流，尽可能组织开行速度等级高的高速列车以体现“高速”的优势。对于列车开行起讫点有一个不在本线或是两个都不在本线上的情况下，要结合实际情况综合分析合理选择使用300 km/h车型还是200 km/h车型。

(5)对于达到规定的客流条件而且列车可以在高速铁路上运行较长距离的大站之间尽量组织开行跨线列车上高速铁路线路运行。

三、高速铁路旅客列车开行方案的编制步骤

列车开行区段是高速铁路列车开行最基本的单位，在编制列车开行方案时列车开行的各个要素都要围绕开行区段来考虑。高速铁路旅客列车开行方案编制流程如图 3-4 所示。

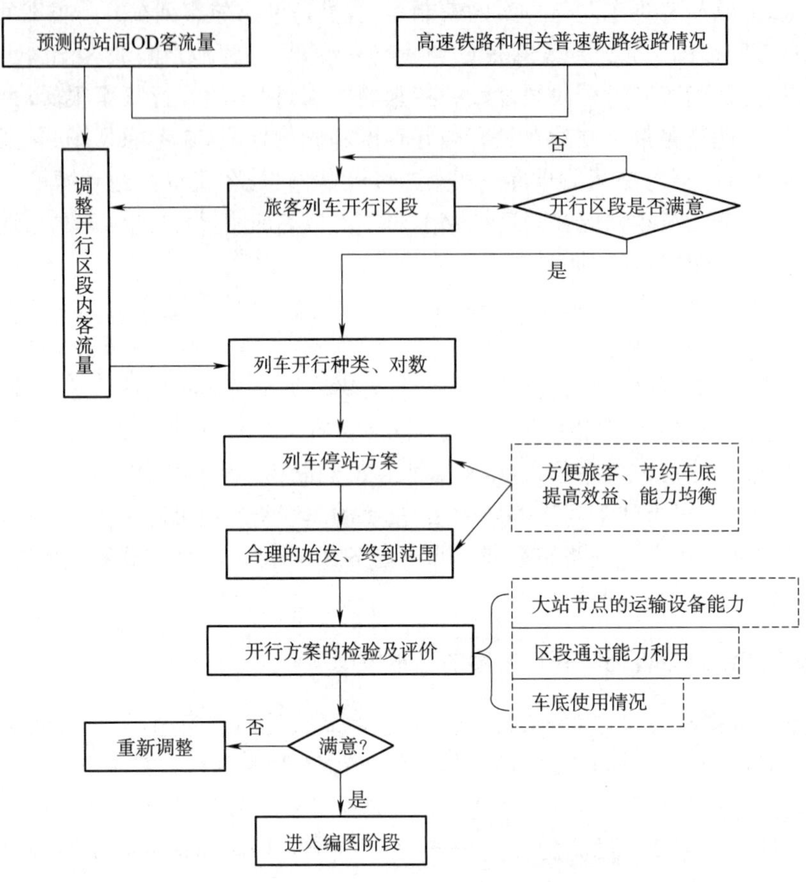

图 3-4　高速铁路旅客列车开行方案编制流程

编制高速铁路旅客列车开行方案的步骤主要包括：客流调查与预测、确定高速铁路旅客列车开行区段、确定旅客列车开行种类及对数、设计列车停站方案等。

（一）客流调查与预测

客流调查是对高速铁路吸引范围内详细调查，公务、商务、旅游、探亲等旅客出行的要求，学生流，民工流的流向和流量，采用历年统计资料和问卷调查等手段，预测未来年度高速铁路客流总量，其中，平常、周末和节假日客流变化规律和各次列车上座率情况，为编制高速铁路旅客列车开行方案提供比较准确的客流资料。

客流调查与预测非常重要，要有专门的机构人员负责，国外铁路有人主张委托路外调查公司负责，认为他们调查和预测的结果比较客观、真实、精确度较高。我国高速铁路发展迅速，投入运营初期，既无高速铁路客流实际统计资料可查，又缺乏高速铁路客流预测的经验，对高速铁路客流的特点、构成和变化规律认识不足，致使预测的客流总量偏高，一些高速铁路线路日常开行列车数量偏多，一些高速铁路列车日常上座率太低，既浪费通过能力，又增加运营支出。

随着国民收入水平逐年提高，旅游探亲客流将逐年增加，城镇化进程加快，农村劳动力转移的民工流将逐年减少，正在大力推进的“一带一路”建设，国外旅游、商务客流也会逐年增加，这些客流的变化，究竟对高速铁路客流有多少影响，都需要认真调查分析高速铁路客流特点后，才能得出比较准确的预测数据。

旅客出行选择交通方式时，主要考虑安全、快捷、舒适、票价。目前我国不同地区经济发展不平衡，国民收入存在较大差距，对高速铁路票价承受能力各不相同，北京、上海、广州、深圳、杭州、宁波等沿海经济发达地区，国民收入较高，高速铁路客流较多，高速铁路线路和开行动车组列车较多，上座率也较高。西北、西南、东北地区国民收入偏低，高速铁路客流和高速铁路线路相对较少，开行动车组列车较少，上座率也较低，此外，随着我国高速铁路逐步建设成网，高速铁路吸引的客流范围也将发生变化。另外，互联网大数据也可作为客流调查的参考。

(二)确定高速铁路旅客列车开行区段

确定旅客列车的开行区段是制定旅客列车开行方案的关键，列车的开行区段由列车的始发站、开行径路和终到站三者共同组成，如图 3-5 所示。

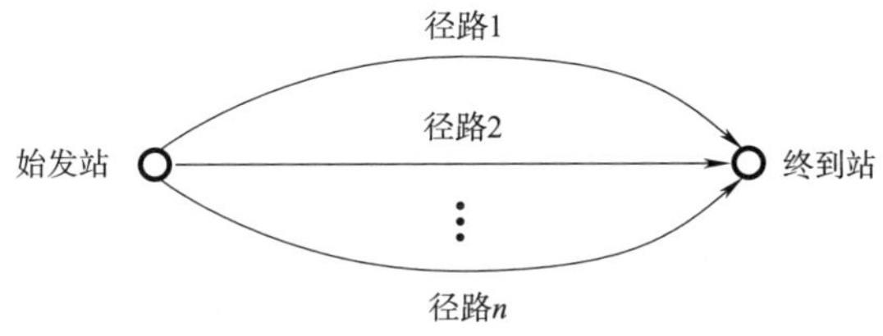

图 3-5　列车开行区段构成

确定列车的始发、终到站，需要参考车站间的 OD 客流量。一般来说，始发、终到站之间需要保证足够多的站间 OD 客流量。

编制高速旅客列车开行方案，确定列车起讫点时，应考虑以下条件：

1. 确定列车始发站与终到站

(1)“按流开车”是确定列车开行的始发、终到站最基本的原则。

始发、终到站之间要有足够强度的客流量才能保证列车开行的经济效益，尤其是开行一站直达列车和停站次数很少的列车。我国铁路网上的客运站按照其在路网中的功能与定位、旅客发送量、行政等级可分为四类：

①路网型客运节点。这类客运站一般连接两条及以上的铁路干线，处于铁路的重大枢纽位置，客流产生和吸引量都很大，例如北京、上海、广州、武汉等。

②区域型客运节点。这类客运站一般都位于各省的省会，是一个区域内客流的主要集散点，一般也连接有多条线路，在路网中也起着重要的作业，例如成都、郑州、沈阳等。

③地方型客运节点。这类客运站是上面两类节点的主要延伸和拓展，在路网中的地理位置可能不是很好，但由于社会经济等一些因素客运量并不少，例如无锡、大连、苏州等。

④一般客运节点。除了以上三类以外有办理客运作业的城市。

(2)应具备动车组维修与养护条件。

动车组列车与普速铁路旅客列车不同，动车组列车可以看成是机车车辆合在一起固定使用的特殊车底，因此其使用模式和检修模式与我国当前旅客列车将机车车辆分开并分别在机务段、客车整备所和车辆段内进行运用、检修作业不同。

①高速铁路动车段:段内配属有高速动车组,能够承担高速动车组的整列运用、客运整备作业以及存放作业,进行高速动车组的日常检查作业和各级修程(一、二、三级)的检修及临修作业,根据需要可以预留大修条件。

②高速铁路动车运用维修所:所内派驻一定数量的高速动车组,能够承担高速动车组的整列运用、客运整备作业以及存放作业,进行高速动车组的日常检查以及一、二级检修作业。根据具体需要进行高速动车组的一部分临修作业。

③高速铁路动车运用所:所内派驻少量的高速动车组,能够承担高速动车组的客运整备作业以及存放作业,可以根据需要进行高速动车组的日常检查、一级修及一部分临修作业。

④动车组列车起讫点应具备必要的检修条件,保证动车组的日常维修与养护检查,确保动车组运行安全,减少动车组进出检查基地的走行时间,提高动车组运用效率。目前我国高速铁路每日固定开行的动车组列车的起讫点,绝大多数都有动车段,个别起讫点暂不具备检修条件,可按交路折返回到检修基地进行检修。例如,广珠城际高速铁路,广州南—新会区间每日开行 25.5 对动车组列车,新会不具备检修条件,按检修周期返回广州南进行检修。周末和节假日开行的短途动车组列车,终到站一般都立即折返到始发站检修。

2. 应选择客流量大,设施完善的大型客运站

大型客运站所在地多为直辖市、省会、计划单列市,如京沪线的北京、天津、济南、青岛、南京、上海,京广线上的石家庄、郑州、武汉、长沙、广州、深圳,杭深线上的杭州、宁、福州、厦门,这些城市经济发达,人口众多,人均收入水平较高,乘坐高速铁路出行的客流量大,大型客运站的站场设备、旅客服务设施和动车组维护设备齐全,最符合长途直达动车组列车始发、终到站条件。

3. 始发客流量(上座率)应满足列车开行条件

按流开车是确定列车开行的基本原则。划定起讫点客流量时,不仅要考虑起讫点本身的直达客流,而且要考虑归并后的客流。例如,西安北开往深圳北的直达客流量,如只考虑西安地区的客流量(客流量小)就不能直达深圳,只能开西安北至广州南的列车;如把陕西省各地市的客流归并起来,使直达客流高度集中后,其客流量就能满足开行西安北至深圳北长途直达列车条件,既能减少换乘时间,方便旅客出行,又能充分利用起讫点的客运能力,提高经济效益和社会效益。

4. 应符合最优路径条件

列车开行径路的选择对开行方案编制的合理性有重要旳影响,要保证列车能够很好地覆盖旅客运输需求。总体来说,确定列车的开行径路要遵循一些基本原则:

(1)以客流的流量、流向、流程为指导,尽量使开行径路与主客流方向一致,减少旅客换乘,选择能够方便大多数旅客的径路。

(2)考虑通过某一径路里面所包含列车的等级组合,要能满足不同需求层次的客流。

(3)综合考虑每条径路的线路等级条件,优化列车开行费用消耗,同时列车的开行径路不一定均取最短路径,可以通过对列车开行区段的人为调整使开行径路里面的车站和路段的负荷尽量均衡。

(4)合理考虑动车段(所)的布局情况,使开行径路内的列车数量不超出动车段(所)的检修能力范围。

(5)对于跨线列车,确定其开行径路的关键是要通过综合分析,合理地确定其跨线衔接点(站)。

高速铁路网上起讫站点可能有若干条径路,应选择输送能力大、运输距离或旅行时间短、中转换乘次数少,运输费用低的最优路径,方便旅客快捷出行,吸引更多客流,提高上座率,获得更好的经济效益与社会效益。例如,西安至北京的动车组列车有两条路径,一条经郑州东,一条经太原南,经技术经济分析比较,选定经由郑州东的路径。

5. 应结合普速铁路列车起讫点

我国高速铁路列车起讫点可以选择一部分普速铁路列车的起讫站,如京津城际的天津站,沪宁城际的南京站,京广线的北京西站,京沪线的上海站,广深线的广州东站,这些车站具有完善的客运设施可供利用,并与城市公共交通衔接紧密,既便利旅客出行,又能节省新建高速铁路站一大笔投资。

6. 起讫点间旅行时间应不超过 8 h

据调查了解,旅客乘坐无卧铺动车组列车超过 4 h 感觉不舒服;超过 6 h 觉得很累,公务、商务旅客会选择乘坐民航飞机出行;超过 8 h,感觉受不了,有探亲的旅客会选择飞机或卧铺出行;旅行时间超过 8 h 的长途动车组列车,如乌鲁木齐至北京、上海、广州,哈尔滨至广州、深圳、福州、厦门,不但旅行时间超过 8 h,往返走行的公里数也超过动车组一级检修里程[(4 000±400)km],还得解决跨铁路局集团公司进行动车组检修的难题。

(三)确定旅客列车开行种类及对数

1. 确定旅客列车开行种类

确定旅客列车开行种类主要是确定旅客列车的车辆选型和编组形式,受到很多因素的影响。

(1)车辆选型考虑的主要因素。

①高速铁路线路设计的速度目标值,列车的停站次数和平均停站距离。不同类型的动车组,其设计运行速度和起制动、加减速性能以及造价都有较大的差别。在车辆选型时要使车辆和线路的速度目标值尽量匹配以充分发挥固定设备和移动设备的能力,当列车开行区段内经过的径路里面有不同的速度目标值时(比如开行跨线列车),这时要根据线路不同速度目标值速差的大小以及列车开行的距离通过综合评价来选定;列车的停站次数越多、平均停站距离越短,对列车的起制动和加减速性能要求越高,铁路部门一般都会对高速铁路旅客列车的全程旅行时间制定一个目标值,可以通过牵引计算软件试跑来选择合理的车型。

②列车开行区段的长度。列车开行区段的长度也要与动车组类型相匹配,开行区段越长,使用速度目标值高的列车越能体现出其高速的优点,减少列车旅行时间。

③列车开行区段内的客流情况和各种能力利用情况。对客流情况进行分析时,要分析开行区段内旅客的经济承受能力和消费水平,再考虑整个区段内客流量的大小,如果客流量很大,那么在列车编组情况和开行频率不变的情况下动车组能更快捷地完成旅客周转,提高站房设施和线路通过能力的利用率。

(2)列车编组考虑的主要因素。

①列车开行区段内所有停靠车站的站台长度。高速铁路旅客列车根据动车组牵引方式,一般都是 8 辆为一个基本单元,所以当两个基本单元重联为 16 辆编组时,就要求列车沿途停

靠站的站台长度能满足。

②列车开行区段内的客流情况以及各种能力限制。根据客流全天的分布情况和波动的特点，考虑一定的服务频率和车底数量，结合线路通过能力合理确定列车编组方案。列车的编组可以根据单方向线路日通过能力和日客流量得到。

2. 旅客列车开行的对数

确定旅客列车开行对数是编制列车开行方案的重要环节，对满足旅客出行需求，有效利用铁路运力，降低运输成本，保证客运服务质量，提高经济效益与社会效益等方面都具有重要的作用。

旅客列车开行对数是在确定客流总量和列车起讫点以后，根据列车运行区段客流密度、列车定员、平均上座率和客流波动等因素，经过计算确定，根据按流开车的原则，首先确定大流量客流需要开行的列车对数，然后将零星客流和剩余客流合并，再计算这部分客流需要开行的列车对数。

列车起讫点不同，客流密度不同，各类动车组编组辆数，客座定员有所不同，要根据具体情况分别计算，8 辆的动车组一般单独开行，根据需要也可以重联开行。因此，各起讫点间开行的列车数量，要经过分析客流密度，计算大流，合并小流，考虑客流波动后，再按编组辆数、客座定员数、平均上座率等因素计算，最终才能将客流转换为列车流。

我国客流波动性在日常、周末和节假日表现明显，尤其是春节期间，学生流、务工流、探亲流严重叠加。为了满足旅客出行要求，周末和节假日比日常要多开列车。高速铁路旅客列车开行对数，一般按节假日高峰期最大客流量确定，并据以编制基本列车运行图，周末平常客流量较小时，采用抽减列车运行线的方式，从而减少列车开行对数。

(四)设计列车停站方案

旅客列车停站方案对线路的整体通过能力、列车全程旅行时间、旅客出行选择的方便程度以及能完成的旅客运量都有直接的影响。列车停站方案主要是确定如下内容:始发、终到站相同的列车里面所有不停站的直达列车比例;每个车站的停站列车数量占所有通过列车数的比例;每一列车的总停站次数以及停靠站点。

影响列车停站方案的因素较多，不同的停站次数对旅客出行需求和铁路效益会有不同的影响。减少停站次数，能缩短旅行时间，加速动车组周转，对长途旅客和铁路部门都有好处。增加停站次数，对满足中短途旅客出行需求，提高列车上座率有利，但会降低列车旅行速度，延长长途客流的旅行时间和动车组周转时间，使“高速”失效，对长途旅客和铁路部门不利。因此，编制列车停站方案，既要保证旅客出行需求，又要兼顾经济效益。尽可能做到旅客、地方政府、铁路部门都比较满意。

目前，我国高速铁路动车组列车停站方案有以下几个模式:

(1)一站直达，中途不停。这种模式适用于客流集中在列车起讫站，旅行时间不超过司机一次乘务时间的时段。

(2)长途直达，省会城市停站。京沪、京广直达客流虽然很大，但运营里程较长，旅行时间超过司机一次乘务时间，中途需要更换司机。

(3)省际直达，地市级城市交错停站。目前我国省会城市基本上都已开通高速铁路，省际大量开行直达列车。

(4)中短途区段列车，县级城市站站停或交错停站。这种方式能够满足中短途绝大多数旅客乘坐高速铁路出行需求，对培育市场、提高经济效益都大有好处。

编制高速铁路旅客列车开行方案时，还需根据大型会议、重要赛事和旅游旺季等客流变化的情况，及时增开各种动车组列车，满足旅客出行的需要。

四、高速铁路旅客列车开行方案检查

高速铁路旅客列车开行方案确定之后，相应的列车开行区段、列车开行种类和数量、列车停站模式和列车始发、终到时间范围等都确定了。接下来的工作就是要进行旅客列车运行图的编制，这是列车开行方案的最终体现。在此之前，有必要对编制的列车开行方案进行检验，以判定其是否能实现，包括车站的运输设备能力(含动车组列车的检修、整备)和开行区段通过能力。若能够较好地满足则进入旅客列车运行图的编制阶段，反之则应该找到相应的薄弱环节进行调整。

(一)车站运输设备能力检查

车站运输设备能力主要包括:客运站列车到发线、道岔咽喉区通过能力，有始发、终到作业车站的动车组列车检修、整备能力，客运站旅客集散能力等。在开行方案编制完毕后，需要对这些能力逐个检查。

(二)高速铁路开行区段通过能力的检查

高速铁路开行区段通过能力受到诸多因素的影响:开行列车的种类(包括列车速度等级、列车自身性能、列车途中停站设置等)、各种列车开行数量占列车总数的比例、列车追踪间隔时间、线路情况及车站站间距离、综合维修天窗设置、不利于旅客乘降的无效时间等。在开行方案确定后，就可以检验各个开行区段的通过能力是否能够满足列车开行的需要，如果不满足，就要对部分列车进行调整，如调整列车的运行结构、开行区段和停站设置等。

任务训练

一、场景设计

(一)实训目的和要求

1. 能掌握编制高速铁路旅客列车开行方案的条件。
2. 会确定旅客列车开行对数。

(二)实训内容

教师提供案例，学生根据案例确定旅客列车开行对数。

二、实训步骤

(一)实训前准备

1. 实训场所:在普通教室或能连接互联网的多媒体教室中进行。
2. 工具设备:多媒体设备课件、图片、示教板、计算机多媒体设备等。

(二)实训

1. 以5～6人小组为单位开展实训活动，根据本组同学在实训过程中的能力表现及结果进行自评、组内互评。

2. 根据其他小组同学在成果展示活动中的表现及结果进行互评。

三、任务评价

姓　　名		地点		时间	
任务名称	实训考察要点	分值	小组评分（40%）	教师评分（60%）	最终得分
旅客列车开行对数确定	1. 掌握旅客列车开行对数的影响因素	30			
	2. 按照按流开车的原则确定旅客列车开行对数	70			
合　　计		100			

复习思考题

1. 高速铁路旅客列车开行方案的作用和目标是什么？
2. 简述高速铁路客流输送方式。
3. 跨线客流的输送方式主要是什么？
4. 客流层次的划分有哪些分类方式？
5. 高速铁路旅客列车开行方案的影响因素有哪些？
6. 高速铁路列车开行方案的特点是什么？
7. 什么是夕发朝至列车？
8. 夕发朝至列车的优点及缺点有哪些？
9. 夕发朝至列车有哪些开行方式？
10. 不同的天窗开设形式，夕发朝至列车的开行方式有几种？
11. 简述高速铁路列车开行方案的主要内容。
12. 简述编制高速铁路列车开行方案的原则。
13. 简述编制高速铁路列车开行方案的注意事项。
14. 简述编制高速铁路列车开行方案的流程。
15. 如何确定旅客列车开行种类？
16. 如何确定旅客列车开行列数？
17. 高速铁路旅客列车开行方案检查从哪些方面入手？
18. 如何检查高速铁路开行区段通过能力？
19. 如何确定高速铁路旅客列车开行区段？

项目四　高速铁路列车运行图编制和通过能力计算

学习目标

1. 知识目标

- 掌握列车运行图的表示方法、分类
- 掌握列车运行图的要素
- 掌握列车运行图编制的原则和流程
- 掌握编制列车运行详图应注意的问题
- 了解高速铁路通过能力的计算方法
- 掌握提高区间通过能力的措施

2. 能力目标

- 能综合运用专业知识，通过专业书籍、多媒体课件和图片资料获得帮助信息
- 能根据学习任务确定学习方案，从中学会表达及展示活动过程和成果

3. 素质目标

- 能与他人共享学习资源培养自己的合作能力和团队协作精神

典型工作任务一　高速铁路列车运行图认知

任务引入

铁路调图，“调”的是运行图，“图”的是惠民生

2023 年 7 月 1 日 0:00 起，全国铁路实行新的列车运行图。调图后，全国铁路旅客列车增加 46 列至 10 592 列，开行货物列车增加 394 列至 22 182 列。

调图是服务出行，顺应民意之举，在调图背后，是众多在一线工作的铁路工作者全心全意服务，奋勇前行的决心。调图年年有，次次皆不同。变化的是列车运行图，不变的是“人民铁路为人民”的宗旨。

请思考：

1. 高速铁路列车运行图的重要性体现在哪些方面？
2. 高速铁路列车运行图的特点有哪些？

知识准备

一、列车运行图及其作用

列车运行图是列车运行的图解，是用以表示列车在铁路区间运行及在车站到发或通过时刻的技术文件，是全路组织列车运行的基础。规定各次列车占用区间的顺序，列车在区间的运行时分，列车在各个车站的到达、出发(通过)时刻，列车的会让、越行，列车的重量和长度标准、机车交路等。

由于列车运行图规定了列车的运行，事实上就规定了与列车运行有关各部门的工作。例如，车站根据列车运行图所规定的列车到达和出发时刻，安排车站的行车工作、调车工作和全站的运输工作计划；机务部门根据运行图的需要，确定每天需要派出的机车台数、派出的时刻以及安排机车的整备和乘务员的作息计划；供电等部门应按列车运行图的要求组织施工及维修工作等。列车运行图又是铁路运输企业向社会提供运输服务的一种有效形式，供社会使用的铁路旅客列车时刻表及快运货物班列运行计划，实际上就是铁路运输服务能力目录。因此，列车运行图既是行车组织工作的基础，又是联系各部门工作的纽带，也是铁路运营管理工作的综合性计划。

二、列车运行图的格式

列车运行图(图 4-1)是运用坐标原理对列车运行时间、空间关系的图解表示，因而实际上

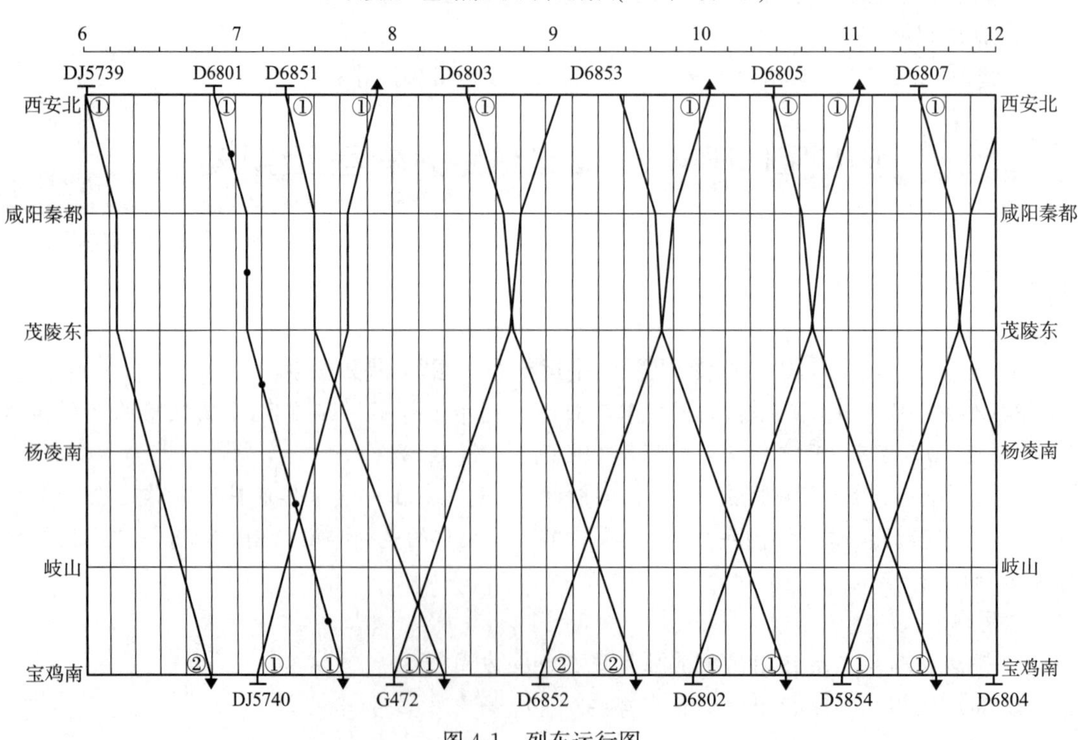

图 4-1　列车运行图

它是对列车运行时空过程的图解。在列车运行图上,对列车运行时空过程的图解可以有两种不同的形式:一是以横坐标表示时间,纵坐标表示距离,这时,列车运行图上的水平线表示分界点的中心线,水平线间的间距表示分界点间的距离,垂直线表示时间;二是以横坐标表示距离,纵坐标表示时间,这时,列车运行图上的水平线表示时间,垂直线表示分界点中心线,垂直线间的间距表示分界点间的距离。目前我国铁路列车运行图采用第一种图形表示形式。

为了适应使用上的不同需要,列车运行图按时间划分方法的不同,在使用上有如下三种格式:

(1)二分格运行图(图 4-2)。横轴以 2 min 为单位用细竖线加以划分,10 分钟格和小时格用较粗的竖线表示。二分格图主要在编制新运行图时使用。

(2)十分格运行图(图 4-3)。横轴以 10 min 为单位用细竖线划分,半小时格用虚线表示,小时格用较粗的竖线表示。十分格图主要供列车调度员在日常调度指挥工作中编制调度调整计划和绘制实绩运行图时使用。

(3)小时格运行图(图 4-4)。横轴以 1 h 为单位用竖线加以划分。小时格图主要在编制旅客列车方案图和机车周转图时使用。

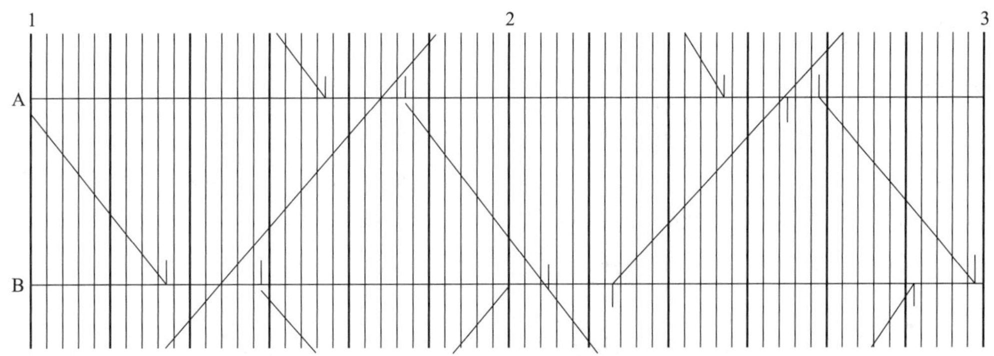

图 4-2　二分格运行图

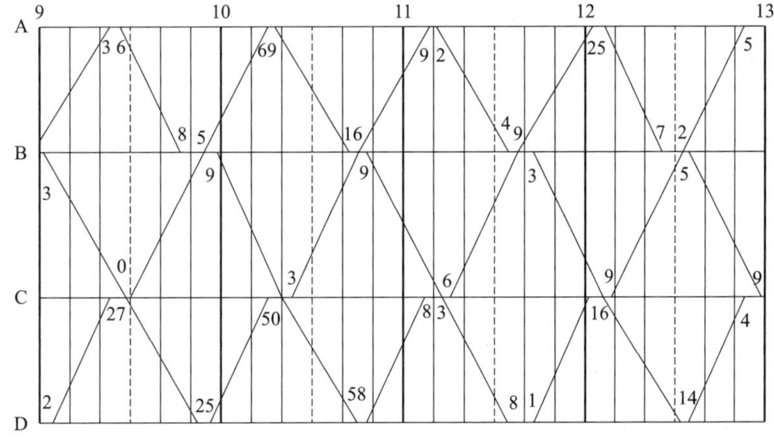

图 4-3　十分格运行图(单线成对平行运行图)

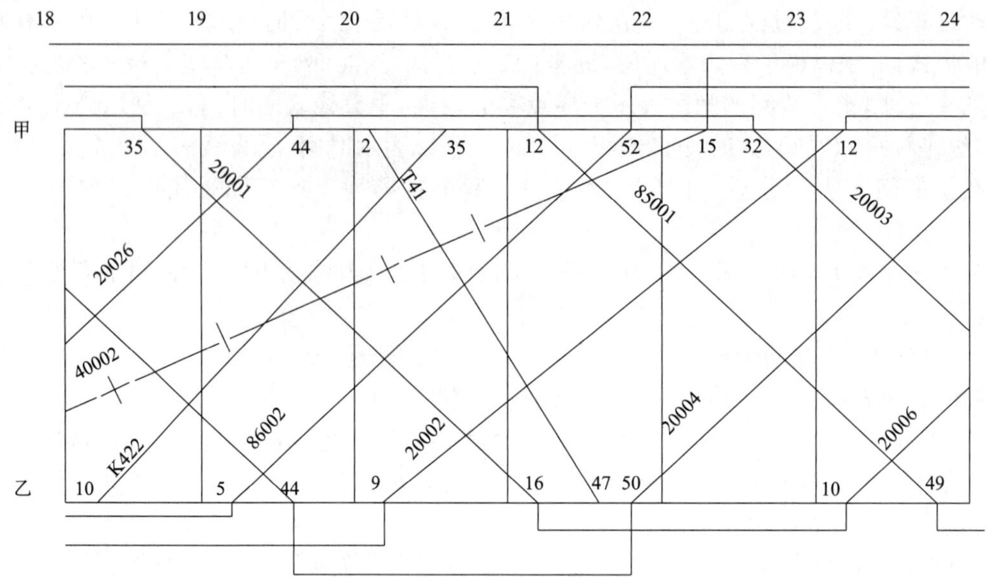

图 4-4　小时格运行图

三、站名线的确定

在运行图上，以横线表示车站中心线的位置，它可有下列两种确定方法：

(1)按区间实际里程的比率确定，即按整个区段内各车站间实际里程的比例来确定横线位置。采用这种方法时，运行图上的站间距离完全反映实际情况，能明显地表示出站间距离的大小。但由于各区间线路平面和纵断面互不一样，列车运行速度有所不同，这样列车在整个区段的运行线往往是一条斜折线，既不整齐，也不易发现列车区间运行时分上的差错，所以一般不采用这种方法。

(2)按区间运行时分的比率确定，即按整个区段内各车站间列车运行时分的比例来确定横线位置。采用这种方法时，可以使列车在整个区段的运行线基本上是一条斜直线，既整齐美观，也易于发现列车区间运行时分上的差错，所以一般采用这一方法。如图 4-5 所示，甲—乙区段下行方向货物列车运行时分共计为 100 min，采用这一方法确定横线位置时，首先确定技术站甲、乙的位置，然后在代表乙站的横线上向右截取相等于 100 min 的乙—F 线段，得 F 点，同时按甲—A、A—B、B—C、C—D 和 D—乙区间的列车运行时分，将乙—F 线段划分为五个时间段，连接甲、F 两点，得一斜直线。过五个时间段端点作垂直线，在甲—F 斜直线上可得交点，过各交点作水平线，即为代表 A、B、C、D 车站的站名线。

运行图上的列车运行线(斜线)与车站中心线(横线)的交点，即为列车到、发或通过车站的时刻。根据列车运行图的格式，到发时刻有不同的表示方法。在二分格图上，以规定的标记符号表示，不需填写数字；在十分格图上，填写 10 min 以下数值；在小时格运行图上，填写 60 min 以下数值。所有表示时刻的数字，都填写在列车运行线与横线相交的钝角内。列车通过车站的时刻，一般填写在出站一端的钝角内。

在运行图上，铺画有许多不同种类列车的运行线。为了便于识别起见，对各种列车采用不同的表示方法，并对每一列车冠以规定的车次，标在区段的首末两端区间相应列车运行线的上方。上行列车的车次为双数，下行列车的车次为单数。

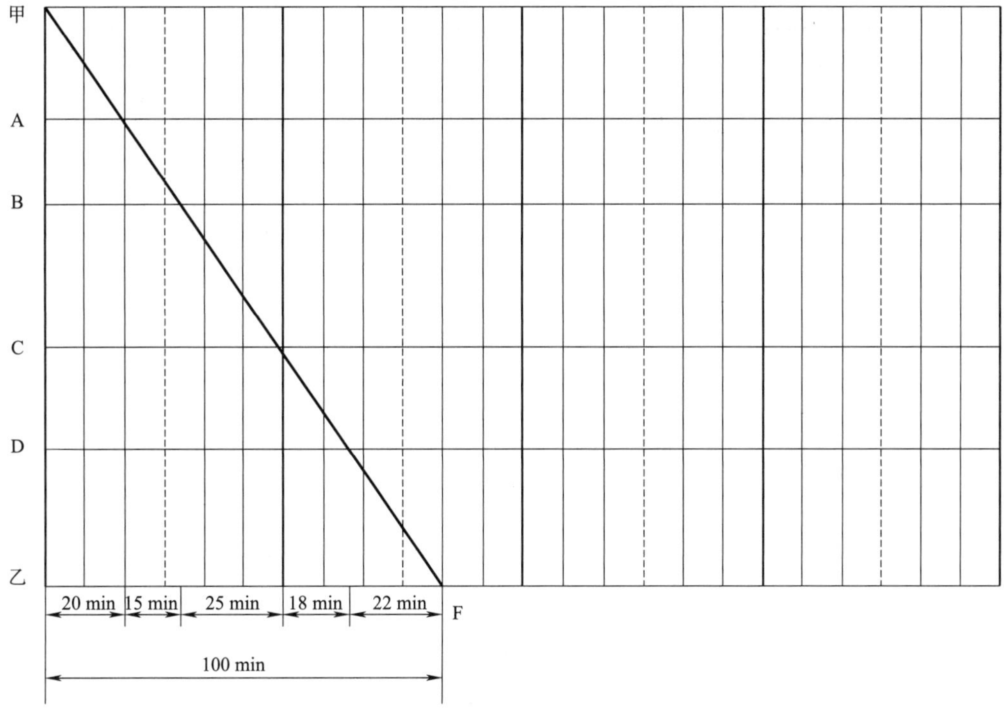

图 4-5　按区间运行时分比率确定车站位置

四、列车运行图的分类

按使用范围以及铁路线路的技术设备(如单线、复线)和列车运行速度、上下行方向的列车数量、列车的运行方式等条件,列车运行图可以分为多种不同类型的列车运行图。

(一)按使用范围分

(1)铁路内部使用的列车运行图。它是铁路组织运输生产的依据,是实现“按图行车”的技术组织措施,是确保铁路运输产品质量的基础。在我国,通常以图形的列车运行图形式提供使用。

(2)社会使用的列车运行图。它对铁路来说是铁路运输产品的供销计划,而对社会用户来说,则是旅客安排旅行计划、货主安排货物销售计划的依据。

(二)按区间正线数目分

(1)单线运行图。在单线区段,上下行方向列车都在同一正线上运行,因此,两个方向列车必须在车站上进行交会,如图 4-3 所示。

(2)双线运行图。在双线区段,上下行方向列车在各自的正线上运行,因此,上下行方向列车的运行互不干扰,可以在区间内或车站上交会。但列车的越行必须在车站上进行,如图 4-6 所示。

(3)单双线运行图。在有部分双线的区段,单线区间和双线区间各按单线运行图和双线运行图的特点铺画运行线,如图 4-7 所示。

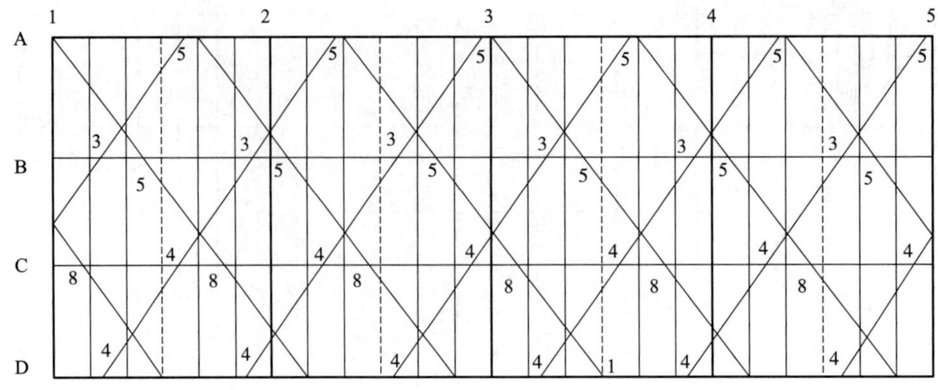

图 4-6　双线成对平行运行图

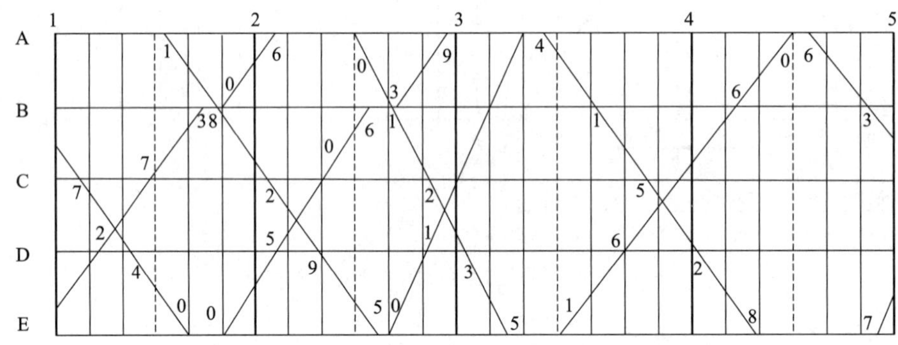

图 4-7　单双线运行图

(三)按列车运行速度分

(1)平行运行图。在同一区间内,同一方向列车的运行速度相同,且列车在区间两端站的到、发或通过的运行方式也相同,因而列车运行线相互平行,如图 4-3 和图 4-6 所示。

(2)非平行运行图。在运行图上铺有各种不同速度的列车,且列车在区间两端站的到、发或通过的运行方式不同,因而列车运行线不相平行,如图 4-8 所示。

(四)按上下行方向列车数目分

(1)成对运行图。这是上下行方向列车数相等的列车运行图,如图 4-5 和图 4-6 所示。

(2)不成对运行图。这是上下行方向列车数不相等的列车运行图,如图 4-9 所示。

(五)按同方向列车运行方式分

(1)非追踪运行图。在这种运行图上,同方向列车的运行以站间区间为间隔。单线区段采用这种运行图时,两同方向发出的一组列车之间不能铺画对向列车,如图 4-9 所示。

(2)追踪运行图。在这种运行图上,同方向列车的运行以闭塞分区为间隔,在装有自动闭塞的单线或双线区段上采用,如图 4-10 所示。

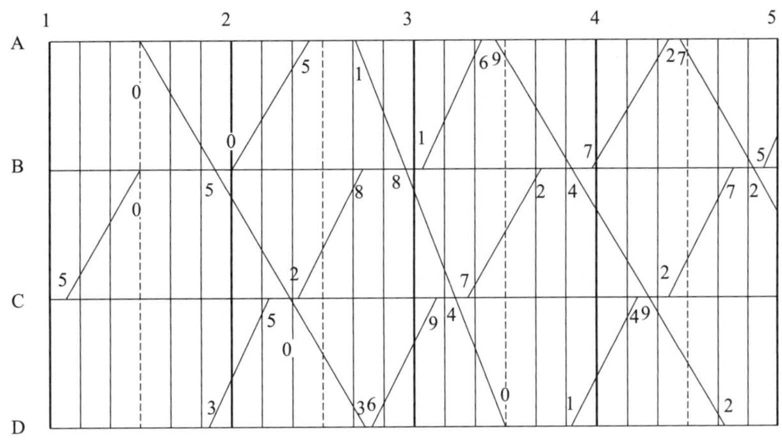

图 4-8　单线非平行运行图

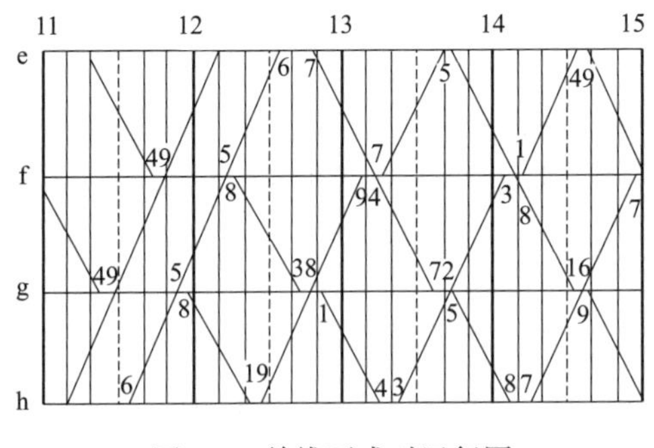

图 4-9　单线不成对运行图

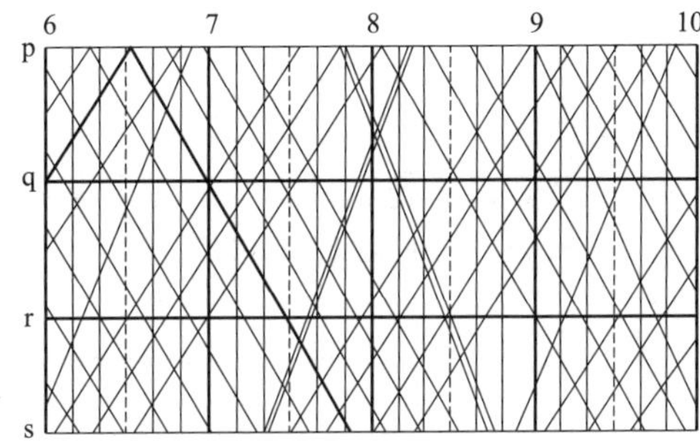

图 4-10　双线追踪非平行运行图

应该指出，上述分类都是针对列车运行图的某一特点而加以区别的。实际上，每张列车运行图都具有多方面的特点，如某一区段的列车运行图(图 4-10)，它既是双线的、非平行的，又是追踪的。

五、高速铁路列车运行图分类

高速铁路列车运行图主要有三种：

(1)基本运行图或高峰运行图。这种运行图用于节假日，是使用列车对数最多的运行图。

(2)周末(周五至周日)使用的运行图，它是从基本运行图中抽减一定数量运行线，列车对数较少的运行图。

(3)日常(周一至周四)使用的运行图，是使用对数最少的列车运行图。

例如，京沪高速铁路节假日使用的基本图 92 对，周末开行 85 对，日常开行 78 对；京津城际高速铁路，在基本运行图 100 对的基础上采用按动车组交路停运方式，编制 70 对日常使用的分号运行图，80 对周末使用的分号运行图，节假日根据电报公布使用 90 对或 100 对分号图。

六、我国高速铁路列车运行图的特点

与普速铁路相比，高速铁路列车运行图具有以下特点：

1. 高峰时段运能紧张

根据我国已开通运营高速铁路的客流规律,7:30—10:30、15:00—18:00 是列车早晚密集发车高峰时间带。大量列车在高峰时段车站内密集到发,造成运力资源利用极不均衡。高速铁路应对其高峰时段的运输能力、供电能力、动车组需要量等进行检算,确保能够满足需求。

2. 严格的旅行速度限制

高速铁路为了体现其优势,必须保证列车要有较高的运行速度,有利于缩短旅客途中旅行时间。在一定技术条件下,列车旅行速度与停站次数和停站时间有关。为提高服务频率,缩短旅客候车时间,中间站要求有较多的列车停站;为使旅客有充裕的时间上、下车,停站时间应长一点。高速铁路列车运行图的编制要协调解决保证一定的旅行速度与停站方案之间的矛盾。

3. 高弹性的运行线安排

列车运行图的弹性就是指运行图的可调整性,这是保持高速铁路正点率的重要途径,当列车偏离运行图时刻运行时,能够尽快恢复正常,按图行车。主要方法有:合理设置缓冲时间;合理设置备用线;预留通过能力。

4. 列车运行有效时间带

高速铁路一般夜间作为天窗时间,由于天窗多采用矩形,列车又只能在 6:00 及其以后出发、00:00 及其以前到达,因此,对不同运行距离的列车就形成了有效时间带。如图 4-11 所示,t_1—t_2 为列车运行有效时间带,不同等级,不同速度列车有效时间带不一样。

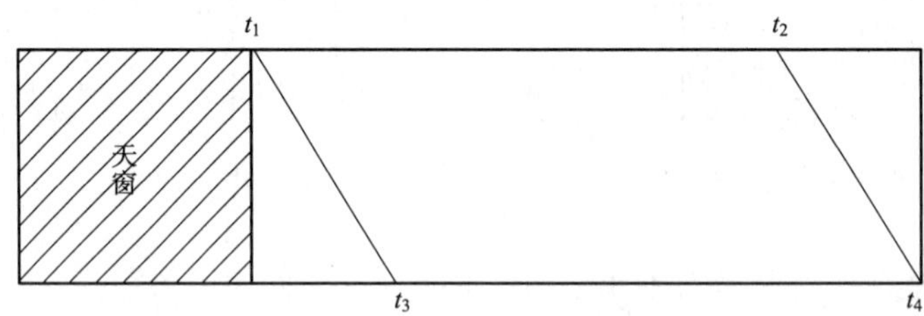

图 4-11 列车运行有效时间带

5. 不同速度旅客列车共线

最大限度组织跨线客流上高速铁路,充分发挥高速铁路的优势,为普速铁路腾出更多的货运能力是修建高速铁路的初衷。我国高速铁路动车组运营时速有 250 km、300 km、350 km 等,并且在石太高速铁路等几条高速铁路上还运行着部分特快列车,不同速度旅客列车共线是相当长时间内高速铁路的运输组织模式。

七、高速铁路列车运行图的基本要素

列车运行图虽有各种不同的类型,但它总是由一些基本要素所组成的。因此,在编制列车运行图之前,必须首先确定组成列车运行图的各项要素。

高速铁路技术条件下的列车运行图基本要素主要有:列车区间运行时分、列车中间站停站时间、列车在折返站停留时间,追踪列车间隔时间、列车库内检修作业时间、综合维修天窗开设时间等。

(一)列车区间运行时分

列车区间运行时分是指列车在两相邻车站或线路所之间的运行时间标准,它由机务部门采用牵引计算和实际试验相结合的方法进行查定。

列车区间运行时分按车站中心线或线路所通过信号机之间的距离计算。当到发场中心线与车站中心线不一致时,按到发场中心线计算(图 4-12)。

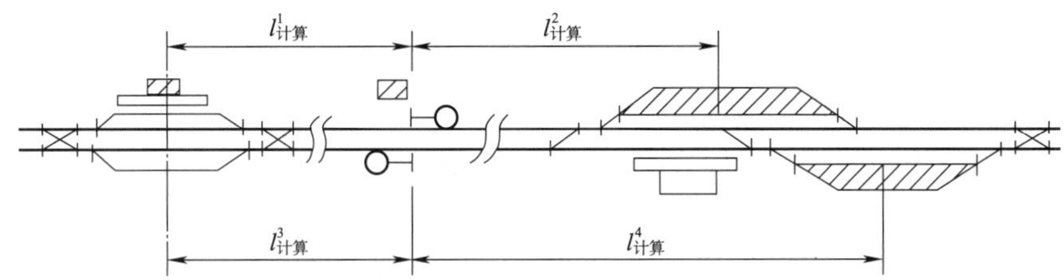

图 4-12　计算车站或线路所间列车运行时分距离

由于旅客列车运行速度不相同,上下行方向的线路平面、纵断面条件和列车重量也不相同,所以列车区间运行时分应按各种列车和上下行方向分别查定。此外,列车区间运行时分还应根据列车在每一区间两个车站上不停车通过和停车两种情况分别查定。

列车不停车通过两个相邻车站所需的区间运行时分称为纯运行时分。对于区间纯运行时分($t_{运}$),在线路条件以及动车组型号确定的情况下,通常可以根据牵引计算和牵引试验确定。而起停车附加时分在高速铁路运营初期,沿用了普速铁路的技术标准,未按方向别和动车组型号对各个车站进行计算。

例如,A—B 区间的上行纯运行时间 $t''=14$ min;下行纯运行时间 $t'=15$ min;A 站和 B 站起车附加时间均为 2 min,即 $t^A_{起}=t^B_{起}=2$ min;A 站和 B 站停车附加时间均为 1 min,即 $t^A_{停}=t^B_{停}=1$ min,则 A—B 区间的运行时分可以缩写为:上行 14^1_2,下行 15^2_1。

(二)列车在中间站停站时间

列车在中间站停站时间是指动车组列车在中间站上办理必要作业所需要的最小时间,包括列车在中间站办理相关技术作业和客运业务以及列车待避等待等时间。停站时间标准应该根据列车在中间站的作业内容和流程、动车组性能以及列控系统等因素确定。

(三)列车在折返站停留时间

列车在折返站停留时间是指动车组列车终到后需要变更车次反向始发运行,在折返站办理必要作业需要的最小时间,也称标准折返时间。在计算列车在折返站的停留时间标准时,应根据列车在折返站的折返作业内容和流程具体分析。

(四)追踪列车间隔时间

高速铁路追踪列车间隔时间是指追踪运行的两列车之间的最小间隔时间。

在我国高速铁路中,目前常用的追踪列车间隔时间有:区间追踪列车间隔时间 I_{zz}、到站追踪列车间隔时间 I_{dd}、发车追踪列车间隔时间 I_{ff}、通过追踪列车间隔时间 I_{tt}、到通追踪列车间隔时间 I_{dt}、通到追踪列车间隔时间 I_{td}、发通追踪列车间隔时间 I_{ft}、通发追踪列车间隔时间 I_{tf} 等 8 种。通过对以上这些追踪列车间隔时间的分析和计算,通常采用 $I_{min}=\min\{I_{zz},I_{dd},I_{ff},$

$I_{tt}, I_{dt}, I_{td}, I_{ft}, I_{tf}\}$的方法求得总的最小追踪列车间隔时间。

除此之外，使用比较多的车站间隔时间有同一股道不同时发到追踪列车间隔时间 I_{fd}，即前行列车从车站某一股道上出发到后行列车到达同一股道时止之间的间隔时间，其追踪形式如图 4-13 所示。

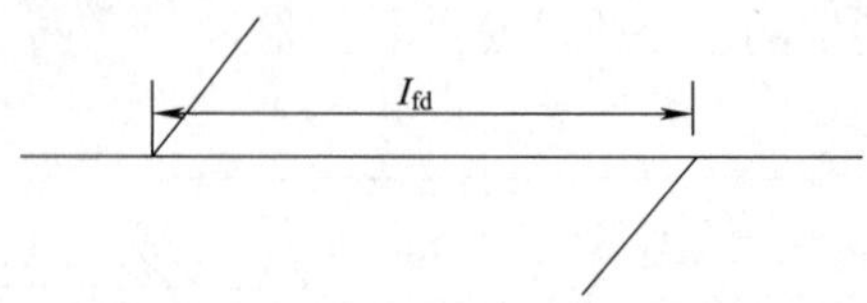

图 4-13 发到追踪列车间隔时间追踪形式

与此同时，由于我国一些高速铁路为保障行车安全，在设计过程中引入了普速铁路上的延续进路，因而在一定程度上减小了线路和车站的通过能力，并对存在延续进路的车站接车过程中影响同方向列车的出发和通过作业。

影响追踪列车间隔时分的因素是多方面的，主要包括列车控制系统技术方案，列车的起动性能和制动性能以及线路的坡度、站场咽喉区的布置、车站信联闭设备以及电分相区的位置等。因此，在确定追踪列车间隔时间时，应根据间隔形成机理对各个追踪间隔进行充分分析和计算。

(五)列车库内检修作业时间

列车库内检修作业时间是指动车组列车到达检修基地(动车运用所)到从检修基地出发，在检修基地内的最小停留时间。动车组库内检修作业时间是列车运行图的基本要素之一，决定了动车组的运用效率和检修基地的检修能力。在计算时，应充分分析动车组在库内检修作业流程，使之最大限度地平行作业，并对各项作业时间标准进行查定。

(六)综合维修天窗开设时间

高速铁路的线路、牵引供电、通信信号等固定设备与设施的养护与维修作业通常在同一天窗时间内进行，我国综合维修天窗时间一般安排在 00:00—6:00 之间，白天一般不安排固定维修天窗。

任务训练

一、场景设计

(一)实训目的和要求

1. 能描述列车运行图的图形表示方法及分类。
2. 会分析列车运行图的要素。

(二)实训内容

分析并在任务训练图 4-1 中标出不同时到达间隔时间的各项组成。

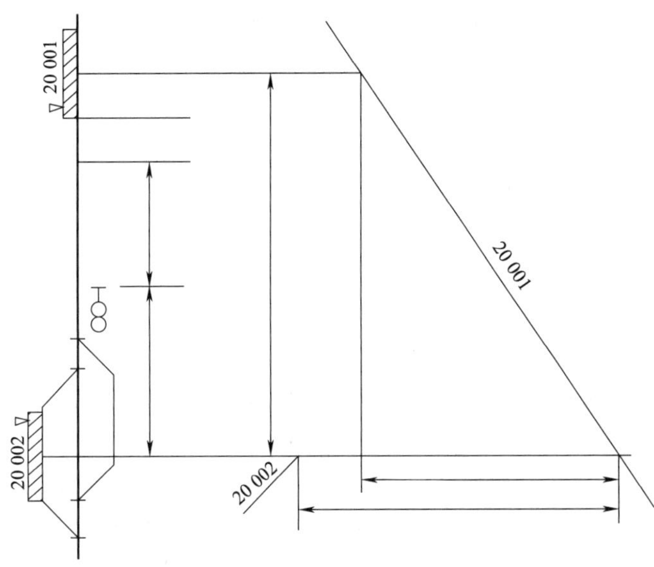

任务训练图 4-1

二、实训步骤

(一)实训前准备

1. 实训场所:在普通教室或能连接互联网的多媒体教室中进行。
2. 工具设备:多媒体设备课件、图片、示教板、计算机多媒体设备等。

(二)实训

1. 以 5～6 人小组为单位开展实训活动,根据本组同学在实训过程中的能力表现及结果进行自评、组内互评。
2. 根据其他小组同学在成果展示活动中的表现及结果进行互评。

三、任务评价

姓　　名		地点		时间	
任务名称	实训考察要点	分值	小组评分(40%)	教师评分(60%)	最终得分
列车运行图认知	1. 掌握列车运行图的图形表示方法及分类	40			
	2. 分析列车运行图要素	60			
合　　计		100			

典型工作任务二　高速铁路列车运行图的编制

任务引入

全国铁路调图,西安局集团公司新增列车 14 对

2024 年 1 月 10 日 0:00 起,全国铁路实行新的列车运行图,进一步优化客货列车开行方案。西安局集团公司旅客列车开行总数达到409.5对，新增跨局、局管内列车14对。

此次调图，西安局集团公司管内列车变化较大，在新图实施过程中，进一步适应旅客、客户需求变化，适时调整运力，精准实施“一日一图”。

请思考：

1. 高速铁路列车运行图调图的意义是什么？
2. 高速铁路列车运行图编制的原则是什么？

知识准备

随着铁路技术设备和运输组织方法的不断改进，列车运行速度和牵引重量逐步提高，客货运量不断变化，每经过一定时期，就有必要修改或重新编制列车运行图。

列车运行图的编制工作，由国铁集团统一领导。国铁集团由运输、机务、车辆、工务、电务、计划等有关部门负责人组成领导小组，负责编图的组织领导工作，制定编图的原则、任务和步骤，组织协调有关局拟定跨局旅客列车运行方案，审查各局提报的编图资料和列车运行图。

各铁路局集团公司组成编图小组，按照国铁集团的统一部署，认真准备好编图资料，负责完成本铁路局集团公司的运行图编制工作。

列车运行图的编制，大致可以分为三个阶段，即准备资料阶段、编制阶段和新图实行前的准备阶段。

一、高速铁路列车运行图的编制原则和程序

（一）编制原则

高速铁路列车运行图在编制过程中，必须要保证列车运行安全，符合客流规律，充分发挥高速铁路特性，最大限度地提高列车运行图编制质量。编制原则主要包括以下几个方面：

（1）保证列车运行安全。

（2）严格遵守列车技术作业标准。

（3）方便旅客，符合客运规律。

客流是铁路列车运行图的重要编制依据，运行图结构布局需要客流为基础，在编制列车运行图之前，需要根据客流规律，按照客流分配原则确定列车开行方案。

（4）经济合理地使用动车组。

动车组是承担高速铁路列车运行的工具，经济合理地使用动车组是运行图的重要质量指标，充分使用列车运行图，发挥其最大使用效率。

（5）充分考虑乘务人员的作息时间。

（6）充分利用铁路通过能力。

在高速铁路列车运行图编制过程中，应该消除各种不必要的停留时间，保证列车的旅行速度。

（7）保证运行线的弹性。

在充分利用区间通过能力时也需要控制通过能力利用率，保证高速铁路列车运行图具有一定的弹性，以满足列车由于突发技术故障或是天气变化造成的运行时间变化。

(8)保证各站、各区段间工作的协调和均衡。

在编制列车运行图时,应该保证各站、各区段工作的协调和平衡,在一个昼夜内各阶段大体均衡,充分利用各车站的到发线和咽喉通过能力,充分利用车站作业能力和区间通过能力。

(9)提高各站的应急处理能力。

(二)编图资料

(1)各区段旅客列车行车量。

(2)车站间隔时间和追踪列车间隔时间以及必要的列车运行图缓冲时间。

(3)各区段通过能力。

(4)列车停车站及停车时间标准。

(5)各技术站主要技术作业时间标准。

(6)折返段停留时间标准。

(7)列车区间运行时分及起停车附加时分。

(8)机车运用方式和乘务工作制度。

(9)各区段线路允许速度、车站过岔速度。

(10)施工计划和慢行地段及其限速标准。

(11)现行列车运行图执行情况分析及改善意见。

(三)高速铁路列车运行图编制流程

1. 确定列车开行方案

在编制列车运行图前,由各铁路局集团公司或高速铁路公司根据往年列车运行情况、客运需求、动车组设备以及相关线路情况,提交开行方案,确定各区段列车开行方案,提交国铁集团。国铁集团汇总整理后,根据实际情况,确定最终的全路列车开行方案。

2. 确定列车运行线铺画等级

根据列车速度等级、列车运行里程、客运产品需求(如京沪线整点品牌列车)确定列车铺画等级。在铺画过程中,应该先铺画长距离高等级列车,再铺画短距离低等级列车,保证列车运行图骨架的合理性。

3. 确定初始时间布点

在确定列车等级之后,根据列车运行区段,确定每个列车的始发、终到时间域。在铺画该等级列车时,需要根据始发终到时间域,确定列车始发、终到时间,形成初始布点。在编制过程中,需要尽量保证列车运行线在始发时间域内,以保证运行图骨架的合理性。

4. 编制列车运行详图

根据已经确定的列车铺画等级及初始布点,从最高等级列车开始,按照时间顺序完善运行线在各站的具体到发时间及作业时间。

二、高速铁路与普速铁路列车运行图编制对比

高速铁路列车运行图与普速铁路列车运行图,都是列车运行图,其本质是一样的。两者在运行图铺画的内容,铺画方法和铺画过程等方面都是相同的。

高速铁路列车运行图与普速铁路列车运行图服务对象的需求由于运行图发展阶段的不同、产生背景的不同而不同,是两列车运行图铺画结构不同的根源。高速铁路要求运行图能够

最大限度地满足旅客需求，最大限度地发挥高速铁路的优势，实现高速铁路的经济效益与社会效益。

由于列车运行图是列车运行组织工作的核心，高速铁路列车运行图与普速铁路列车运行图的编制都要求能够合理地组织列车运行，建立可靠稳定的列车运行计划，保障列车顺利完成运输任务。

（一）高速铁路与普速铁路列车运行图的相同点

高速铁路列车运行图与普速铁路列车运行图有许多相同特性，在安全行车的前提下，列车旅行速度的提高、停站次数的减少与停站时间的缩短始终是列车运行图的编制目标，运行图铺画过程均是计划设定、运行时分计算、冲突检查与调整同步的过程，并且待避与调整原则基本相同，均是低等级待避高等级，具体共同点如下：

(1)无论是高速铁路运行图还是普速铁路列车运行图，都要充分利用线路的通过能力，合理安排不同等级列车的运行次序，计算出运行图各运行线的初始时刻和各站的停站时刻。

(2)待避原则均为低等级列车待避高等级列车，短途列车待避长途列车。

(3)列车运行的安全性始终是首要任务，在保证列车运行与列车作业安全性的前提下，均以提高列车旅行速度、减少列车停站次数和停站的时间为运行图编制的目标。

(4)在满足运输需求和列车运行安全的前提下，尽可能最少使用列车移动设备(动车组)数量、减少动车组接续时间、减少动车组周转时间。

(5)在各列车追踪运行的组织模式下，列车间均受到车站最小间隔时间和区间间隔时间的限制。

(6)运行图的铺画均需要考虑乘务组连续工作时间，每一位乘务员的工作时间不能够超过标准劳动时间的限制。

(7)移动设备的使用受到最小折返时间的限制，在这个前提下，运行图的铺画都尽可能地减少移动设备在外段的停留折返时间，缩短移动设备的周转时间。

(8)列车运行图的铺画过程都是运行图计划的设定、运行线运行时分与停站时分计算、检查、运行线冲突的调整同步进行的过程。

（二）高速铁路与普速铁路列车运行图的区别

(1)高速铁路列车运行图编制的目标是优化的列车运行秩序、提高旅客服务的质量以及最大限度地方便旅客出行。在这样的前提条件下，运行图的编制要求上线的 200 km/h 列车旅行时间最少、动车组使用数量最少、旅客列车的始发和终到时间合理性高、非旅客乘降作业的停站次数最少和停站时间最短。

对于普速铁路来说，在高速铁路成网之前，运能与运量不匹配的矛盾始终存在，反映在运行图编制上，就是需要挖潜提效、充分利用普速铁路通过能力，同时缩小列车运行的间隔时间，提高列车开行的对数，并且使列车的旅行时间最小、货物列车接续时间最短和机车使用的台数最少。

(2)线路上运行的列车属性、种类与数量不同。标准为 300 km/h 以上的高速铁路运行的全部都是动车组旅客列车，标准 200～250 km/h 的高速铁路上开行 200～250 km/h 的动车组以及较高等级的货物列车。

在普速铁路上的列车运行模式是客货共线运行，线路上运行的都是旅客列车和货物列车。根据列车等级的不同，旅客列车和货物列车又有详细的分类。

(3)列车运行图的铺画策略不同。列车运行图的编制目标不同，高速铁路运行图的服务对象主要是旅客，因此高速铁路运行图的铺画通常是以最大限度地方便旅客出行、提高运行图对旅客服务的质量以及优质的列车运行秩序为目标。高速铁路列车运行图的铺画，一个周期内的列车开行数量、列车运行顺序、列车运行速度、越行车站或待避车站等都基本上相同，并且依照列车的属性不同，将列车分为定期列车、季节列车和临时列车，用不同颜色的列车运行线来表示不同列车铺画在基本运行图中，尽可能考虑不同时间段、不同出行目的的旅客需求。

普速铁路运行图的编制需要满足一定的旅客列车开行数量和一定的旅客合理出发与到达时间范围，货物列车方面需要保证不同种类的货物列车运行线在运行图上比较均匀地分布，目的是使编组站和区段站在不同时间段内的作业负荷合理化。

(4)列车运行图的调整与优化策略不同。对于普速铁路而言，由于是旅客列车和货物列车共线运行，旅客列车与货物列车相比，有较高的调整优先级，并且在铺画顺序上旅客列车的铺画也先于货物列车，因此，在保证货物列车运行线一定的均衡性分布和提供了自动交叉疏解保证的条件下，应该优先调整旅客列车运行线，使得货物列车待避旅客列车。

(5)运行图可铺画运行线的时间段不同。高速铁路与普速铁路在建造技术、运行组织方面有许多不同，他们在运行图天窗设置上有很大的区别，因此运行图可铺画运行线的时间段有所不同，大多数的高速铁路都采用无砟轨道，为满足基础设施养护维修作业的内容和大型养路机械作业的需要，综合维修天窗时间一般为 4 h，且一般在夜间设置。

(6)编制理念不同。普速铁路运行图的编制理念是，首先铺画全路直通旅客列车的方案，之后依据铁路局管辖范围将整个普速铁路网划分成相应的子块，安排管内旅客列车，最后各个铁路局集团公司再以列车牵引区段为编制单位完成双线、单线以及枢纽上货物列车运行线的铺画。普速铁路列车运行图的编制理论可以简化运行图的编制复杂度，同时优化区段内双线、单线列车运行图，这些区段运行图通过铁路局集团公司分界口或列车接续站的列车时刻表的整合即可形成整条干线、支线或枢纽地区的列车运行图。高速铁路列车运行图的铺画顺序与普速铁路不同，首先铺画的是长途列车作为高速铁路运行图的基本框架，然后铺画长途的跨线列车，最后铺画短途列车和跨线列车，同时高速铁路运行线成网后，运行图的编制将克服人为将铁路运输网划分为区段的弊端，面向网状线路编图。

任务训练

一、场景设计

(一)实训目的和要求

1. 掌握列车运行图编制的原则和流程。
2. 掌握编制列车运行详图应注意的问题。

(二)实训内容

根据教师提供的案例，在米格纸上铺画列车运行图。

二、实训步骤

(一)实训前准备

1. 实训场所:在普通教室或能连接互联网的多媒体教室中进行。
2. 工具设备:多媒体设备课件、图片、示教板、计算机多媒体设备等。

(二)实训

1. 以5～6人小组为单位开展实训活动,根据本组同学在实训过程中的能力表现及结果进行自评、组内互评。
2. 根据其他小组同学在成果展示活动中的表现及结果进行互评。

三、任务评价

姓　　名		地点		时间	
任务名称	实训考察要点	分值	小组评分(40%)	教师评分(60%)	最终得分
列车运行图编制	1. 编制原则和流程	70			
	2. 编制列车运行详图应注意的问题	30			
合　　计		100			

典型工作任务三　高速铁路通过能力计算

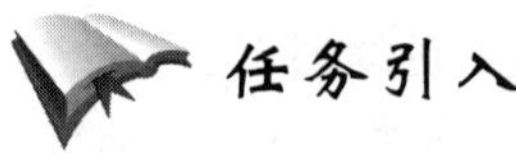

深圳实行新的列车运行图,高速铁路运能进一步提升

自2023年7月1日0:00起,深圳铁路实行新的列车运行图。本次调图进一步优化了列车开行结构和方案,凸显深圳铁路枢纽地位,通过高速铁路运能提升、增开跨境高速铁路列车、调整列车运行区段、优化配置广深城际列车开行方案等方式更好地满足旅客日益增长的出行需求。

运行图调整后,深圳北站开行高速铁路动车组列车724列,其中,始发终到开行列车485列,中转途经列车239列;深圳站(罗湖)开行旅客列车182列,其中,京港高速铁路开行动车组列车36列,广深线城际动车组116列,跨线动车组10列,普速长途列车20列;深圳东站开行普速旅客列车56列;福田站开行旅客列车96列。

据了解,随着深港两地旅游和探亲流的进一步加剧,往返深圳与香港的客流稳步上升,为此7月1日起,铁路部门安排深圳北站增开深圳北—香港西九龙G5615/6次1对,成都东至深圳北G2963/G2964次运行区段延长至香港西九龙;福田站将福田—香港西九龙的4对列车由高峰期开行改为每日开行,车次为G5811/2次、G5857/8次、G5859/60次、G5861/2次;光明城站增加停靠往来香港西九龙的动车组3列,进一步提升过港高速铁路运能,更好地满足往来深港两地的人员流动和经贸需求。

请思考：

1. 高速铁路通过能力的特点有哪些?

2. 高速铁路通过能力计算的方法如何?

知识准备

一、高速铁路通过能力的特点

高速铁路通过能力是指采用一定的运输设备和一定的运输组织方式下，线路在单位时间内运行的能通过的最多的列车数或列车对数。

高速铁路运输组织方式与普速铁路运输组织方式本身存在一些差别，因此它们的通过能力也有一些差别。高速铁路通过能力的特点如下：

1. 高速铁路通过能力的计算是以客流区段为单位计算

高速铁路将线路划分为不同客流区段。由于高速铁路线路逐渐成网，因此高速铁路线路上存在很多不同交路的列车，而有着始发和终到的区间就被称作一个高速客流区段。每个区段的限制条件都可能不同，因此一般根据客流分布，以不同的高速铁路客流区段为单位来计算高速铁路通过能力和编制列车运行图。

2. 高速铁路线路通过能力利用的昼夜不均衡

首先，由于高速铁路上运行的列车速度较快，其区间运行时分短于普速铁路。高速铁路客流主要集中在白天，夜间客流较少，因此"夕发朝至"的运输组织方式在高速铁路上适用性较差，同时考虑到高速铁路夜间运行安全性以及旅客出行规律，高速铁路适宜采用白天运行，夜间停运的运输组织方式，这就造成了高速铁路通过能力的昼夜不均衡。

3. 高速铁路线路通过能力时段的差异性

用一段时间内运输的旅客人数来考虑高速铁路线路的通过能力，由于在白昼的 12 h 里乘客的出行通常与时间有较大的关系，因此会造成通过能力在白昼的 12 h 里存在较大差异。通常将白昼按照客流的分布划分成不同的客流时段来计算高速铁路通过能力，通常时段的划分根据季节不同、地域不同，其划分也会有所差异。

4. 高速铁路线路通过能力受列车起、停影响大

根据《高速铁路设计规范条文说明》的规定，一般情况下，运行速度不低于 300 km/h 的列车在车站的停车时间按 1～3 min 确定，速度在 200～250 km/h 的列车在车站的停车时间按 2～4 min 确定。以京沪线路为例，列车在站停留时间一般只有 2 min，而列车在站起车附加时分是 2 min，停车附加时分则达到 3 min。可见，高速铁路起、停车附加时分对于通过能力的影响远大于列车在站停留时分。

二、高速铁路通过能力计算方法

计算铁路区间通过能力，一般采用非平行运行图扣除系数法计算，这时，通常需要先计算平行运行图的通过能力，然后在此基础上再确定非平行运行图的通过能力。

(一)平行运行图通过能力计算方法

在同一线路上，如同方向列车采用相同的运输组织方式，即在区间同速度，车站同作业

(到、发、通过),此时列车运行线就会相互平行,这样就产生了平行运行图。

《高速铁路设计规范条文说明》中规定了平行运行图区间通过能力的计算方法:

$$N=\frac{1\,440-T_{W}}{I}-\frac{60S}{v}I$$

式中 N——区间通过能力,对(列)/昼夜;

T_W——天窗时间,min;

I——追踪间隔时分,min;

S——计算客运区段的长度,km;

v——列车在计算客运区段的平均速度,km/h。

(二)非平行运行图通过能力计算方法

由于列车在区间的运行速度不同以及在车站起停时分、通过方式不同,这就造成了运行线的不平行,即非平行运行图。

非平行运行图线路通过能力的计算有很多方法,最常见的有扣除系数法、平均列车最小间隔时间法、运行图压缩法、图解法以及计算机模拟法等。其中计算机模拟法类似于图解法,都是在运行图上按一定的铺画方式,不断铺画线路直到运行图铺满为止,此时,铺画的列车总数即为该区段的通过能力。

1. 扣除系数法

与普速铁路采用扣除系数法计算通过能力类似,高速铁路扣除系数法也是利用不同类型列车的当量关系,将不同类型对通过能力的占用归为统一标准的列车,以确定通过能力。这个当量就是所谓的扣除系数。

2. 平均最小列车间隔时间法

如图 4-14 所示,列车间隔时间是指第一列车出发或通过时起至第二列车出发或通过的时间,而最小列车间隔则是指两列车在同一区间运行不相互干扰的最小时间间隔,用公式可表示为

$$I_{min}=I_f-T_r$$

式中 I_{min}——最小列车间隔时间;

I_f——列车间隔时间;

T_r——列车运行图缓冲时间。

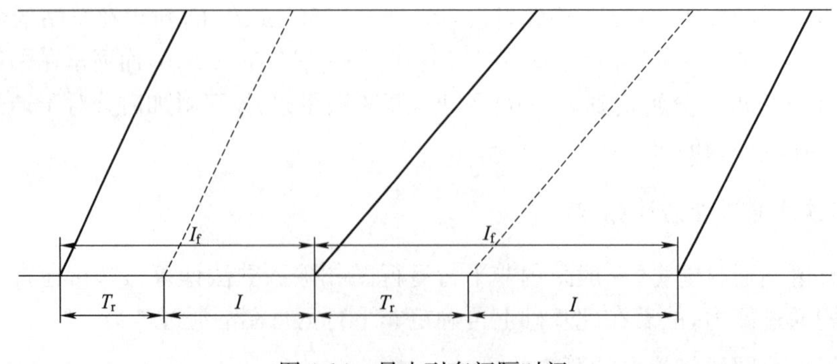

图 4-14 最小列车间隔时间

因此，如果用 T'_r 表示列车运行图平均缓冲时间，用 I' 表示平均列车最小间隔时间，则采用这种方法表示的区间通过能力可表示为

$$N=\frac{T}{T'_r+I'}$$

式中　T——运行图一昼夜可铺画时长。

任务训练

一、场景设计

(一)实训目的和要求

1. 了解高速铁路通过能力的特点。
2. 掌握高速铁路通过能力的计算方法。

(二)实训内容

根据教师提供的案例，计算区间的通过能力。

二、实训步骤

(一)实训前准备

1. 实训场所：在普通教室或能连接互联网的多媒体教室中进行。
2. 工具设备：多媒体设备课件、图片、示教板、计算机多媒体设备等。

(二)实训

1. 以5～6人小组为单位开展实训活动，根据本组同学在实训过程中的能力表现及结果进行自评、组内互评。
2. 根据其他小组同学在成果展示活动中的表现及结果进行互评。

三、任务评价

姓　名		地点		时间	
任务名称	实训考察要点	分值	小组评分（40%）	教师评分（60%）	最终得分
区间通过能力计算	1. 掌握区间通过能力的特点	30			
	2. 掌握区间通过能力计算方法	70			
合　计		100			

复习思考题

1. 列车运行图的作用是什么？如何分类？平行运行图有何特点？

2. 何谓区间运行时分和起停附加时分？如何计算与查定区间运行时分？列车在中间站的停车时间根据哪些作业确定？

3. 区段通过能力受哪些因素影响？如何确定？

4. 何谓区间通过能力？何谓平行运行图周期？几种常见的运行图周期如何计算？绘图表示之。

5. 何谓扣除系数？旅客列车和摘挂列车扣除系数如何确定？其值大小与哪些因素有关？

6. 平行运行图与非平行运行图的区间通过能力计算公式怎样表示？

7. 铺画列车运行图时，如何考虑与列车编组计划、车站技术作业过程、机车运用的协调配合？

8. 高速铁路通过能力的计算要考虑哪些因素？

项目五　高速铁路行车闭塞办理及列车运行组织

学习目标

1. 知识目标
- 了解高速铁路行车闭塞系统的组成
- 掌握高速铁路自动闭塞的办理
- 掌握自动站间闭塞的办理
- 了解电话闭塞的办理
- 了解和掌握高速铁路接发列车作业的要求和基本规定，熟练掌握特殊情况下的接发列车作业方法等
- 了解和掌握列车在区间运行组织方法

2. 能力目标
- 能够认识闭塞系统在行车中的重要性
- 能够辨别各高速铁路行车闭塞法的适用条件
- 在作业中能够认真执行行车闭塞作业的工作制度及规定，保证高速铁路行车安全
- 理解高速铁路接发列车工作的基本概念、基本原则和基本方法，了解接发列车工作在铁路运输生产组织中的重要地位和作用
- 理解列车区间运行的基本要求，了解列车运行工作在铁路运输生产组织中的重要地位和作用

3. 素质目标
- 形成符合高速铁路闭塞要求的安全意识，培养刻苦钻研、精益求精的精神
- 培养认真负责的工作作风，培养高度的责任感和良好的团队合作精神
- 培养严谨的工作作风，培养应急处置能力

典型工作任务一　高速铁路行车闭塞认知

任务引入

闭 塞 起 源

“闭塞”一般是指与外界隔绝的意思。这里说的闭塞是铁路信号的专用名词，是指列车进入区间后，使之与外界隔离起来，区间两端车站都不再向这一区间发车，以防止列车相撞和追尾。闭塞设备即为实现“一个区间（闭塞分区）内，同一时间只允许一列车占用”而设置的铁路区间信号设备。

19 世纪 40 年代以前，列车运行是采用时间间隔法。即先行列车发出后，隔一定时间再发出同方向的后续列车。这种方法的主要缺点是不能确保安全。当先行列车运行不正常时（晚点或中途停车等），有可能发生后续列车撞上前行列车的追尾事故。1842 年英国人库克提出了空间间隔法，即先行列车与后续列车间隔开一定空间的运行方法。因为它能较好地保证行车安全而被广泛采用，逐步形成铁路区间闭塞制度。

请思考：

1. 如何让两列车安全运行？
2. 如何增大铁路线上的行车密度？

知识准备

一、列车运行的间隔

为保证列车运行的安全，使同方向列车不致发生追尾冲突，对向列车不致发生正面相撞，列车运行必须有间隔；同时，在满足列车长度、速度、密度、制动力和信号显示距离等条件下，划分列车运行间隔有利于提高铁路通过能力。

为此，《技规（高速铁路部分）》明确规定："列车运行是以车站、线路所所划分的区间及自动闭塞区间的通过信号机或区间信号标志牌所划分的闭塞分区作间隔。"也就是将铁路正线分别用车站、线路所和自动闭塞区间的通过信号机（区间信号标志牌），划分为站间区间、所间区间和闭塞分区，作为列车运行的间隔。

目前，保持列车运行之间有一定的间隔距离的办法有两类：

（1）空间间隔法——以车站、线路所所划分的区间，自动闭塞区间的通过信号机所划分的闭塞分区以及列控系统所确定的两列车间隔距离，作为两列车间隔的行车方法，即在正常情况下，每个区间（或闭塞分区），在同一时间内，只准有一个列车占用。

（2）时间间隔法（又称隔时续行法）——按一定的时间间隔开行续行列车，即第一列车发车后，经过一定的时间，再发出下一列列车。

我国高速铁路铁路列车运行一般采用空间间隔法。

二、区间及闭塞分区的界限划分

（1）站间区间——车站与车站间的线段。

①单线站间区间，以进站信号机柱中心线为车站与区间的分界线，如图 5-1 所示。

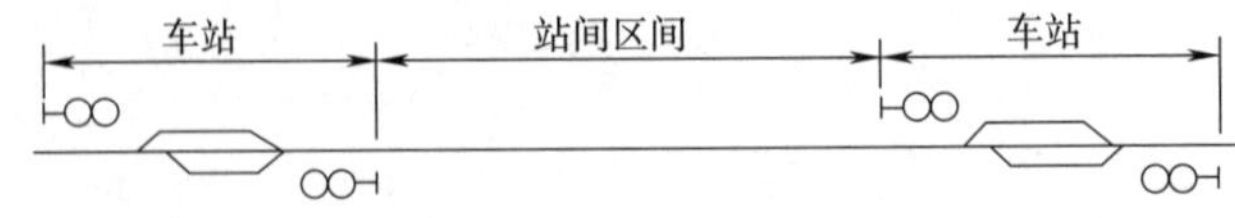

图 5-1 单线区段站间区间界限

②双线或多线站间区间：分别以各该线的进站信号机柱或站界标的中心线为车站与区间的分界线，如图 5-2 所示。

（2）所间区间——两线路所间或线路所与车站间的线段。

①单线所间区间，以该线上的线路所通过信号机柱的中心线为所间区间的分界线。设有

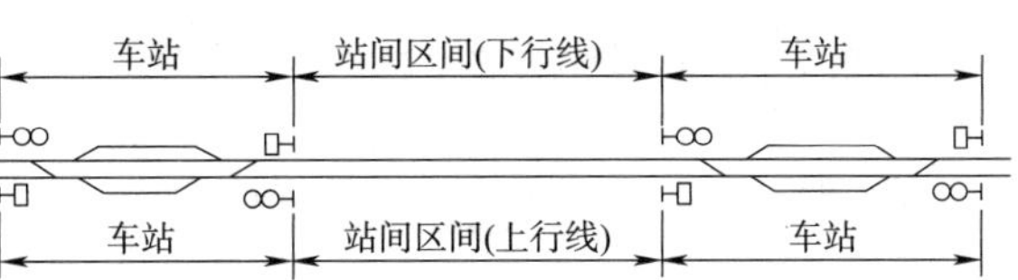

图 5-2 双线区段站间区间界限

进站信号机的线路所，所间区间的分界方法与站间区间相同。

线路所只设有通过信号机，无管辖地段的，如图 5-3 所示。

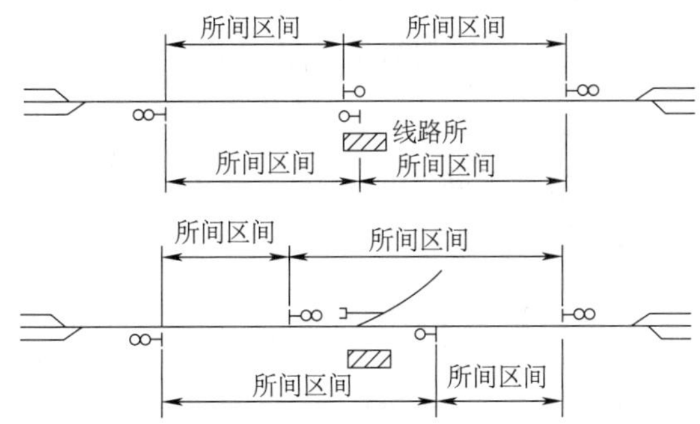

图 5-3 单线区间只设有通过信号机的所间区间界限

线路所设有进、出站信号机，并有管辖地段的，如图 5-4 所示。

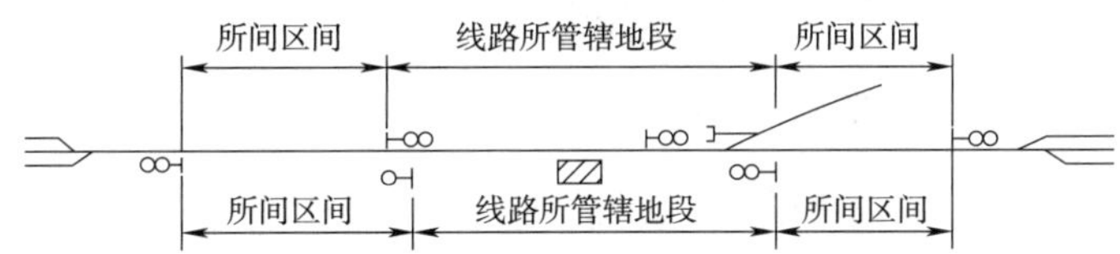

图 5-4 单线区间设有进、出站信号机的所间区间界限

②双线所间区间，其划分方法与单线所间区间相同。

线路所只设有通过信号机，无管辖地段的，如图 5-5 所示。

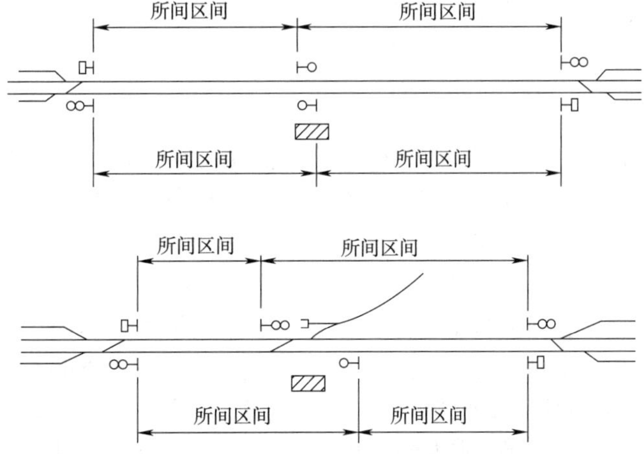

图 5-5 双线区间只设有通过信号机的所间区间界限

线路所设有进、出站信号机，并有管辖地段的，如图 5-6 所示。

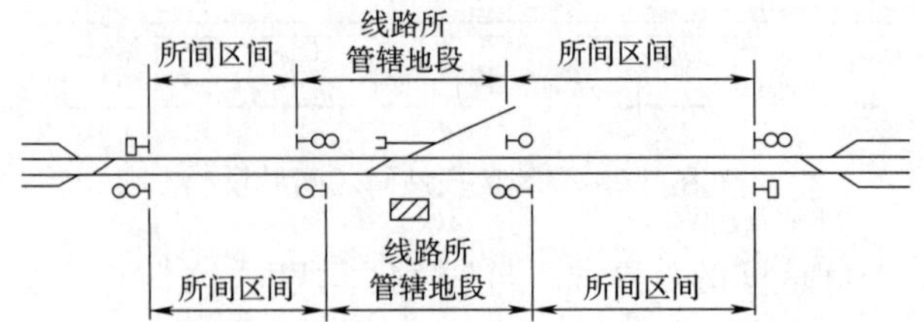

图 5-6　双线区间设有进、出站信号机的所间区间界限示意图

(3)闭塞分区——自动闭塞区间同方向相邻的两架通过色灯信号机间或进站信号机与通过色灯信号机间的线段。

自动闭塞区间的闭塞分区，以该线上同方向相邻的两架通过色灯信号机柱的中心线为分界线。

单线区间闭塞分区分界限如图 5-7 所示。

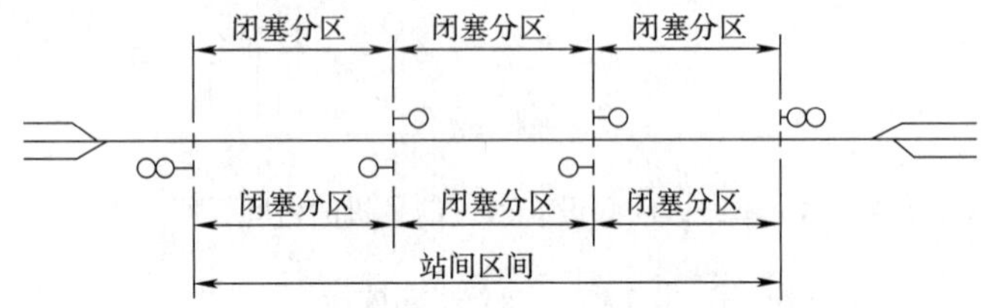

图 5-7　单线区间闭塞分区界限示意图

双线区间闭塞分区分界限如图 5-8 所示。

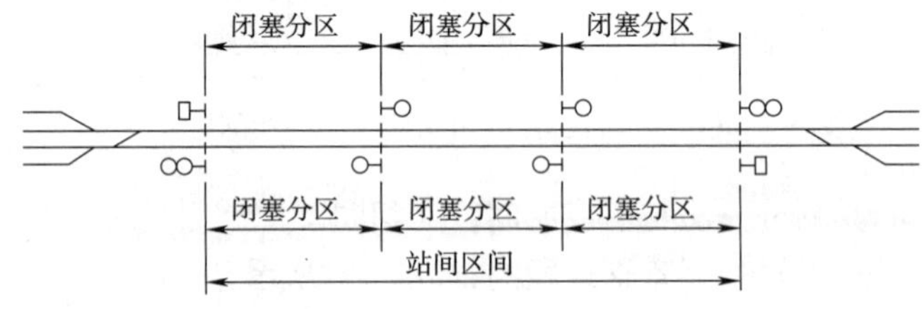

图 5-8　双线区间闭塞分区界限示意图

三、行车闭塞法

通过调度所、相邻车站、线路所、闭塞分区的设备或人为控制，使列车与列车相互间保持一定间隔，以保证列车安全运行的行车方法，称为行车闭塞法。基本闭塞设备是控制一个区间(或闭塞分区)同一时间内，只准许一个列车运行的设备。

《技规(高速铁路部分)》第 275 条规定："车站均须装设基本闭塞设备。"第 83 条规定："双线区段自动闭塞设备应具备正方向自动闭塞、反方向自动站间闭塞的功能。"第 84 条规定："区间及无配线车站占用时不应改变区间方向。无配线车站两端同一条线路的区间方向应保持一致。"

我国高速铁路采用的行车基本闭塞法有自动闭塞、自动站间闭塞两种。自动闭塞以闭塞分区作为列车间隔，自动站间闭塞则是以站间(所间)区间作为列车间隔，其列车运行间隔均属于空间间隔法。

电话闭塞是在基本闭塞法不能使用条件下，主要靠人工检查确认和联系制度来保证实现列车运行空间间隔的代用闭塞方法。车站使用电话闭塞法行车须有列车调度员命令，并严格按有关电话闭塞接发列车规定的程序、制度办理行车作业。

车站值班员在办理接发列车时，遇行车设备故障、施工、自然灾害等情况造成基本闭塞法不能使用或在特定行车条件下需停止使用基本闭塞法时，须向列车调度员报告。列车调度员详细了解现场情况后，向有关处所和人员发布停止使用基本闭塞法改按电话闭塞法行车的调度命令。行车闭塞法的变更或恢复，列车调度员均须发布调度命令。

任务训练

一、场景设计

(一)实训目的和要求

1. 能说明我国高速铁路的行车间隔。
2. 能说明我国高速铁路采用的行车闭塞法。

(二)实训内容

1. 根据所学知识，完成高速铁路行车间隔类型表述。
2. 分析举例说明我国高速铁路基本闭塞和代用闭塞的使用条件。

二、实训步骤

(一)实训前准备

1. 实训场所：在普通教室或能连接互联网的多媒体教室中进行。
2. 工具设备：多媒体设备课件、图片、示教板、计算机多媒体设备等。

(二)实训

1. 以5～6人小组为单位开展实训活动，通过学习及利用网络资源完成高速铁路行车间隔类型表述。

2. 以5～6人小组为单位开展实训活动，通过学习及利用网络资源说明我国高速铁路基本闭塞和代用闭塞是什么，并分析它们的使用条件。

三、任务评价

姓　名		地点		时间	
任务名称	实训考察要点	分值	小组评分(40%)	教师评分(60%)	最终得分
高速铁路行车闭塞认知	1. 高速铁路行车间隔类型表述	30			
	2. 基本闭塞和代用闭塞法说明	30			
	3. 举例分析基本闭塞和代用闭塞法使用条件	40			
合　计		100			

典型工作任务二　自动闭塞的办理

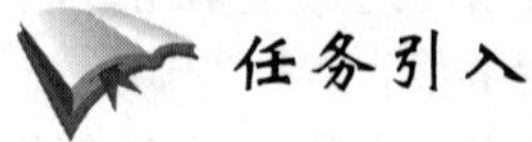

自动闭塞原理

自动闭塞法是利用通过信号机把区间划分为若干个装设轨道电路的闭塞分区，通过轨道电路将列车和信号机的显示联系起来，使信号机的显示随着列车运行位置而自动变换的一种闭塞方式。当列车在某一区间因停电、故障等原因，主动或被动停车，其轨道电路就会向后续列车发出信号，后续列车就会及时降速停下来。

请思考：

自动闭塞法能很好地保证行车安全，那么高速铁路是如何使用自动闭塞设备的呢？

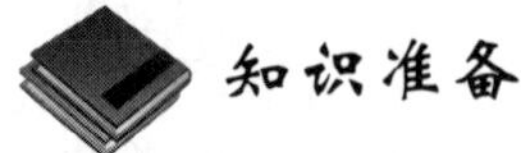

一、设备特点

目前，我国高速铁路自动闭塞区段大多采用四显示的通过色灯信号机，当其显示一个绿色灯光时，表示列车运行前方至少有三个闭塞分区空闲，准许列车进入闭塞分区后按规定速度运行；当其显示一个绿色和一个黄色灯光时，表示列车运行前方有两个闭塞分区空闲，准许列车进入闭塞分区后按规定速度运行，要求注意准备减速；当其显示一个黄色灯光时，表示列车运行前方只有一个闭塞分区空闲，要求列车减速运行，按规定速度要求越过该信号机；当其显示一个红色灯光时，要求列车应在该信号机前停车。

二、相关规定

《技规(高速铁路部分)》规定："自动闭塞区段，正方向行车，列车按自动闭塞运行；反方向行车，列车按自动站间闭塞运行。"

(1)使用自动闭塞法行车，动车组列车在完全监控、引导或部分监控模式下运行时，动车组通过轨道电路或无线闭塞中心接收到行车许可信号，并在列控车载设备上自动显示允许运行的速度值，所以规定行车凭证为列控车载设备显示的允许运行的速度值。动车组以外的列车及动车组列车按 LKJ 方式运行时，在信号机常态点灯的区段，虽然列车运行监控装置上能显示机车信号，但机车信号不能作为行车凭证，因此规定了进入闭塞分区的行车凭证为出站或通过信号机显示的允许运行的信号；在信号机常态灭灯的区段，进入区间的行车凭证仍然为出站信号机或线路所通过信号机显示的允许运行的信号，因此，需要将信号机应点灯，让司机确认行车凭证。

(2)无论在双线或单线自动闭塞区段，发车站在办理发车预告后，即确定了列车进入区间的顺序，接车站也应按此顺序做好接车准备。因此在列车预告后因特殊原因不能发出时，必须通知接车站取消发车预告，避免造成后续发出的列车与前次列车混淆，造成接车站接错车等事故的发生；同时，也避免接车站为接车做好准备后，却无列车到达，影响接车站的其他作业。

(3)调度集中(CTC)区段,一个调度区段内的列车运行均按列车运行图和日计划组织行车,调整和变化相对较少,同时,接发列车均采用 CTC 设备,列车进路可根据列车运行计划自动触发,实现列车运行实时追踪和无线车次号校核,正常情况下不需要各站间人工干预开放信号,而且多数车站由列车调度员一人办理接发列车,所以规定可不办理发车预告手续。两相邻调度集中的调度区段间或调度集中区段车站(线路所)向非调度集中区段车站(线路所)发车时,通过 TDCS/CTC 系统结合,能自动办理发车预告,当 TDCS/CTC 系统故障造成无法自动办理预告时,应由相邻两站人工办理发车预告;当相邻调度区段列车运行调整计划一致时,虽然无法办理自动预告,但考虑到相邻调度区段列车调度员已进行了相互联系和确认,确保了列车运行调整计划的一致性,因此规定了不办理发车预告。非调度集中区段车站(线路所)向调度集中区段车站(线路所)发车时,由于非调度集中区段车站(线路所)是由车站值班员人工开放信号,开放的时机是根据列车实际运行时刻来确定的,是动态的,所以设备上无法控制自动办理发车预告,只能由车站值班员向列车调度员(车站控制时为车站值班员)人工办理发车预告。

(4)在信号机常态点灯的 CTCS-2 级自动闭塞区段,特殊情况下办理发车的行车凭证规定见表 5-1,CTCS-3 级以及信号机常态灭灯的 CTCS-2 级自动闭塞区段,特殊情况下办理发车的行车凭证规定见表 5-2。

表 5-1 信号机常态点灯的 CTCS-2 级自动闭塞区段特殊情况下办理发车的行车凭证表

<table>
<tr><th>序号</th><th>特殊情况</th><th>控车方式</th><th>行车凭证</th><th>发给行车凭证的依据</th><th>附带条件</th></tr>
<tr><td>1</td><td rowspan="2">出站信号机(线路所通过信号机)故障时发出列车</td><td>LKJ(GYK)控车</td><td rowspan="2">调度命令</td><td>1. 确认第一个闭塞分区空闲
2. 确认道岔位置正确及进路空闲</td><td>以不超过 20 km/h(动车组列车为不超过 40 km/h)速度运行至第一架通过信号机,按其显示的要求执行</td></tr>
<tr><td>2</td><td>隔离模式运行</td><td>1. 确认区间空闲
2. 确认道岔位置正确及进路空闲</td><td>以不超过 40 km/h 速度运行至前方站进站信号机(线路所通过信号机)</td></tr>
<tr><td>3</td><td rowspan="2">发车进路信号机故障时发出列车</td><td>LKJ(GYK)控车</td><td>调度命令</td><td>1. 确认发车进路空闲
2. 确认道岔位置正确</td><td>以不超过 20 km/h(动车组列车为不超过 40 km/h)速度运行至次一信号机</td></tr>
<tr><td>4</td><td>隔离模式运行</td><td>调度命令</td><td>1. 确认发车进路空闲
2. 确认道岔位置正确</td><td>以不超过 40 km/h 速度运行至次一信号机</td></tr>
<tr><td>5</td><td rowspan="2">区间一架及以上通过信号机故障时发出列车</td><td>CTCS-2级控车</td><td>列控车载设备显示的允许运行的速度值</td><td rowspan="2">确认区间空闲</td><td rowspan="2"></td></tr>
<tr><td>6</td><td>LKJ(GYK)控车</td><td>出站信号机(线路所通过信号机)显示的允许运行的信号</td></tr>
<tr><td>7</td><td rowspan="2">反方向发出列车</td><td>CTCS-2级控车</td><td>列控车载设备显示的允许运行的速度值</td><td rowspan="2">1. 确认区间空闲
2. 反方向行车的调度命令</td><td rowspan="2"></td></tr>
<tr><td>8</td><td>LKJ(GYK)控车</td><td>出站信号机(线路所通过信号机)显示的允许运行的信号</td></tr>
</table>

表 5-2　CTCS-3 级以及信号机常态灭灯的 CTCS-2 级自动闭塞区段特殊情况下办理发车的行车凭证表

序号	特殊情况	控车方式	地面信号机状态	行车凭证	发给行车凭证的依据	附带条件
1	开放引导信号发出列车	CTCS-3级控车 CTCS-2级控车	灭灯	列控车载设备显示的允许运行的速度值	1. 确认第一个闭塞分区空闲（发车进路信号机开放引导信号时，为确认至次一信号机间空闲） 2. 确认道岔位置正确及进路空闲	
2		LKJ(GYK)控车	点灯	出站信号机（发车进路信号机、线路所通过信号机）显示的允许运行的信号	1. 确认区间空闲（发车进路信号机开放引导信号时，为确认至次一信号机间空闲） 2. 确认道岔位置正确及进路空闲	
3	出站信号机（线路所通过信号机）故障且引导信号不能开放时发出列车	LKJ(GYK)控车	点灯	调度命令	1. 确认区间空闲 2. 确认道岔位置正确及进路空闲	
4		隔离模式运行				以不超过 40 km/h 速度运行至前方站进站信号机（线路所通过信号机）
5	发车进路信号机故障且引导信号不能开放时发出列车	LKJ(GYK)控车	点灯	调度命令	1. 确认发车进路空闲 2. 确认道岔位置正确	以不超过 20 km/h（动车组列车为不超过 40 km/h）速度运行至次一信号机
6		隔离模式运行				以不超过 40 km/h 速度运行至次一信号机
7	区间一个及以上闭塞分区轨道电路红光带时发出列车	CTCS-3级控车 CTCS-2级控车	灭灯	列控车载设备显示的允许运行的速度值	确认区间空闲	
8		LKJ(GYK)控车	点灯	调度命令	1. 确认区间空闲 2. 确认道岔位置正确及进路空闲	
9	反方向发出列车	CTCS-3 级控车 CTCS-2 级控车	灭灯	列控车载设备显示的允许运行的速度值	1. 确认区间空闲 2. 反方向行车的调度命令	
10		LKJ(GYK)控车	点灯	出站信号机（线路所通过信号机）显示的允许运行的信号		

①表 5-1 中第 1、2 项以及表 5-2 中第 3、4 项，是在出站信号机不能开放且引导信号不能开放（有引导信号且引导信号不能开放）时发出列车，此时发车进路与信号机间失去了联锁关系或无联锁关系。列车调度员（车站值班员）必须在做好下列工作后，方准发布调度命令，组织发出列车。

a. 确认区间空闲，在 CTCS-3 级以及信号机常态灭灯的 CTCS-2 级区段，须确认区间空闲并点灯。

b. 确认进路道岔位置正确及进路空闲。

②表 5-1 中第 3、4 项以及表 5-2 中第 5、6 项，是指发车进路信号机(同一发车进路上一架或多架进路信号机)因故不能开放(有引导信号且引导信号不能开放)的情况下发出列车时，列车调度员(车站值班员)确认发车进路空闲、进路道岔位置正确后，发布调度命令发出列车的作业方式。

③表 5-1 中第 5、6 项以及表 5-2 中第 7、8 项，是指区间一架及以上通过信号机故障或区间一个及以上闭塞分区轨道电路红光带时发出列车，列车调度员(车站值班员)确认区间空闲后，对 ATP 控车的列车，列车以列控车载设备显示的允许运行的速度值作为行车凭证；对 LKJ (GYK)控车的列车，在信号机常态点灯的 CTCS-2 级区段，行车凭证为出站信号机(线路所通过信号机)显示的允许运行的信号，在 CTCS-3 级以及信号机常态灭灯的 CTCS-2 级区段，行车凭证为调度命令。

④表 5-1 中第 7、8 项以及表 5-2 中第 9、10 项，是指列车在正方向运行线路上运行时，可自动追踪运行，在反方向线路上运行时，按站间间隔运行。由于我国铁路在双线区间实行左侧单方向行车制度，反方向行车时，应发布调度命令，在发车前必须确认反方向运行的线路上无迎面列车运行，区间空闲，在控制台上确认区间占用表示灯表示区间空闲后，办理改变列车运行方向手续，排列反方向发车进路，组织反方向发出列车，列车进入区间的行车凭证，对 ATP 控车的列车，列车以列控车载设备显示的允许运行的速度值作为行车凭证；对 LKJ(GYK)控车的列车，行车凭证为出站信号机(线路所通过信号机)显示的允许运行的信号。

⑤表 5-2 中第 1、2 项，是指开放引导信号发出列车时，应确认区间空闲、道岔位置正确及进路空闲，对 ATP 控车的列车，列车以列控车载设备显示的允许运行的速度值作为行车凭证；对 LKJ(GYK)控车的列车，行车凭证为出站信号机(线路所通过信号机)显示的允许运行的信号。

双线双方向自动闭塞区间的车站，需要改变闭塞方向时，在得到调度命令准许的情况下，通过先按压“允许改方按钮”再按压列车发车进路的始、终端按钮即可开放该方向的出站信号，指挥列车运行。但遇轨道电路发生故障等情况，控制台出现“双接”，或虽区间空闲但因设备故障造成“监督区间”表示灯亮红灯，不能按正常方式操作改变闭塞方向时，则需附加使用总辅助、辅助按钮办理。使用总辅助按钮前，车站值班员应互相联系，必须共同确认该区间空闲，然后再向列车调度员报告。列车调度员接到使用总辅助按钮的请求后，向该区间两端车站发布调度命令。车站值班员接到调度命令后，破封使用总辅助按钮，并在“行车设备检查登记簿”内登记。两端站均由列车调度员办理接发列车时，由列车调度员确认区间空闲，使用总辅助按钮办理，此时不需要发布调度命令。

三、固定闭塞、准移动闭塞及移动闭塞

高速铁路线上列车装备列车运行控制设备，它不同于普速铁路线的列车。

列车运行自动控制系统(简称列控系统)保证列车按照空间间隔制运行的技术方法是靠控制列车运行速度的方式来实现的。

运行列车间必须保持的空间间隔首先是满足制动距离的需要，当然还要考虑适当的安全余量和确认信号时间内的运行距离。所以根据列控系统采取的不同控制模式会产生不同的闭

塞制式。列车间的追踪运行间隔越小,运输能力就越大。

从闭塞制式的角度来看,装备列车运行控制系统的自动闭塞可分为三类:固定闭塞、准移动闭塞(含虚拟闭塞)和移动闭塞。之所以称为准移动闭塞,说明它还不是移动闭塞,所以有人仍把它归为固定闭塞。准移动闭塞、移动闭塞主要是从列控系统对停车点和开始制动点的位置确认的角度进行描述而产生的概念,其中准移动闭塞须依赖固定基本闭塞设备(如自动闭塞分区轨道电路等)的应用。

(一)固定闭塞

列控系统采取分级速度控制模式时,采用固定闭塞方式。运行列车间的空间间隔是若干个闭塞分区,闭塞分区数依划分的速度级别而定。一般情况下,闭塞分区是用轨道电路或计轴装置来划分的,它具有列车定位和占用轨道的检查功能。固定闭塞的追踪目标点为前行列车所占用闭塞分区的始端,后行列车从最高速开始制动的计算点为要求开始减速的闭塞分区的始端,这两个点都是固定的,空间间隔的长度也是固定的,所以称为固定闭塞。

固定闭塞时列控系统采取分级速度控制模式,是要把速度分级的,每两个速度等级间存在一个速差,其对应的信号显示就表达了这个速差意义,所以可以称为速差式信号显示。

当采用滞后型阶梯式控制模式时,需要增加一个闭塞分区作保护区段,所以运行列车间的空间间隔就大一点;采用其他分级速度控制模式时就不必增加一个闭塞分区作保护区段,如图 5-9 所示。

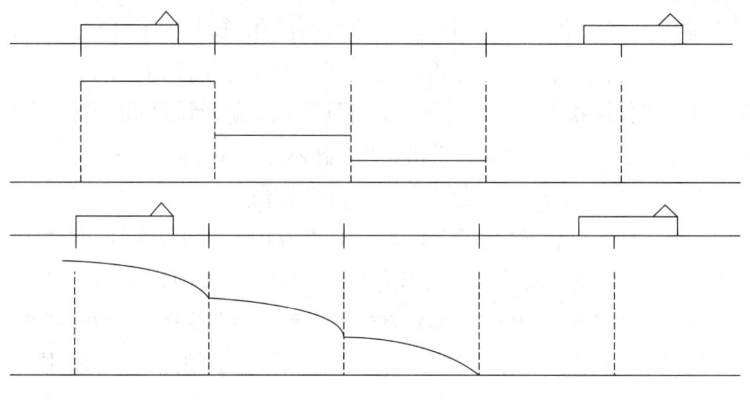

图 5-9 固定闭塞

(二)准移动闭塞

准移动闭塞方式的列控系统采取目标距离控制模式(又称连续式一次速度控制)。目标距离控制模式根据目标距离、目标速度及列车本身的性能确定列车制动曲线,不必设定每个闭塞分区速度等级,采用一次制动方式。准移动闭塞的追踪目标点是前行列车所占用闭塞分区的始端,当然会留有一定的安全距离,而后行列车从最高速度开始制动的计算点是根据目标距离、目标速度及列车本身的性能计算决定的。目标点相对固定,在同一闭塞分区内不依前行列车的走行而变化,而制动的起始点是随线路参数和列车本身性能不同而变化的。空间间隔的长度是不固定的,由于要与移动闭塞相区别,所以称为准移动闭塞。显然其追踪运行间隔要比固定闭塞小一些。一般情况下,闭塞分区是用轨道电路或计轴装置来划分的,它具有列车定位和占用轨道的检查功能。由于目标点是相对固定的,所以,当前行列车在同一闭塞分区内走行时，连续式一次速度控制曲线是相对稳定的；当前行列车出清闭塞分区时，目标点突然前移，目标距离突然改变，连续式一次速度控制曲线会发生跳变。

如图 5-10 所示，准移动闭塞时，列控系统采取目标距离控制模式，速度是不分级的，给出的是连续式一次速度控制曲线式的信号显示，所以其对应的信号显示制式可以称为速度式信号显示。

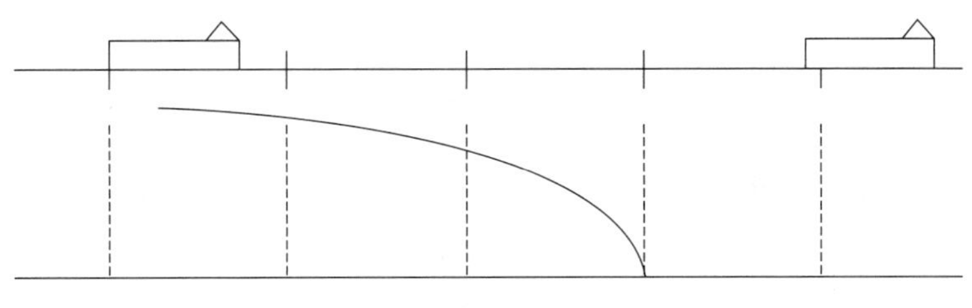

图 5-10　准移动闭塞

（三）虚拟闭塞

虚拟闭塞是准移动闭塞的一种特殊方式，它不设轨道占用检查设备和轨旁信号机，采取无线定位方式来实现列车定位和占用轨道的检查功能，闭塞分区和轨旁信号机是以计算机技术虚拟设定的，仅在系统逻辑上存在有闭塞分区和信号机的概念。虚拟闭塞除闭塞分区和轨旁信号机是虚拟的以外，从操作到运输管理等，都等效于准移动闭塞方式，如图 5-11 所示。

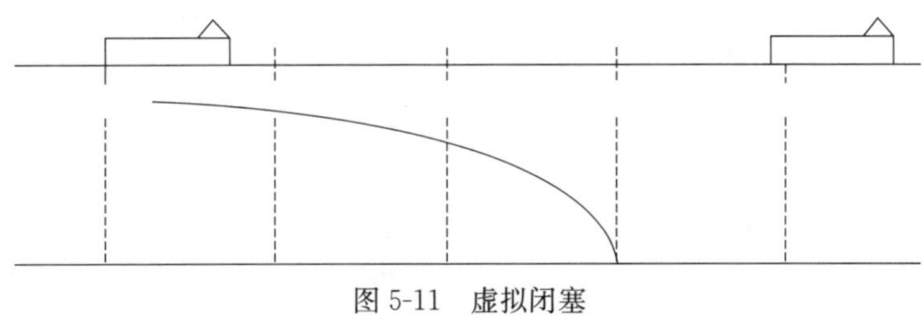

图 5-11　虚拟闭塞

虚拟闭塞方式非常有条件将闭塞分区划分得很短，当短到一定程度时，其效率就很接近于移动闭塞。

（四）移动闭塞

移动闭塞方式的列控系统也采取目标距离控制模式。目标距离控制模式根据目标距离、目标速度及列车本身的性能确定列车制动曲线，采用一次制动方式。移动闭塞的追踪目标点是前行列车的尾部，当然会留有一定的安全距离，后行列车从最高速开始制动的计算点是根据目标距离、目标速度及列车本身的性能计算决定的。目标点是前行列车的尾部，与前行列车的走行和速度有关，是随时变化的，而制动的起始点是随线路参数和列车本身性能不同而变化的。空间间隔的长度是不固定的，所以称为移动闭塞。其追踪运行间隔要比准移动闭塞更小一些。移动闭塞一般采用无线通信和无线定位技术来实现，高一级的移动闭塞还要考虑前行列车的速度，如图 5-12 所示。

四、信号机“常态点灯”和“常态灭灯”

高速铁路区段的列车信号机可分为“常态点灯”和“常态灭灯”两类。后者正常状态不显示，仅起停车位置作用；遇特殊情况转为点亮状态。

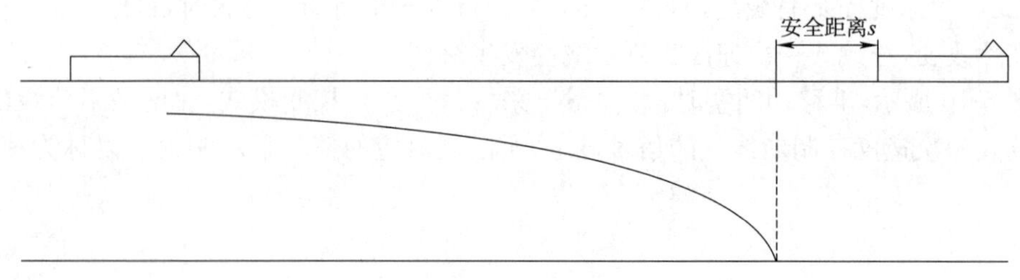

图 5-12　移动闭塞

自动闭塞利用通过信号机把区间划分为若干个装设轨道电路的闭塞分区，通过轨道电路将列车和通过信号机的显示联系起来，使信号机的显示随着列车运行位置而自动变换的一种闭塞方式。图 5-8 是双线单方向自动闭塞示意图。从图 5-8 中可知，在每个闭塞分区始端都设置一架防护该分区的通过色灯信号机，这些信号机平时显示绿灯，称为"定位开放式"；只有当列车占用该闭塞分区（或发生断轨故障）时，才自动显示红灯，要求后续列车停车。自动闭塞的优点：由于划分成闭塞分区，可用最小运行间隔时间开行追踪列车，从而大大提高区间通过能力；整个区间装设了连续的轨道电路，可以自动检查轨道的完整性，提高了行车安全的程度。

区间不设通过信号机、在闭塞分区分界处设置区间信号标志牌的 CTCS-2/CTCS-3 级区段车站的进站、出站、进路信号机以及线路所的通过信号机常态灭灯，仅起停车位置作用。遇下列情况上述信号机应转为点亮状态：(1)接发未装设列控车载设备的列车时；(2)接发列控车载设备故障的动车组列车时；(3)需越出站界调车时。

在上述 CTCS-2/CTCS-3 级区段，主要运行由列控车载设备控车的动车组列车，其运行速度很高，司机确认地面信号显示变得很困难，故进站信号机、出站信号机、进路信号机以及线路所的通过信号机常态为灭灯状态。

任务训练

一、场景设计

(一)实训目的和要求

1. 能说明自动闭塞行车间隔和设备特点。

2. 能说明自动闭塞特殊情况下办理发车的行车凭证。

(二)实训内容

1. 根据所学知识和查阅的资料，完成高速铁路自动闭塞行车间隔和设备特点表述。

2. 举例分析说明我国高速铁路自动闭塞特殊情况下办理发车的行车凭证（点灯和灭灯情况区段任选一即可）。

二、实训步骤

(一)实训前准备

1. 实训场所:在普通教室或能连接互联网的多媒体教室中进行。
2. 工具设备:多媒体设备课件、图片、示教板、计算机多媒体设备等。

(二)实训

1. 以5～6人小组为单位开展实训活动,通过学习及利用网络资源完成高速铁路自动闭塞行车间隔和设备特点表述。

2. 以5～6人小组为单位开展实训活动,通过学习及利用网络资源说明我国高速铁路特殊情况下办理发车的行车凭证(点灯和灭灯情况区段任选一即可)。

三、任务评价

姓　　名		地点		时间	
任务名称	实训考察要点	分值	小组评分(40%)	教师评分(60%)	最终得分
高速铁路自动闭塞办理	1. 高速铁路自动闭塞行车间隔和设备特点的综述	30			
	2. 说明自动闭塞特殊情况下办理发车的行车凭证	30			
	3. 对点灯和灭灯特殊情况下办理发车的行车凭证进行对比分析	40			
合　　计		100			

典型工作任务三　自动站间闭塞的办理

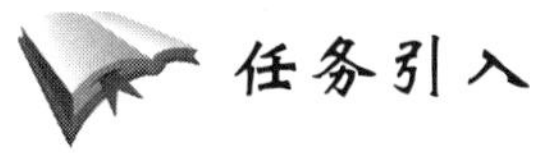

自动站间闭塞应用

在双线区间,列车应按左侧单方向运行。仅限于整理列车运行时,方可使列车反方向运行;但旅客列车仅在正方向区间的线路封锁、发生自然灾害、因事故中断行车以及正方向设备故障严重影响列车运行秩序而反方向自动站间闭塞设备良好等特殊情况下,经调度所值班主任(值班副主任)准许,方可反方向运行。

请思考:

如何构成自动站间闭塞行车?

知识准备

自动站间闭塞是在半自动闭塞基础上发展起来的新型闭塞设备,区间两端站的出站信号机和轨道检查装置构成联锁关系，采用轨道检查装置自动检查区间空闲，列车以站间区间为间隔运行，通过办理发车进路和检查列车出清区间的方式，自动实现区间闭塞和区间开通。

(1)使用站间自动闭塞法发出列车时，由于列车按站间间隔运行，列车进入区间的行车凭证：动车组列车在完全监控、引导或部分监控模式下运行时，行车凭证为列控车载设备显示的允许运行的速度值；动车组以外的列车及动车组列车按 LKJ 方式运行时，进入区间的行车凭证为出站信号机或线路所通过信号机显示的允许运行的信号（在信号机常态灭灯的区段，信号机应点灯）。

(2)由于自动站间闭塞发车前不需办理闭塞手续，排列发车进路开放出站信号后，即可发出列车，同时列车需按站间间隔行车，因此发车站在办理发车进路前，须确认区间空闲和接车站未办理同一区间的发车进路，否则不能开放信号，形成自动站间闭塞。为使接车站做好接车准备工作，发车站应向接车站发出预告。

(3)自动站间闭塞区间，发车站办理预告后即是“区间闭塞”，接车站必须做好接车准备。

如果列车预告后因特殊情况不能发出时，发车站必须通知接车站取消预告，避免长时间占用区间，方便接车站进行其他作业，也能为其他列车运行提供条件。

(4)调度集中区段，一个调度区段内的列车运行均按列车运行图和日计划组织行车，调整和变化相对较少，同时，接发列车均采用 CTC 设备，列车进路可根据列车运行计划自动触发，实现列车运行实时追踪和无线车次号校核，正常情况下不需要各站间人工干预开放信号，而且多数车站由列车调度员一人办理接发列车，所以规定可不办理发车预告手续。两相邻调度集中的调度区段间或调度集中区段车站（线路所）向非调度集中区段车站（线路所）发车时，通过 TDCS/CTC 系统结合，能自动办理发车预告，当 TDCS/CTC 系统故障造成无法自动办理预告时，应由相邻两站的实际控制人人工办理发车预告；当相邻调度区段列车运行调整计划一致时，虽然无法办理自动预告，但考虑到相邻调度区段列车调度员已进行了相互联系和确认，确保了列车运行调整计划的一致性，因此规定了不办理发车预告。非调度集中区段车站（线路所）向调度集中区段车站（线路所）发车时，由于非调度集中区段车站（线路所）是由车站值班员人工开放信号，开放的时机是根据列车实际运行时刻来确定的，是动态的，所以设备上无法控制自动办理发车预告，只能由车站值班员向列车调度员（车站控制时为车站值班员）人工办理发车预告。

(5)在信号机常态点灯的 CTCS-2 级自动站间闭塞区段，特殊情况下办理发车的行车凭证规定见表 5-3，CTCS-3 级以及信号机常态灭灯的 CTCS-2 级自动站间闭塞区段，特殊情况下办理发车的行车凭证规定见表 5-4。

表 5-3　信号机常态点灯的 CTCS-2 级自动站间闭塞区段特殊情况下办理发车的行车凭证表

序号	特殊情况	控车方式	行车凭证	发给行车凭证的依据	附带条件
1	出站信号机（线路所通过信号机）故障时发出列车	LKJ(GYK)控车	调度命令	1. 确认区间空闲 2. 确认道岔位置正确及进路空闲	
2		隔离模式运行			以不超过 40 km/h 速度运行至前方站进站信号机（线路所通过信号机）

续上表

<table>
<tr><th>序号</th><th>特殊情况</th><th>控车方式</th><th>行车凭证</th><th>发给行车凭证的依据</th><th>附带条件</th></tr>
<tr><td>3</td><td rowspan="2">发车进路信号机故障时发出列车</td><td>LKJ(GYK)控车</td><td rowspan="2">调度命令</td><td rowspan="2">1. 确认发车进路空闲
2. 确认道岔位置正确</td><td>以不超过 20 km/h(动车组列车为不超过 40 km/h)速度运行至次一信号机</td></tr>
<tr><td>4</td><td>隔离模式运行</td><td>以不超过 40 km/h 速度运行至次一信号机</td></tr>
<tr><td>5</td><td rowspan="2">反方向发出列车</td><td>CTCS-2级控车</td><td>列控车载设备显示的允许运行的速度值</td><td rowspan="2">1. 确认区间空闲
2. 反方向行车的调度命令</td><td rowspan="2"></td></tr>
<tr><td>6</td><td>LKJ(GYK)控车</td><td>出站信号机(线路所通过信号机)显示的允许运行的信号</td></tr>
</table>

表 5-4　CTCS-3 级以及信号机常态灭灯的 CTCS-2 级自动站间闭塞区段特殊情况下办理发车的行车凭证表

<table>
<tr><th>序号</th><th>特殊情况</th><th>控车方式</th><th>地面信号机状态</th><th>行车凭证</th><th>发给行车凭证的依据</th><th>附带条件</th></tr>
<tr><td>1</td><td rowspan="2">开放引导信号发出列车</td><td>CTCS-3 级控车
CTCS-2 级控车</td><td>灭灯</td><td>列控车载设备显示的允许运行的速度值</td><td rowspan="2">1. 确认区间空闲(发车进路信号机开放引导信号时，为确认至次一信号机间空闲)
2. 确认道岔位置正确及进路空闲</td><td rowspan="2"></td></tr>
<tr><td>2</td><td>LKJ(GYK)控车</td><td>点灯</td><td>出站信号机(发车进路信号机、线路所通过信号机)显示的允许运行的信号</td></tr>
<tr><td>3</td><td rowspan="2">出站信号机(线路所通过信号机)故障且引导信号不能开放时发出列车</td><td>LKJ(GYK)控车</td><td rowspan="2">点灯</td><td rowspan="2">调度命令</td><td rowspan="2">1. 确认区间空闲
2. 确认道岔位置正确及进路空闲</td><td></td></tr>
<tr><td>4</td><td>隔离模式运行</td><td>以不超过 40 km/h 速度运行至前方站进站信号机(线路所通过信号机)</td></tr>
<tr><td>5</td><td rowspan="2">发车进路信号机故障且引导信号不能开放时发出列车</td><td>LKJ(GYK)控车</td><td rowspan="2">点灯</td><td rowspan="2">调度命令</td><td rowspan="2">1. 确认发车进路空闲
2. 确认道岔位置正确</td><td>以不超过 20 km/h(动车组列车为不超过 40 km/h)速度运行至次一信号机</td></tr>
<tr><td>6</td><td>隔离模式运行</td><td>以不超过 40 km/h 速度运行至次一信号机</td></tr>
<tr><td>7</td><td rowspan="2">反方向发出列车</td><td>CTCS-3 级控车
CTCS-2 级控车</td><td>灭灯</td><td>列控车载设备显示的允许运行的速度值</td><td rowspan="2">1. 确认区间空闲
2. 反方向行车的调度命令</td><td rowspan="2"></td></tr>
<tr><td>8</td><td>LKJ(GYK)控车</td><td>点灯</td><td>出站信号机(线路所通过信号机)显示的允许运行的信号</td></tr>
</table>

①表5-3中第1、2项以及表5-4中第3、4项，是在出站信号机不能开放（有引导信号且引导信号不能开放）时发出列车，此时发车进路与信号机间失去了联锁关系或无联锁关系。列车调度员（车站值班员）必须在做好下列工作后，方准发布调度命令，组织发出列车。

a. 确认区间空闲，在CTCS-3级以及信号机常态灭灯的CTCS-2级区段，须确认区间空闲并点灯。

b. 确认进路道岔位置正确及进路空闲。

②表5-3中第3、4项以及表5-4中第5、6项，是指发车进路信号机（同一发车进路上一架或多架进路信号机）因故不能开放（有引导信号且引导信号不能开放）的情况下发出列车时，列车调度员（车站值班员）确认发车进路空闲、进路道岔位置正确后，发布调度命令发出列车的作业方式。

③表5-3中第5、6项以及表5-4中第7、8项，是指在自动站间闭塞区段，列车在正方向运行线路上运行时，按站间间隔运行，在反方向线路上运行时，仍按站间间隔运行。由于我国铁路在双线区间实行左侧单方向行车制度，反方向行车时，应发布调度命令，在发车前必须确认反方向运行的线路上无迎面列车运行，区间空闲，在控制台上确认区间占用表示灯表示区间空闲后，排列反方向发车进路，组织反方向发出列车，列车进入区间的行车凭证，对ATP控车的列车，列车以列控车载设备显示的允许运行的速度值作为行车凭证；对LKJ(GYK)控车的列车，行车凭证为出站信号机（线路所通过信号机）显示的允许运行的信号。

④表5-4中第1、2项，是指开放引导信号发出列车时，应确认区间空闲、道岔位置正确及进路空闲，对ATP控车的列车，列车以列控车载设备显示的允许运行的速度值作为行车凭证；对LKJ(GYK)控车的列车，行车凭证为出站信号机（线路所通过信号机）显示的允许运行的信号。

任务训练

一、场景设计

（一）实训目的和要求

1. 能说明自动站间闭塞设备使用原理。

2. 能说明自动站间闭塞特殊情况下办理发车的行车凭证。

（二）实训内容

1. 根据所学知识和查阅的资料，完成高速铁路自动站间闭塞设备使用原理说明。

2. 举例分析说明我国高速铁路自动站间闭塞特殊情况下办理发车的行车凭证（点灯和灭灯情况区段任选一即可）。

二、实训步骤

（一）实训前准备

1. 实训场所：在普通教室或能连接互联网的多媒体教室中进行。

2. 工具设备：多媒体设备课件、图片、示教板、计算机多媒体设备等。

（二）实训

1. 以5～6人小组为单位开展实训活动，通过学习及利用网络资源完成高速铁路自动站间闭塞设备使用原理表述。

2. 以 5～6 人小组为单位开展实训活动，通过学习及利用网络资源说明我国高速铁路自动站间闭塞特殊情况下办理发车的行车凭证（点灯和灭灯情况区段任选一即可）。

三、任务评价

姓　　名		地点		时间	
任务名称	实训考察要点	分值	小组评分（40%）	教师评分（60%）	最终得分
高速铁路自动站间闭塞办理	1. 高速铁路自动站间闭塞设备使用原理的综述	30			
	2. 说明自动站间闭塞特殊情况下办理发车的行车凭证	30			
	3. 对点灯和灭灯特殊情况下办理发车的行车凭证进行对比分析	40			
合　　计		100			

典型工作任务四　电话闭塞的办理

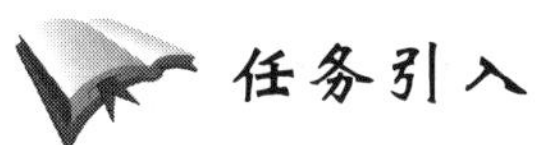

电话闭塞法应用

随着高速铁路的发展，人们越来越多地选择高速铁路作为自己的出行方式，如果遇上基本闭塞设备故障不能使用时，作为行车应急值守人员（或车站值班员），应根据高速铁路非正常情况的特点积极应对，如采用电话闭塞法等。

请思考：

基本闭塞设备故障或其无法适用时，如何应急处理，完成非正常接发列车任务，最大限度保证行车安全？

一、电话闭塞的条件

电话闭塞法是当基本闭塞法不能使用时，根据列车调度员命令所采用的代用闭塞法，故使用电话闭塞法行车时，列车占用区间的行车凭证为调度命令。

遇下列情况，应停止使用基本闭塞法，改用电话闭塞法行车：

(1)自动闭塞设备发生故障，不能保证列车按自动闭塞方式行车时，应停止使用改按电话闭塞法行车；自动站间闭塞设备故障，不能保证列车按自动站间闭塞方式行车时，应停止使用改按电话闭塞法行车。

(2)自动站间闭塞区间，当出站信号机故障且引导信号不能开放时，不能开放出站信号作为列车占用区间的行车凭证，应停止使用改按电话闭塞法行车。

二、相关规定

基本闭塞法停用按电话闭塞法行车时，动车组列车司机应根据调度命令将列控车载设备转为 LKJ 方式运行，未装备 LKJ 的动车组列车转为隔离模式运行。在停止使用基本闭塞法，改用电话闭塞法行车时需注意以下几点：

(1)由于此种闭塞方法不能从设备上完成闭塞手续，完全由人工办理，所以两站间的闭塞手续，必须在查明区间确实空闲后，方可办理。

(2)使用电话闭塞法行车时，列车占用区间的行车凭证为调度命令。为避免相对方向的两端站同时发出迎面列车，规定单线或双线反方向发车时，除根据“行车日志”等查明区间空闲外，还必须取得接车站的承认后，方可向列车调度员报告，请求发布作为行车凭证的调度命令。双线正方向首列发车时，为保证安全，除查明区间空闲外，也应取得接车站的承认后，方可向列车调度员报告，请求发布作为行车凭证的调度命令。

(3)在双线正方向发车时(首列除外)，不必取得接车站的承认，但应根据收到前次发出的列车已到达接车站的电话记录，在发车进路准备妥当后，方可向列车调度员报告，请求发布作为行车凭证的调度命令。对办理发车及接车的车站、线路所为同一车站值班员或列车调度员指挥的车站，不再自己与自己办理电话记录号码，因此规定了不办理电话记录号码。

(4)办理电话闭塞时，承认闭塞、列车到达、取消闭塞等，都须发出电话记录号码(办理发车及接车的车站、线路所为同一车站值班员或列车调度员指挥时除外)。因为，这些都是保证行车安全的关键事项，如不正确及时记录，就无法确认区间空闲或占用，无法掌握和组织列车运行，一旦发生失误，后果严重。所以，对电话记录号码要及时、准确地做好记录。办理电话闭塞时，下列各项应发出电话记录号码(办理发车及接车的车站、线路所为同一车站值班员或列车调度员指挥时除外)，并做好记录：

①承认闭塞。

②列车到达。

③取消闭塞。

为了便于记录和查看，电话记录号码自每日 0:00 起至 24:00 止，按日循环编号。编号办法一般应采用顺序编号，具体由铁路局集团公司规定。但在同一区间、同一方向一日内不得使用同一号码，以免发生错误。

任务训练

一、场景设计

(一)实训目的和要求

1. 能说明电话闭塞的使用条件。

2. 能说明电话闭塞的原理。

(二)实训内容

1. 根据所学知识和查阅的资料,完成电话闭塞的使用条件说明。

2. 模拟分析说明我国高速铁路电话闭塞行车原理。

二、实训步骤

(一)实训前准备

1. 实训场所:在普通教室或能连接互联网的多媒体教室中进行。

2. 工具设备:多媒体设备课件、图片、示教板、计算机多媒体设备等。

(二)实训

1. 以5～6人小组为单位开展实训活动,通过学习及利用网络资源完成高速铁路电话闭塞的使用条件表述。

2. 以5～6人小组为单位开展实训活动,通过学习及利用网络资源模拟说明我国高速铁路电话闭塞的原理。

三、任务评价

姓　　名		地点		时间	
任务名称	实训考察要点	分值	小组评分（40%）	教师评分（60%）	最终得分
高速铁路电话闭塞办理	1. 高速铁路电话闭塞使用条件的综述	30			
	2. 模拟分析说明电话闭塞的原理	30			
	3. 电话闭塞行车要点分析	40			
合　　计		100			

典型工作任务五　高速铁路列车运行组织

任务引入

高速铁路列车运行安全的重要性

近年来,我国高速铁路实现了快速发展。截至2023年底,我国高速铁路营业里程已达4.5万km,占世界高铁营业里程的60%以上,居世界第一位,成为一张闪亮的“国家名片”。

在铁路信息技术快速发展的情况下,铁路部门的首要工作,就是保证接发列车安全,只有在保证列车安全工作的基础之上,才能保证铁路运输的财产和人身安全。

请思考:

1. 保证高速铁路车站接发列车工作安全涉及哪些因素?

2. 高速铁路车站的调车作业主要有哪些?

知识准备

一、接发列车作业

接发列车是车站行车工作的基本内容。不间断地接发列车严格按列车运行图行车，是车站的基本任务之一，也是列车运行安全正点的重要保证。为保证车站接发列车的安全，必须按规定的程序办理。由于参加接发车工作的人员多，作业环节复杂，在接发列车工作中的任何疏忽或差错都可能造成列车晚点或行车事故。所有参加接发车工作的有关人员，都必须认真执行规定的程序和用语，贯彻统一领导、集中指挥、逐级负责的原则，做到安全、迅速、准确、不间断地接发列车，严格按运行图行车。

因此，当车站值班员或列车调度员人工办理接发列车时，接发每一列车都应由车站值班员或列车调度员负责组织、统一指挥，在接发列车的各项工作中，办理闭塞、布置进路（包括听取进路准备妥当的报告）、开闭信号、交接凭证，都是接发列车的重要环节，都是与列车安全出入车站和在区间安全运行有密切关系的重要工作，所以车站值班员或列车调度员应亲自办理。由于设备条件（如调度集中控制设备故障等）或业务量（如行车方向多或列车集中到发）等原因，车站值班员难以完全亲自办理时，除布置进路（包括听取进路准备妥当的报告）这一程序外，其他可在车站值班员统一指挥下，分别指派人员去办理。当列车调度员办理接发列车时，除办理闭塞、布置进路（包括听取进路准备妥当的报告）外，其他可在列车调度员统一指挥下，分别由车务应急值守人员或其他人员办理。

（一）人工办理进路的要求

（1）车站值班员或列车调度员人工办理进路接车前，为了防止向占用线路接车，在接车前必须亲自认真检查、确认接车线路空闲，同时，还要确认影响进路的调车工作已经停止。这是因为不及时停止影响接发列车进路的调车工作，就有可能造成到达列车站外停车或出发列车晚点，甚至可能使列车与正在调车的机车车辆发生冲突事故。

车站值班员或列车调度员下达准备接发车进路命令时，必须向有关人员讲清接发列车的车次、占用线路，即接入某道或由某道出发。如车站一端有两个及其以上列车运行方向或双线反方向行车时，还要讲清方向、线别，即在车次前冠以某方向、线别。布置进路应使用规定用语，要求简明清楚，不得简化。布置进路的命令，不准与其他作业的命令、通知一起下达，以防混淆。如车站衔接方向有两条及以上运行线路时，布置进路除讲明方向还应讲清经由线别。为防止布置进路时有关人员错听，受令人员必须复诵。当两人及其以上同时接受准备进路命令时，应指定一人复诵，车站值班员（列车调度员）要认真听取复诵，核对无误，方可命令“执行”。

（2）扳道、信号人员必须按车站值班员（车务应急值守人员）或列车调度员布置的接发列车进路命令和调车作业计划，正确、及时地准备进路，保证安全、迅速地接发列车和调车作业。

扳道、信号人员，在扳动道岔、操纵信号时，要眼看、手指、口呼，要认真执行“一看、二扳（按）、三确认、四显示（呼唤）”制度。这是扳道、信号人员在长期实践中总结出来的安全作业程序。

“一看”：看道岔标志、信号手柄（按钮）位置。

"二扳(按)":将道岔、信号扳(按)至所需位置。

"三确认":扳(按)完道岔、信号按钮后,通过表示灯或标志确认有关进路道岔开通位置是否正确;手动道岔确认闭止块是否"落槽",确认信号开放、关闭状态是否正确。准备接发车进路时,还要确认影响接发列车进路的调车作业是否已经停止。

"四显示(呼唤)":确认无误后,就地显示规定的信号或按规定执行呼唤制度。

扳动道岔、操纵信号,执行"一看,二扳(按)、三确认、四显示(呼唤)"的同时,也要执行"眼看、手指、口呼"的制度。

扳道、信号人员或其他人员于接发车进路准备完了或信号开放后,除集中联锁设备能从设备上检查确认以外,其他联锁及无联锁情况下应及时向车站值班员或列车调度员报告进路准备情况。

(二)开放信号的时机

严格按规定时机开闭信号机,是保证安全正点接发列车的一项重要工作。

信号开放后,即锁闭有关进路上的道岔,信号关闭后,有关道岔即解锁。所以信号开放过早,会提前占用咽喉区,影响调车作业及其他工作开放过晚,会造成列车在信号机外减速或停车,不仅影响正点率,而且威胁安全。因此,信号机开放时机,应是列车正点到达车站或从车站出发前的一个合理时间。

在一般情况下,考虑列车运行可能早到,应附加一定时间,适当提前开放进站信号的时机。发车时,车站值班员开放出站信号,应能保证完成包括确认出站信号机的显示等作业所需的时间,使列车由车站按规定时刻出发,这就是开放出站信号机的时机。遇特殊情况需取消发车进路时,列车调度员(车站控制时为车站值班员)应与司机联系,确认列车尚未起动,待司机明了后,对司机持有行车凭证的应在收回行车凭证后,方可取消发车进路;当出发列车已经起动时,禁止取消发车进路。

(三)列车预告

一个调度区段内可不办理发车预告手续。两相邻调度集中控制的区段间或调度集中区段车站向非调度集中区段车站发车时,应由系统自动办理发车预告,遇设备故障无法自动办理时,人工办理(相邻调度区段列车运行调整计划一致时可不办理发车预告)。非调度集中区段车站向调度集中区段车站发车时,车站值班员应向列车调度员(转为车站控制时为车站值班员)办理发车预告。

(四)取消发车

出站信号开放或进入区间行车凭证已交付,如需取消发车进路,列车调度员应与司机联系,确认列车尚未起动后,再取消发车进路。

(五)接发列车线路使用原则

为保证安全和正确地接发列车,便于进行列车技术作业,接发列车应在正线或到发线上进行。这是因为正线或到发线的道岔和线路质量好,信号、联锁设备完善,对列车安全地进、出车站有保障。

(1)旅客列车应接入规定线路。

旅客列车在安全和速度方面要求较高。同时为便于旅客乘降、行包装卸及客车上水等工作,旅客列车应接入靠近站台并在《高速铁路行车组织细则》中规定为旅客列车到发线的线路。

(2)动车组列车在车站办理客运业务时,须固定股道、固定站台、固定停车位置。动车组列车运行速度及运行安全等级高,因此对列车运行图公布的动车组列车均须明确固定股道、固定站台、固定停车位置,各站接发办理客运业务动车组列车的固定到发线,应在列车运行图文件中一并公布,抄送铁路局集团公司调度所、机务段、车站执行。办理客运业务的动车组列车,必须按固定到发线办理接发,除设备故障、列车晚点等不可抗力原因外,不得变更。遇设备故障、自然灾害、列车晚点等原因必须调整固定股道时,必须经调度所值班主任(值班副主任)准许。

(3)通过列车因运行速度高,应在正线上办理通过。因正线道岔一般处于直向位置,线路条件好,允许通过的速度较高,可以保证司机有良好的瞭望条件,直向通过道岔,能减少轮缘磨耗,保证列车的高速和安全。

(4)原规定为通过的旅客列车由正线变更为到发线接车时,列车要从经道岔直向改为经道岔侧向运行道岔直向允许运行的列车速度高,有的可达 200 km/h 以上,而侧向运行时允许的速度低,如司机没有思想准备,列车经道岔侧向难以降低到要求的速度,容易超速运行,带来安全隐患。

动车组列车、特快旅客列车较其他旅客列车运行速度和等级高,应按基本进路办理,当车站因特殊原因必须变更基本进路时,列车运行进路上的速度要求可能会发生变化,应告知司机提前做好准备。为保证旅客列车运行安全,原规定为通过的旅客列车由正线变更为到发线停车、通过及动车组列车、特快旅客列车遇特殊情况必须变更基本进路,必须经列车调度员准许,并预告司机,以便司机做好降低速度的准备。如来不及预告司机时不得开放进站信号,使列车在站外停车后再开放进站信号,把列车接入站内。

(5)动车组列车按列控车载设备方式行车时,必须要在设置有列控信息的股道及进路上接发,因为当股道及进路上未设置列控信息时,会造成列控车载设备收不到控车信息,从而触发制动,危及动车组运行安全。

(六)车机联控

通常不进行车机联控。

因动车组列车装备有机车综合无线通信设备(CIR),CTC 系统与无线通信系统结合,能够实现接车进路预告,CIR 并对通信过程和内容进行记录,所以动车组列车运行中不进行车机联控。但车站由分散自律控制模式转为非常站控模式,且按电话闭塞法行车时,应执行车机联控,车站值班员应主动呼叫司机。

(七)列车进站停车的要求

列车进站后,应停于接车线警冲标内方,以防止侧面冲突及影响邻线接发列车和调车作业。在设有出站(进路)信号机的线路上,列车头部不得越过该信号机,因为出站信号机起着防护前方道岔和区间的作用。

列车进站后,如没有进入警冲标内方或压轨道绝缘时,应使用列车无线调度通信设备通知司机,指挥列车移动到警冲标或轨道绝缘内方停车。

(八)办理客运业务的动车组列车车门开启和关闭的规定

动车组列车由列车长确认旅客上下车完毕后,通知司机关闭车门;列车到站停稳后,司机必须确认对准停车位置后开启车门。按钮不在司机操作台上的,由列车长通知随车机械师关闭车门;列车到站停稳后,由随车机械师开启车门。如自动开关门装置故障时,由司机通知列车工作人员手动开关车门。

动车组列车司机在确认行车凭证和开车时间，车门关闭后，方可起动列车。

二、调车工作

（一）领导及指挥

（1）车站调车作业由列车调度员（由车站负责办理调车进路时为车站值班员或车务应急值守人员）担当调车领导人。分场时的调车工作，由负责该场调车进路的列车调度员（车站值班员或车务应急值守人员）领导。

（2）调车作业由调车长单一指挥，遇有特殊情况，可由经鉴定、考试合格的胜任人员担当指挥工作。动车组自走行调车作业、机车及自轮运转特种设备转线等作业由司机负责，不另设调车指挥人。

（二）调车作业计划下达

（1）进行有车辆摘挂的调车作业时，应使用附有车站示意图的调车作业通知单（车站示意图可另附）。

（2）调车领导人应通过 CTC 系统向司机传送调车作业计划，无法使用时，在录音装置良好的情况下，可通过列车无线调度通信设备向司机传达调车作业计划。

动车组、路用列车及机车、自轮运转特种设备需转线时，司机根据需要向列车调度员（车站值班员或车务应急值守人员）提出申请。列车调度员（车站值班员或车务应急值守人员）可不编制书面调车计划，但需将作业办法、内容和注意事项向司机传达、布置清楚并听取复诵无误，在准备好进路后，通知司机开始作业。

（三）调车作业

（1）动车组进行调车作业时，原则上采用自走行方式，凭地面信号机的显示运行。

（2）动车组禁止连挂其他机车车辆（救援、附挂回送过渡车以及动车组无动力调车时的调车机车除外）调车。

（3）动车组调车作业时，司机应在运行方向的前端操作，前方进路的确认由司机负责。

在不得已情况下必须在后端操作时，应指派随车机械师或其他胜任人员站在动车组运行方向的前端确认进路和指挥，发现危及行车或人身安全时，应立即通知司机停车。

（4）采用机车进行调动动车组的调车作业时，随车机械师或动车段（所）胜任人员负责过渡车钩、专用风管和电气连接线的连接和分解并打开车门，调车人员负责车钩摘解、软管摘结。

三、列控限速

因行车设备故障、灾害或施工，需要使列车限速运行时，列车调度员应按规定向相关人员发布限速调度命令，同时应设置列控限速调度命令。

（一）列控限速调度命令

用于列车运行控制系统限速设置的调度命令称为列控限速调度命令（数据格式）。列控限速调度命令由列车调度员设置，由列控系统执行。

限速数据包括线路号、相关受令车站、限速位置、限速值、限速执行方式、限速开始和结束时间等，侧线列控限速命令应增加车站号信息，如图 5-13 所示。

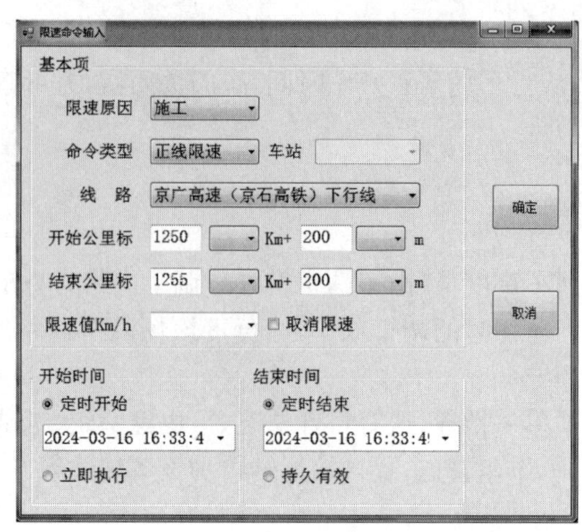

图 5-13　列控限速调度命令输入窗口

(二)限速区

列控中心控制的每个有源应答器只管辖一定范围内的限速设置，在一个有源应答器的管辖范围内最多可以分别设置 3 处限速。限速区可以设置在区间、站内正线、站内侧线或区间跨站内正线。

(三)限速值

CTCS-2 级列控系统分 45 km/h、80 km/h、120 km/h、160 km/h、200 km/h 五个限速等级，应按照不高于限速值的原则选择相应限速等级进行设置。

CTCS-3 级列控系统列控限速值自 45 km/h 至 350 km/h 按每 5 km/h 一挡设置，侧线列控限速值使用 45 km/h、80 km/h 两挡，应按照不高于限速值的原则选择相应限速等级进行设置。

区间及站内正线临时限速一般按线路正方向设置，限速值按挡设置，最低 45 km/h，最长限速区长度为临时限速服务器对应的调度台管界范围。

侧线临时限速以上、下行侧线（不含正线）分别按区设置，临时限速值一般设 45 km/h、80 km/h 两挡。

(四)列控限速调度命令的设置或取消

列控限速调度命令由列车调度员通过 CTC/TDCS 系统进行设置或取消，并采用双重口令。

(五)列控限速调度命令传递

临时限速服务器集中管理高速铁路列控限速调度命令，接收 CTC 下达的列控限速调度命令，并在校验、拆分后向相关的无线闭塞中心、列控中心传递限速信息。

无线闭塞中心、列控中心根据列控限速调度命令、线路数据、轨道电路及进路状态等产生控车信息，列控中心通过轨道电路及有源应答器传送给列控车载设备，无线闭塞中心通过 GSM-R 网络传送给列控车载设备。

(六)其他规定

1. 限速值低于 45 km/h 的临时限速

在 CTCS-2 级区段，对低于 45 km/h 的临时限速，应根据调度命令在限速区段前一站停车转换为 LKJ 控车方式行车，在动车组司机出勤时应将该限速命令写入 IC 卡，在该限速命令未写入 IC 卡的情况下，应根据调度命令限速运行。

在 CTCS-3 级区段，低于 45 km/h 的限速按 45 km/h 设置，由司机根据调度命令的限速值控车。

2. 限速值低于列控车载设备显示的目标速度

如限速调度命令的限速值低于列控车载设备显示的目标速度时，司机应按调度命令控制动车组列车运行。遇施工实际限速与运行揭示调度命令限速相符，而列控限速归档造成列控限速调度命令与运行揭示调度命令限速不符时，列车调度员不再向动车组司机发布限速调度命令。

3. 列控限速设置不成功

列控限速设置不成功时，列车调度员应关闭进入该限速区段前一站的出站信号，并向司机发布限速调度命令（最高不超过 40 km/h），确认司机收到后，方可放行动车组列车。司机按限速调度命令人工控制列车运行速度，通过限速区段。

四、列车运行

（一）列车区间运行

掌握情况，及时处理列车在区间运行时发生的各种问题，确保列车运行安全、正点。

（1）动车组在高速铁路上运行时速度高，最高可达到 350 km/h 以上，为了确保特殊情况开行路用、救援列车（利用动车组、单机担当救援时除外）时，邻线运行的高速动车组列车运行安全，所以规定由列车调度员口头通知邻线会车范围内运行的动车组列车司机限速 160 km/h 行。

（2）列车在区间被迫停车后，司机、车辆乘务员（随车机械师）或其他乘务人员需下车处理时，由于邻线运行高速的动车组列车，为了确保司机、车辆乘务员（随车机械师）或其他乘务人员的人身安全，列车调度员应发布邻线列车限速 160 km/h 及以下的调度命令，限速位置按停车列车位置前后各 1 km 确定；司机在接到列车调度员已发布相关调度命令的口头指示后，通知有关作业人员办理。需组织旅客疏散时，由于旅客疏散控制难度大，如果邻线再运行列车，势必危及旅客人身安全，所以必须扣停邻线列车；司机在接到列车调度员已扣停邻线列车的口头指示后，通知有关作业人员办理。

（3）动车组列车按隔离模式运行时，完全依靠司机人工控制列车运行，所以列车运行安全风险增大，为了确保动车组按隔离模式运行时的安全，必须确认区间空闲后，按站间组织行车，列车运行速度不超过 40 km/h，列车按地面信号显示运行，常态灭灯的区段应点灯，待该列车到达前方站（线路所）后方可放行后续列车。在较大上坡道地段，动车组以不超过 40 km/h 的速度运行，存在动车组无法越过分相无电区的情况，所以规定在越过接触网分相有困难的特殊情况下，列车调度员可根据司机请求发布调度命令，列车以不超过 80 km/h 的速度越过接触网分相。

（4）动车组单节车辆长度在 25～27 m 左右，由于受车辆长度和轴距的限制，通过半径小于 250 m 的曲线时存在安全隐患，因此规定一般情况下不得通过半径小于 250 m 的曲线，困难条件下，通过曲线半径为 250 m 曲线时，应采取限速通过的方式，限速 30 km/h；同时，小于 9 号的单开道岔和小于 6 号的对称双开道岔，其导曲线半径小，动车组通过时安全风险大，因此规定不得侧向通过小于 9 号的单开道岔和小于 6 号的对称双开道岔。

虽然 9 号单开道岔和 6 号对称双开道岔存在导曲线半径小于 250 m 的情况，但由于导曲线长度短，动车组单节车辆不会全部停留在导曲线上，所以动车组侧向通过 9 号道岔或 6 号对称双开道岔时，应按道岔侧向的限速要求运行。

(二)跨线运行

(1)未装备列车运行监控装置的动车组在 CTCS-0/1 级区段按机车信号模式运行时，应严格执行以下要求：

①以地面信号机显示为行车凭证，最高运行速度不超过 80 km/h，线路允许速度低于 80 km/h的区段由司机控制列车运行速度，运行中加强对地面信号的瞭望和确认。

②遇地面信号机未开放或显示不明时，及时采取停车措施。

③运行区段有低于 80 km/h 的运行揭示或临时限速调度命令时，司机应认真确认地面限速标志，司机按运行揭示或临时限速调度命令，人工控制列车运行速度。

(2) CTCS-2 级区段与 CTCS-0/1 级分界处，设置了级间转换应答器，当应答器故障或动车组自身原因造成在 CTCS-2 级区段与 CTCS-0/1 级区段级间自动转换失败时，司机应立即报告列车调度员(车站值班员)，并按下述规定办理：

①由 CTCS-2 级区段向 CTCS-0/1 级区段运行时，由于动车组还是在列控车载设备控车方式下，进入 CTCS-0/1 级区段后地面没有控车信息，会触发紧急制动，因此规定司机应停车后根据调度命令手动转换。

②由 CTCS-0/1 级区段向 CTCS-2 级区段运行时，当列车进入 CTCS-2 级区段运行时，因为列车仍可按 LKJ 控车方式运行，因此规定可维持按 LKJ 控车方式继续运行。

(3) CTCS-3 级区段与 CTCS-2 级分界处，设置了级间转换应答器，当应答器故障或动车组自身原因造成在 CTCS-3 级区段与 CTCS-2 级区段级间自动转换失败时，司机应立即报告列车调度员(车站值班员)，并按下述规定办理：

①由 CTCS-3 级区段向 CTCS-2 级区段运行时，由于动车组还是在 CTCS-3 级列控车载设备控车方式下，是通过无线闭塞中心向动车组传送行车许可，进入 CTCS-2 级区段后不是无线闭塞中心覆盖的范围，动车组列车无法收到行车许可，会触发紧急制动，因此规定司机应停车后手动转换。

②由 CTCS-2 级区段向 CTCS-3 级区段运行时，由于列车进入 CTCS-3 级区段还是按 CTCS-2 级列控车载设备控车方式，能按照司机控制台显示的目标距离、目标速度控制列车运行，因此可维持按 CTCS-2 级区段继续运行，但此时列车最高运行速度为 300 km/h。

(4)为了统一全路范围内高速铁路车站与衔接的其他铁路车站间的行车凭证，便于车站和司机执行，高速铁路车站(线路所)向衔接的其他线路车站(线路所)发出列车时，有关行车凭证按高速铁路有关规定执行；高速铁路衔接的其他线路车站(线路所)向高速铁路车站(线路所)发出列车时，有关行车凭证按其他线路有关规定执行。

(三)双线区间反方向行车

我国铁路规定在双线区间按左侧单方向行车，这个运行方向称为正方向，相应的闭塞设备、列车信号机(区间信号标志牌)等行车设备也是按此设置的，在行车安全上有着可靠的保证；同时根据我国铁路成对行车的特点，列车在各自的线路上运行时，互不干扰，能够保证最大的通过能力，发挥最大的效益。

1. 反方向运行的条件

为了保证旅客列车运行安全，对旅客列车反方向运行应严加限制，因此规定旅客列车在正方向区间的线路封锁、发生自然灾害、因事故中断行车、正方向设备故障严重影响列车运行秩序而反方向自动站间闭塞设备良好等特殊情况下，经铁路局集团公司调度所值班主任或值班副主任准许，方可反方向运行。

2. 反方向运行的注意事项

(1)由于正常情况下是左侧正方向运行，当发生需要在双线区间反方向行车时，为使司机及有关人员掌握行车方式发生变化，严格办理程序，所以规定要发布调度命令，使有关人员按规定作业，确保行车安全。

(2)列车反方向运行时，按站间间隔运行，所以在发车前必须确认反方向运行的线路上无迎面列车运行，区间空闲。

(3)为确保高速铁路反方向行车安全，对反方向最高允许速度进行了规定，即"动车组列车反方向运行时，在 CTCS-3 级区段，CTCS-3 级列控系统最高允许速度为 300 km/h，CTCS-2 级列控系统最高允许速度为 250 km/h；在 CTCS-2 级区段，在 250 km/h 线路上最高允许速度为 200 km/h，在 200 km/h 线路上最高允许速度为 160 km/h"。

(四)高速铁路救援

1. 使用机车、救援列车救援

当区间发生冲突、脱轨、颠覆等事故以及机车车辆等发生故障不能继续运行时，列车乘务人员要按有关规定及时报告列车调度员并请求救援，需要防护时按规定采取防护措施。列车调度员接到救援请求后，要按《技规》和《中国国家铁路集团有限公司铁路运输调度规则(高速铁路部分)》(以下简称《国铁集团调规(高速铁路部分)》)的规定下达调度命令封锁区间，禁止再向区间放行列车。同时，列车调度员要报告值班主任(值班副主任)。值班主任(值班副主任)根据情况，按照规定通知相关部门，向有关领导通报。达到起动应急预案的标准时，铁路局集团公司要及时起动相关应急预案。

列车调度员接到救援请求后，根据区段内列车运行情况、距离机务(折返)段远近和机车情况以及请求救援的情况，确定使用内燃机车、电力机车或救援列车担当救援。在电气化区段，如救援处有分相区、调谐区时，宜使用内燃机车救援，无内燃机车时，可使用电力机车附挂车辆救援；接触网故障停电时须使用内燃机车救援。确定救援机车或救援列车后，列车调度员要将相关情况及从前部或后部救援通知车站值班员和请求救援列车司机，以便列车乘务人员采取防护设施，车站值班员做好相关准备工作。

由于司机日常是按固定区段担当值乘，如担当救援的列车需要跨区段担当救援任务，司机不熟悉该区段线路、信号、分相区等设备情况，为了防止发生事故，保证救援安全、迅速，列车调度员须通知机车调度员或动车组司机调度员指派带道人员。

列车调度员确定救援方案后要及时下达相应的调度命令。如需要使用救援列车，机车调度员要下达救援列车出动的命令。救援列车(单机)在关系站进入封锁区间前，列车调度员要下达救援列车进入封锁区间的调度命令。调度命令应指明救援列车进入封锁区间往返的运行车次、被救援列车停车地点、任务及注意事项等。

司机接到救援命令后，应认真确认调度命令内容，明确救援任务。对命令中确定的被救援列车停车地点要做到心中有数。

向封锁区间发出救援列车时，因为区间已发生事故或行车设备故障，不能按正常闭塞手续办理行车，规定以列车调度员的命令，作为进入封锁区间的行车凭证。

为使列车调度员正确掌握救援进度，安排救援人力和材料，及时做好区间开通后的列车运行计划，封锁区间的两端站每当救援列车开往封锁区间或由封锁区间返回车站时，均应将到发时刻和由区间拉回的车数以及现场的救援工作进度，及时向列车调度员报告。为使封锁区间对方站掌握救援进度和区间占用情况，亦应将上述内容通知对方站，如本站和邻站为同一人办理时，可不通知。

如果区间内事故现场设有临时线路所，该线路所车站值班员即为与该区间两端站办理行车的指挥人，列车进入区间或由线路所开往两端站的行车凭证均为调度命令。车站向线路所开行救援列车时，必须取得线路所车站值班员同意，以便线路所及时做好接车前的准备和防护工作。线路所向区间两端车站发车时，亦必须取得接车站的同意。

在事故调查组人员到达前，关系区间发车站的站长(副站长)，应携带行车紧急备品，随乘发往事故地点的第一列救援列车到事故现场。必要时，在第一列救援列车发出前，由列车调度员指定该区间另一端车站的站长(副站长)赶赴现场。上述人员到达事故现场后，应立即了解事故实际情况，随时与列车调度员联系，汇报事故情况，并就地指挥列车有关工作。

列车分部运行时，机车开往区间挂取遗留的车辆，由于处理比较简单，车站站长不必前往，由司机进行处理。机车、动车组故障使用单机救援时，由于处理比较简单，站长(副站长)不必前往，由司机(随车机械师)处理。

救援列车进入封锁区间后，司机要随时注意运行公里数，根据调度命令指示的停车位置，在接近被救援目标 2 km 时，严格控制速度。同时使用列车无线调度通信设备与被救援司机进行联系，以最高不超过 20 km/h 的速度运行，在防护人员处停车，或在压上响墩后停车，按要求进行救援。

使用机车救援动车组时，在机车和动车组制动主管间要加装过渡车钩和专用风管，开闭相关塞门因为保证制动主管贯通，要进行制动试验。动车组日常运行时，制动主管压力采用 600 kPa，因此在简略试验和继续运行时，列车制动主管压力采用 600 kPa。

使用机车救援时，动车组具备升弓供电条件时，要升弓供电，以便为动车组内空调、照明、电热饮水机等用电设备提供电源。当使用电力机车担当救援机车，如动车组升弓，机车受电弓与动车组两受电弓间距离不能满足通过接触网分相区的要求，会发生危险，因此如动车组升弓，要求动车组司机通知救援机车司机，以便救援机车司机在通过分相区前通知动车组司机断电。

使用机车救援动车组连挂作业时，作业人员在地面进行作业，为保证作业人员人身安全，作业人员要根据现场情况申请邻线列车限速 160 km/h 及以下的调度命令，如妨碍邻线或需组织旅客疏散，要提前扣停邻线列车，方可开始作业。

救援机车司机在救援作业过程中，要严格遵守有关限速规定，保证救援安全，并与动车组司机保持联系，如有异常情况及时采取减速或停车措施，救援运行中尽可能避免实施紧急制动。

使用机车救援动车组，由于安装了过渡车钩，需限速运行，由随车机械师报告列车调度员限制速度，列车调度员发布限速调度命令。

为了压缩救援时间，尽快开通区间，避免事故等级升级，在使用机车救援动车组或救援后动车组列车能够恢复运行时，被救援动车组转入或退出隔离模式，列车调度员不发布调度命令，由动车组司机自行转换。

列车因机车车辆故障等情况申请救援后，如在救援前修复了故障设备可继续运行时，要向列车调度员报告，列车调度员根据司机报告，取消前发救援命令，组织列车恢复运行。司机在未得到列车调度员的准许前，不得动车。

2. 使用动车组救援

当区间发生冲突、脱轨、颠覆等事故以及机车车辆等发生故障不能继续运行时，列车乘务人员要按《技规(高速铁路部分)》规定及时报告列车调度员并请求救援，需要防护时按规定采取防护措施。列车调度员接到救援请求后，要按《技规(高速铁路部分)》和《国铁集团调规(高速铁路部分)》的规定下达调度命令，封锁区间，禁止再向区间放行列车。同时，列车调度员要报告值班主任(值班副主任)，值班主任(值班副主任)根据情况，按照规定通知相关部门，向有关领导通报达到起动应急预案的标准时，铁路局集团公司要及时起动相关应急预案。

列车调度员接到救援请求后，根据热备动车组、备用动车组及区段内动车组列车运行情况，确定救援动车组。列车调度员要将相关情况及从前部或后部救援通知车站值班员和请求救援列车司机，以便列车乘务人员采取防护设施，车站值班员做好相关准备工作。

由于司机日常是按固定区段担当值乘，如担当救援的动车组需要跨区段担当救援任务，司机不熟悉该区段线路、信号、分相区等设备情况，为了防止发生次生事故，保证救援安全、迅速，列车调度员须通知机车调度员(动车组司机调度员)指派带道人员。

列车调度员确定救援方案后要及时下达相应的调度命令。如使用非关系站动车组担当救援，应下达临时加开列车的调度命令，组织救援动车组运行至关系站。救援动车组在关系站进入封锁区间前，列车调度员要下达救援列车进入封锁区间的调度命令。调度命令应指明救援列车进入封锁区间往返的运行车次、被救援列车停车地点、任务及注意事项等。

司机接到救援命令后，应认真确认调度命令内容，明确救援任务。对命令中确定的被救援列车停车地点要做到心中有数。

向封锁区间发出救援列车时，因为区间已发生事故或行车设备故障，不能按正常闭塞手续办理行车，必须以列车调度员的命令，作为进入封锁区间的行车凭证。

为使列车调度员正确掌握救援进度，安排救援人力和材料，及时做好区间开通后的列车运行计划，车站每当救援列车开往封锁区间或由封锁区间返回车站时，均应将到发时刻和由区间拉回的车数以及现场的救援工作进度，及时向列车调度员报告。为使封锁区间对方站掌握救援进度和区间占用情况，亦应将上述内容通知对方站，如本站和邻站为同一人办理时，可不通知。

如果区间内事故现场设有临时线路所，该线路所车站值班员即为与该区间两端站办理行车的指挥人，列车进入区间或由线路所开往两端站的行车凭证均为调度命令。车站向线路所开行救援列车时，必须取得线路所车站值班员同意，以便线路所及时做好接车前的准备和防护工作线路所向区间两端车站发车时，亦必须取得接车站的同意。

在事故调查组人员到达前，发车站的站长(副站长)，应携带行车紧急备品，随乘发往事故地点的第一列救援列车到事故现场。必要时在第一列救援列车发出前，由列车调度员指定该区间另一端车站的站长(副站长)赶赴现场。上述人员到达事故现场后，应立即了解事故实际情况，随时与列车调度员联系，汇报事故情况，并就地指挥列车有关工作。

在故障动车组前部救援时，区间闭塞方向与救援动车组运行方向相反，列车进入区间后，列控车载设备会收到停车信号，因此需将动车组列控车载设备转为隔离模式。救援动车组进入封锁区间后，司机要随时注意运行公里数，根据调度命令指示的停车位置，在接近被救援目标 2 km 时，以在瞭望距离内能够随时停车的速度运行，最高不超过 20 km/h，在距被救援列车不少于 300 m 处一度停车，与被救援列车联系确认后进行作业。在故障动车组尾部救援时，排列列车进路，开放出站信号，担当救援的动车组按完全监控模式进入区间（以部分监控模式由车站到发线发出的动车组进入区间后转为完全模式），在行车许可终点停车，与被救援列车联系确认后，按目视行车模式进入前方闭塞分区，以在瞭望距离内能够随时停车的速度运行，最高不超过 20 km/h，在距被救援列车不少于 300 m 处一度停车（行车许可终点距被救援列车不足 300 m 时除外），与被救援列车联系确认后进行作业。

为了压缩救援时间，尽快开通区间，避免事故等级升级，在救援过程中或救援后动车组列车能够恢复运行时，被救援动车组转入或退出隔离模式，列车调度员不发布调度命令，由动车组司机自行转换。

遇动车组发生故障等情况申请救援后，如在救援前故障修复可继续运行时，要向列车调度员报告，列车调度员根据司机报告，取消前发救援命令，组织列车恢复运行。司机在未得到列车调度员的准许前，不得动车。

3. 启用热备动车组

为给动车组旅客提供更好的服务，避免或减少动车组晚点，动车组故障需及时启用热备动车组。因各线运行的动车组型号不同，定员人数不同，如热备动车组定员少于故障动车组实际人数时，优先使用定员能满足需要的其他动车组组织旅客换乘。

出动热备动车组组织旅客换乘，铁路局集团公司列车调度员要及时向国铁集团调度指挥中心报告，如故障动车组距本局热备动车组停放地点距离较远而距其他铁路局集团公司热备动车组停放地点较近时，可跨局出动热备动车组，由国铁集团调度向铁路局集团公司发布调度命令。

热备动车组上司机、随车机械师、列车员等人员接到调度命令后，要迅速做好出动动车组的准备工作，具备条件后及时发车。

对担当换乘任务的动车组列车应优先放行，确保及时到位，以减少列车晚点时间。热备动车组完成任务后也要优先放行，及时返回归位。

在站内组织旅客换乘时，应尽量安排在同一站台的两个站台面进行，可快速组织旅客换乘，压缩换乘时间，也可避免旅客走地道或天桥时，发生意外。

在区间组织旅客换乘时，列车调度员组织担当换乘任务的动车组列车进入邻线指定位置停车，司机停车位置应尽量使热备动车组车门与故障动车组车门对齐，以便安装紧急用渡板，组织旅客换乘。担当换乘任务的列车到达邻线指定位置停妥后，司机向列车调度员报告。列车调度员通过申请换乘的列车司机通知列车长组织旅客换乘。担当换乘任务的列车长确认旅客换乘完毕后通知司机，司机得到列车长通知，确认车门关闭，具备开车条件后起动列车，并向列车调度员报告。

任务训练

一、场景设计

（一）实训目的和要求

1. 能说明高速铁路接发列车作业的环节。

2. 能举例说明高速铁路列车运行中的特殊情况及对应的处理方法。

(二)实训内容

1. 根据所学知识和查阅的资料,完成高速铁路接发列车作业的环节说明。

2. 根据所学知识和查阅的资料,举例说明高速铁路列车运行中的特殊情况及对应的处理方法。

二、实训步骤

(一)实训前准备

1. 实训场所:在普通教室或能连接互联网的多媒体教室中进行。

2. 工具设备:多媒体设备课件、图片、示教板、计算机多媒体设备等。

(二)实训

1. 以5～6人小组为单位开展实训活动,通过学习及利用网络资源完成高速铁路接发列车作业的环节表述。

2. 以5～6人小组为单位开展实训活动,通过学习及利用网络资源,举例说明高速铁路列车运行中的特殊情况及其对应的处理方法。

三、任务评价

姓　　名		地点		时间	
任务名称	实训考察要点	分值	小组评分(40%)	教师评分(60%)	最终得分
高速铁路列车运行组织	1. 高速铁路接发列车作业的环节综述	40			
	2. 举例说明高速铁路接发列车线路使用原则	60			
合　　计		100			

复习思考题

1. 高速铁路行车组织工作的基本要求是什么?

2. 我国高速铁路采用的行车基本闭塞法有哪几种?什么时候使用电话闭塞法行车?

3. 在信号机常态点灯的CTCS-2级自动闭塞区段,特殊情况下办理发车的行车凭证是如何规定的?

4. CTCS-3级以及信号机常态灭灯的CTCS-2级自动闭塞区段,特殊情况下办理发车的行车凭证是如何规定的?

5. 在信号机常态点灯的CTCS-2级自动站间闭塞区段,特殊情况下办理发车的行车凭证是如何规定的?

6. 采用电话闭塞法行车时,应如何办理?

7. 高速铁路接发列车作业应包括哪些项目?

8. 开放信号的时机是如何规定的?

9. 接发列车线路使用应遵循哪些原则？
10. 双线区间反方向行车应如何办理？
11. 确认列车开行应遵守哪些规定？
12. 如何组织使用动车组救援？

项目六　动车组运用及乘务计划认知

学习目标

1. 知识目标

- 了解动车组运用及维修计划
- 掌握动车组运用方式
- 了解乘务计划编制的影响因素和程序

2. 能力目标

- 能够认识了解高速铁路调度岗位职责、动车组运用的重要性
- 能够编制简单的动车组乘务计划

3. 素质目标

- 培养保证高速铁路安全、合理运营的大局观

典型工作任务一　动车组运用认知

任务引入

合理运用动车组

某日 15:16，某铁路局集团公司 CRH2047A 组担当的 D××次列车运行至××站处，6 号车受电弓自动降弓，停车检查后启用 4 号车受电弓开车，停车 9 min。入动车所检查发现 6 号车受电弓连接部位的橡胶风管破裂，进行更换处理。动车组速度快，稳定舒适，其价格每列上亿元，为了最大可能地避免出现上述情况，确保动车组在良好整备状态下运行，应制定动车组的运用计划，使其发挥最大价值。

请思考：

该如何对动车组进行运用，制定合理的运用计划？

知识准备

动车组是牵引动力与运输载体一体化的运载工具，与普速铁路旅客列车机车及客车车底的运用管理有很大不同，体现了运用、整备、维修计划一体化特点。我国动车组由国铁集团统一管理、统一调配。动车组配属单位对配属动车组的安全、质量负责。

一、动车组运用计划

动车组运用计划是动车组周转和维修的综合计划，包括周转计划、分配计划和维修计划。

(一)动车组周转图

动车组运用计划反映到列车运行图上就是动车组周转图。当列车运行图编制之后，根据列车运行图编制动车组周转图，动车组周转图详细地体现每一列动车组所担当的交路(即动车组出库—始发—接续—入库的全过程)。

表 6-1 为京沪高速铁路 G105 次动车组列车的交路：当日 G106-G105-G142-G141(2 656 km)→次日 G106-G105-G142-G141(2 656 km)。

表 6-1　G105 次交路

序号	车次	始发站	终到站	始发时间	终到时间	运行时间	运行里程(km)
1	G106	北京南动车所	北京南	06:32	06:50	00:18	10
2	G105	北京南	上海虹桥	07:32	13:07	05:35	1 318
3	G142	上海虹桥	北京南	13:46	19:15	05:29	1 318
4	G141	北京南	北京南动车所	19:35	19:53	00:18	10

(二)动车组分配计划

动车组的分配计划与检修计划是运输组织日常实施层面的计划。如上所述，动车组的交路计划只是对列车之间周转接续关系进行了安排，但并未规定在实际运用中每个交路每天具体由哪个动车组担当。因此，动车段(所)需要根据每日实际担当的交路情况，具体分配指定日期各交路具体由哪个动车组担当，这就是动车组分配计划。在分配具体动车组时应考虑动车组二级以上检修规程和作业时分标准及动车组的位置、已走行公里、已进行过的各类检修及当时的检修里程等。

(三)动车组维修计划

我国动车组施行计划性的预防维修，分为五个等级，其中一、二级检修为运用检修，三级、四级、五级为定期检修。部分动车组的检修规定见表 6-2。

表 6-2　部分动车组的检修规定

<table>
<tr><th>车　型</th><th>一级检修</th><th>二级检修</th><th>三级检修</th><th>四级检修</th><th>五级检修</th></tr>
<tr><td>CRH1A/1B</td><td>≤(4 000+400)km
或运用 48 h</td><td rowspan="2">15 d</td><td rowspan="2">(120±10)万 km/
3 年</td><td rowspan="2">(240±10)万 km/
6 年</td><td rowspan="2">(480±10)万 km/
12 年</td></tr>
<tr><td>CRH1E
CRH380D</td><td>≤(5 000+500)km
或运用 48 h</td></tr>
<tr><td>CRH2A/2B/2C/2G
CRH6A/6F</td><td>≤(4 000+400)km
或运用 48 h</td><td rowspan="2">1.5 万 km/
15 d</td><td rowspan="2">60 万 km/
1.5 年</td><td rowspan="2">120 万 km/
3 年</td><td rowspan="2">(240±10)万 km/
6 年</td></tr>
<tr><td>CRH2E
CRH380A(L)</td><td>≤(5 000+500)km
或运用 48 h</td></tr>
<tr><td>CRH3C
CRH380B/BL/CL/BG</td><td>≤(5 000+500)km
或运用 48 h</td><td rowspan="2">6 万 km 或
运用 1 个月</td><td rowspan="2">(120±12)万 km/
3 年</td><td rowspan="2">(240±12)万 km/
6 年</td><td rowspan="2">(480±12)万 km/
12 年</td></tr>
<tr><td>CRH5A/5G
CRH3A</td><td>≤(5 000+500)km
或运用 48 h</td></tr>
</table>

(1)运用检修

①一级检修。

一级检修主要对动车组的各个零部件、基础设备等的性能、状态和作用进行例行检查,一旦查出问题,则对动车组进行进一步检查和维修。

根据积累多年的运营经验,正在各铁路局集团公司逐步推行如下一级修检修周期规定:

a. 时速 300～350 km 运营动车组运用不大于(7 000＋700)km 或 48 h。

b. 时速 200～250 km 运营动车组运用不大于(6 000＋600)km 或 72 h。

c. 时速 200 km 及以下运营动车组运用不大于(或 6 000＋600)km 或 96 h。

②二级检修。

二级检修主要工作是进行各项重点检查及维修。按检修里程和时间的不同,二级检修又细分了多个检修作业包和检修作业专项(如旋轮、齿轮箱润滑油更换等),主要是对动车组的各个关键零部件的状态、作用和性能进行检查和检修,并进行性能试验和安全检测,重点检查轮对踏面和车轴。

(2)高级检修

高级检修主要包括:

①三级修。对转向架及其主要零部件等动车组的重要部件进行解体,做全面检查与检修。

②四级修。对动车组各主系统进行全面解体,并在解体后进行全面检查和检修,必要时对车体涂漆。

③五级修。对整车进行分解维修,包括对动车组各个部分进行彻底解体、检修以及更换重要部件等。

动车组维修计划是根据动车组检修修程的相关规定及担当交路的走行公里、累计走行公里等制定的检修计划。动车组周转计划和维修计划之间的关系,通过图 6-1 给出的一个简单例子给予说明。

T1～T8 为列车运行线,M1、M2 为动车段(所),DC1、DC2 为动车组,BY1 备用动车组。

图 6-1(a)按照动车组折返时间等作业时间要求将列车运行线组合成 1 列动车组 1 d 的运用计划,称为一个动车组交路段;图 6-1(b)将动车组交路段组合为动车组交路,生成动车组交路计划,其中一个动车组交路是指动车组两次一级检修间的运用计划,动车组交路的起点和终点都是检修基地;图 6-1(c)为动车组安排二级以上的检修作业,并安排备用动车组代替检修动车组担当相应的交路段,生成动车组检修计划,对于给定的列车运行图,动车组交路段的数量就是每天运营需要的动车组数量,动车组检修计划能够给出由于动车组检修需要的备用动车组数量。

二、动车组运用方式

编制动车组运用计划的原则是最大限度利用动车组检修周期,提高动车组利用率,减少动车组使用数量,降低高速铁路运营成本。不同的动车组运用模式中的动车组利用率和使用数量不同。

动车组运用方式共分为三类:固定运行区段运用方式、不固定运行区段运用方式、半固定运行区段运用方式。

(一)固定运行区段运用方式

动车组只在固定的区段内往返运行。固定运行区段又分为站间固定周转方式和两区段套跑周转方式,如图 6-2 所示。

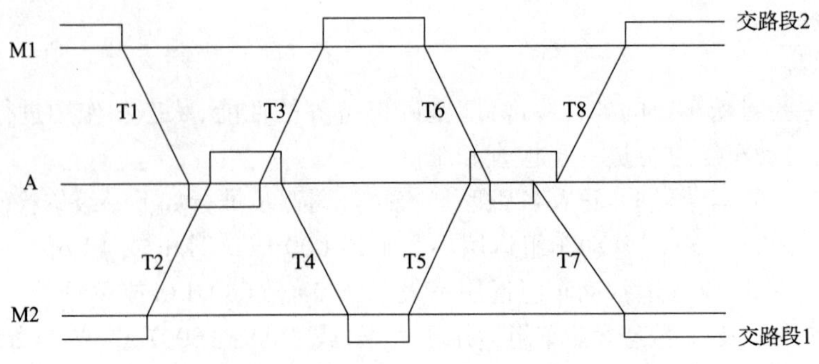

(a) 列车运行计划及动车组交路段

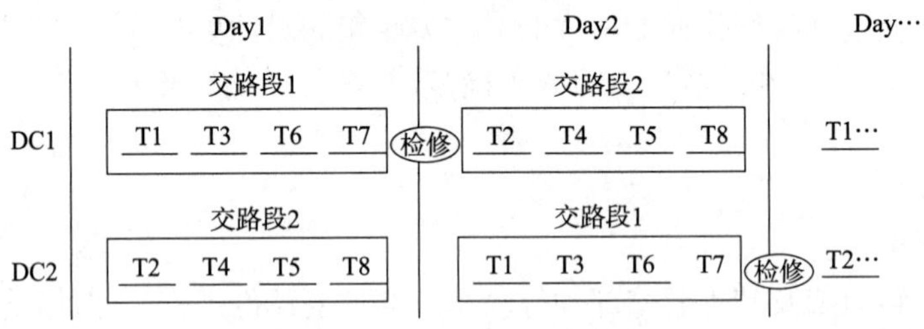

(b)动车组交路计划

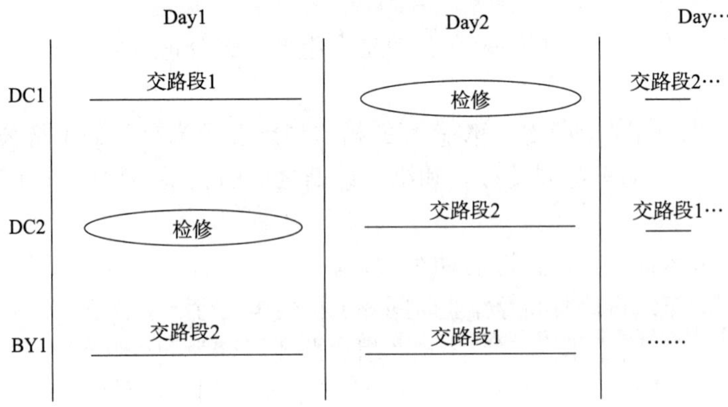

(c) 动车组检修计划

图 6-1　动车组运用计划示例

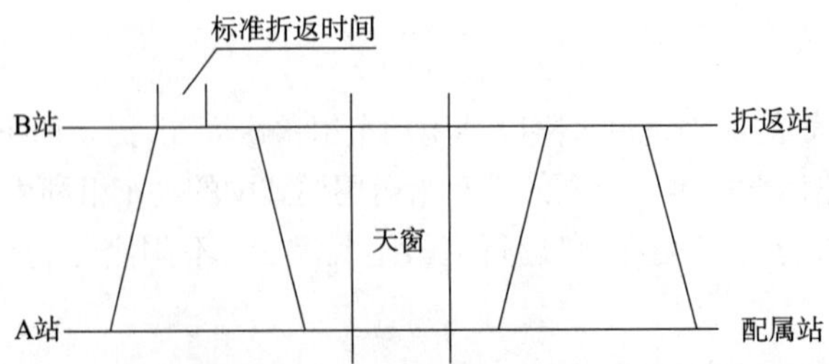

图 6-2　动车组固定使用方式示意图

在固定使用方式下,各动车组在固定的区段内运行,有利于动车组的管理,并可以根据客流变化采用不同的车辆编组方案,动车组的运用组织比较简单。

(二)不固定运行区段运用方式

不固定使用方式以全线(或高速线路网)为系统,统筹考虑动车组的使用与维修来安排动车组的运用。它的含义是,在假定各动车组无差别的前提下,不固定各动车组的运行区段,而是根据需要和可能,可以在任何高速区段之间运行,如图 6-3 所示。

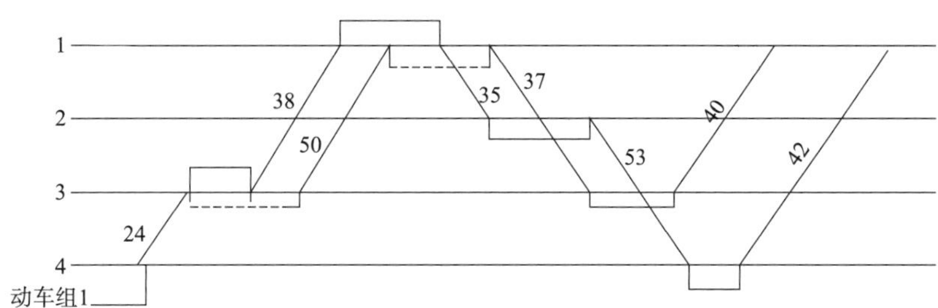

图 6-3 动车组不固定使用方式示意图

在图 6-3 中,位于第 4 站的动车组 1 可根据需要运行编号为 24、38、35、53、42 等 5 条运行线,也可根据需要运行编号为 24、50、37、40 等运行线,可以运行的区段没有限制。动车组可以连续运行不同运行线的基本原则是满足动车组在变更车次即担任新的运输任务时可能需要的转线(改变运行方向)、整备作业等接续时间要求。

与固定使用方式相比,在不固定使用方式下,动车组的使用过程中可以根据其运行状态,对必须进行维修作业预先在适当时间安排一条终到维修中心的运行线,从而保证它的及时维修。因此,能够比较灵活地解决运行与维修的配合问题。

(三)半固定运行区段运用方式

半固定使用方式是一些动车组采用固定使用方式,而其余动车组采用不固定使用方式。它是介于固定使用方式和不固定使用方式之间的一种方式。

任务训练

一、场景设计

(一)实训目的和要求

1. 能说明我国高速铁路动车组运用计划。
2. 能说明我国高速铁路动车组运用方式及特点。

(二)实训内容

1. 根据所学知识,完成高速铁路动车组运用计划表述。
2. 分析举例说明我国高速铁路动车组运用方式及特点。

二、实训步骤

(一)实训前准备

1. 实训场所:在普通教室或能连接互联网的多媒体教室中进行。

2. 工具设备:多媒体设备课件、图片、示教板、计算机多媒体设备等。

(二)实训

1. 以5～6人小组为单位开展实训活动,通过学习及利用网络资源完成高速铁路动车组运用计划表述。

2. 以5～6人小组为单位开展实训活动,通过学习及利用网络资源举例说明我国高速铁路动车组运用方式及特点。

三、任务评价

姓　　名		地点		时间	
任务名称	实训考察要点	分值	小组评分(40%)	教师评分(60%)	最终得分
高速铁路动车组运用认知	1. 高速铁路动车组运用计划表述	30			
	2. 举例说明动车组的运用方式及特点	30			
	3. 对比分析不同动车组运用方式的优缺点	40			
合　　计		100			

典型工作任务二　动车组乘务计划认知

动车组乘务计划编制系统的研究

高速铁路列车运行过程中,乘务组织很关键,乘务计划编制的合理与否关系到能否保证列车运行秩序的平稳有序。例如武广高速铁路G1001-G1004、G1021-G1074(武汉—广州南)列车由武汉局集团公司武汉客运段和广州局集团公司长沙客运段担当乘务任务,交路G1002-G1061-G1090-G1027-G1094-G100-G1062-G1089,每个乘务组都要按计划合理安排出乘时间及地点。

乘务计划是根据给定的列车运行图、乘务规程、乘务组信息条件等,对乘务员(组)的出乘时间、地点,担当车次、时刻,退乘时间、地点等做出具体安排,以确保乘务工作的顺利开展、列车运行计划的实现及人力资源的合理调配。

随着我国高速铁路的大规模建设对动车组乘务计划的编制提出了更高的要求。为此,很多学者都在研究动车组乘务计划编制系统,通过人机交互的方式编制比较优化的动车组乘务计划。

请思考:

动车组乘务计划包括哪些内容?

知识准备

一、动车组乘务方式

动车组的乘务制度应与运行方式相协调，它可按维修周期结构分别采用固定交路轮乘制和不固定交路轮乘制。采用后者有利于提高动车组的使用效率和提高日车公里与乘务人员的劳动效率。

为提高动车组的使用效率，减少动车组的需求量，动车车组不应局限在固定的乘务区段。配属各动车段的动车组可多线、多方向、多车次套用，原则上要大、小编组固定套用。动车组跨区段使用，在站最小折返时间应为 15～20 min。

动车组的高速运行使得列车交路超长，长途列车的交路一次可超过 2 000 km，往返一次（达到或接近日检规定修程的公里数）才入段（所）进行必要的技术作业；而短途列车可按司机一次连续工作时间来核定往返周转数，一般运行几个往返后才入段（所）。与通常采用的肩回制和循环（半循环）运转制的运行方式相比，可称为多循环运转制。

二、动车组乘务计划的编制

（一）乘务计划的概念

乘务计划不仅关系到能否按图行车，还直接影响活动设备利用率和乘务工作效率，从而影响经济效益。因此，它是高速铁路运输组织的基本计划之一。

一般地，铁路乘务计划问题根据给定的列车运行计划、动车组交路计划、乘务规则、乘务基地条件等，考虑一定的优化目标（如总的乘务成本最小、需要的乘务员数量最少、乘务员工作强度的均衡性等），对乘务员（组）的出乘时间、地点，担当的乘务任务、时刻，退乘时间、地点等做出具体安排，以确保一定周期内的所有乘务任务被执行。

乘务计划主要分为乘务日计划和月度计划。日计划由全体乘务交路构成，表示完成日列车运行计划需要的乘务员数量和各乘务员担当的乘务交路。乘务计划问题通常分解为两个子问题顺序求解，即乘务交路计划问题和乘务值乘计划问题。

乘务交路计划是按照轮乘制的规则确定乘务员的日工作计划或者从乘务基地出发至返回乘务基地的出乘计划，根据乘务规则中的短期约束，确定乘务员担当乘务任务的顺序和休息情况，生成乘务交路计划。

乘务值乘计划是根据乘务规则，将乘务交路计划分配给每个具体的乘务员（组），安排较长周期内（月度、年度）所有乘务人员的工作计划表。

（二）编制乘务计划的影响因素

乘务计划的编制遵循与基本乘务计划相同的原则，编制时需要考虑的主要因素包括如下几种：

（1）基本列车运行计划。

（2）列车运行实施计划。

（3）动车组交路计划。

（4）车辆分配计划。

(5)基本乘务计划。

(6)计划实施日前的乘务计划。

(7)乘务基地和乘务所的设置。

(8)乘务组的可用情况。

(9)乘务准备时间和折返时间。

(三)乘务计划的编制流程及指标统计

1. 乘务计划编制流程

(1)基础数据的准备。

乘务计划编制时,乘务基地的设置方式、乘务员的乘务方式和乘务员的乘务规程等条件都必须明确,要完成的乘务任务(由运行图决定)也必须预先给定。

确定乘务员基地和换乘的车站(或乘务折返地)及其服务范围、给定列车运行图和动车组周转图、给定乘务工作时间标准等乘务规则,确定各乘务员基地的任务。

(2)乘务片断的划分。

以乘务员可能换乘的车站为分割点,将运行图中的所有运行线分割成乘务片段。可能换乘站是指一些规定的车站,在这些车站列车的停站时间大于乘务员换乘所需时间,并具有休息设备等其他条件。

(3)乘务交路的制定。

按照乘务员一次乘务总时间、乘务折返接续时间、连续乘务时间等乘务规则,将各乘务片断组合成不同的可行乘务交路,作为最终乘务交路备选方案。

(4)确定乘务交路选择的优化评价准则。

根据总乘务时间、纯乘务时间、连续乘务时间和乘务时间间隔的理想值和实际值的偏差,建立乘务交路选择的优化评价准则。

乘务计划一般应满足一些基本约束。总乘务时间、纯乘务时间、乘务接续间隔时间和连续乘务时间作为乘务交路的基本属性,属性较差值(偏小、偏大)根据乘务规则给出。

(5)比选确定优化的乘务交路。

根据上述优化评价标准,选择比较优化的乘务交路,作为乘务组一次乘务工作内容。所有被选择的乘务交路集合,必须完全覆盖全部乘务片段,乘务交路的数量就是每天需要的乘务组数。乘务组每一次工作就是完成一个乘务交路。

(6)确定可行的乘务交路方案集合。

在乘务交路中不能中断或中途更换乘务组的约束下,乘务组与乘务交路的不同组合方式,构成各种可行的乘务交路计划方案。

(7)确定月度乘务员运用计划。

在乘务交路方案中,各个乘务组之间的乘务时间、在外驻留待班的次数并不均衡,需在较长时间内调整乘务组和乘务交路的组合关系,尽可能均衡各乘务组的劳动时间和外驻次数,并满足月度总乘务时间等乘务规定和有关劳动条例的规定。

通常获得满意的编制结果要对(5)、(6)、(7)三个过程进行多次迭代,通过比较分析,放弃较差的交路,重新生成新的交路集合,再经过全面比选和调整,最后形成月度乘务计划。

2. 乘务计划指标统计

相同的条件编制出的乘务计划可以完全不同,有些编制质量较好,有些可能较差,需要按一定标准进行评价。

按基地别测算每日或每月需要的乘务组数量，计算每个乘务交路的平均乘务时间、有效劳动时间、平均乘务里程、平均连续乘务时间、平均换乘时间、平均换乘次数以及制定的其他乘务计划指标，用以衡量基本乘务计划的编制质量。

由于乘务日计划与月度乘务计划考虑的问题不同，其评价尺度不同。日计划主要考虑在完成运行图任务的基础上，使用的乘务员数量越少越好，即交路数越少越好；对日计划中的每个乘务交路，它的各种指标越接近理想值越好。月度乘务计划则主要考虑乘务组间劳动时间越均衡越好、各乘务组的平均劳动时间越接近给定值越好、编制的月度计划与前一个时期的月度计划差异性越小越好等。

任务训练

一、场景设计

(一)实训目的和要求

1. 能简要说明动车组乘务方式。
2. 能简要说明动车组乘务计划的编制过程。

(二)实训内容

1. 根据所学知识和查阅的资料，说明动车组乘务方式。
2. 根据所学知识和查阅的资料，简要说明动车组乘务计划的编制过程。

二、实训步骤

(一)实训前准备

1. 实训场所：在普通教室或能连接互联网的多媒体教室中进行。
2. 工具设备：多媒体设备课件、图片、示教板、计算机多媒体设备等。

(二)实训

1. 以 5～6 人小组为单位开展实训活动，通过学习及利用网络资源说明动车组乘务方式。

2. 以 5～6 人小组为单位开展实训活动，通过学习及利用网络资源简要说明动车组乘务计划的编制过程。

三、任务评价

姓　名		地点		时间	
任务名称	实训考察要点	分值	小组评分(40%)	教师评分(60%)	最终得分
动车组乘务计划认知	1. 动车组乘务方式认知	40			
	2. 动车组乘务计划的编制	60			
合　计		100			

复习思考题

1. 动车组运用计划有哪些?
2. 简述动车组的运用方式。
3. 简述动车组乘务方式。
4. 简述动车组乘务计划的编制程序。

项目七　高速铁路调度指挥工作

学习目标

1. 知识目标

- 掌握高速铁路调度指挥的作用
- 掌握高速铁路调度指挥系统的组织机构
- 掌握高速铁路调度指挥系统的岗位设置及工作职责
- 掌握 CTC 的两种操作模式的转换条件
- 熟悉高速铁路调度指挥系统的构成
- 熟悉高速铁路调度日计划的编制
- 熟悉高速铁路列车运行调整的特点
- 掌握高速铁路列车运行调整的原则及方法

2. 能力目标

- 能够说明我国高速铁路调度指挥系统的发展历程
- 能够说明 CTC 的工作原理
- 能够进行简单 CTC 操作
- 能够处理简单的列车运行调整实例

3. 素质目标

- 通过了解调度相关岗位职责，培养学生热爱铁路的职业态度
- 具有为我国高速铁路调度指挥做出贡献的职业素养

典型工作任务一　高速铁路调度指挥认知

任务引入

高速铁路列车为什么不能“等”

某日，××站发生了一起“堵高速铁路动车组列车车门”事件，导致列车延误，引起众多网友的关注。视频显示，G××次列车在停站时，一名带着孩子的妇女以等老公为名，用身体强行阻挡车门关闭。铁路工作人员和乘客多次劝解，该女子仍强行扒阻车门，造成该列车晚点。

某日在××站，又有一名女子因为与丈夫吵架，突然拦在高速铁路动车组列车车厢门口，阻拦发车，而且态度恶劣，与乘客发生争吵，幸运的是列车最终正常发出，没有延误。那么，高速铁路列车为什么不能等一等呢?

1. 列车时刻表是高技术含量的系统工程

线路铺好了，车辆定好了，通信信号列控制式确定了，每一条高速铁路开通前还要进行联调联试，这个时间少则几月，多则近一年，数千名科技工作者对全线进行数百上千次的试验开行。他们几个月都吃住在试验动车组上，才最终确定列车时刻表。这也是我国高速铁路列车为什么准时准点率高的原因。

2. 高速铁路枢纽站，高速铁路列车晚点牵一发动全身

如今，我国高速铁路开行了时速 200～350 km 不同速度等级列车，分别采用 CTCS-2、CTCS-3 高速铁路列车运行控制系统，能够实现不同速度等级高速铁路的跨线运行，适应我国高速铁路开行速度高、铁路枢纽多、发车间隔短的特点。在视频中，该女士以等老公为名，导致列车至少延误了 5 min 以上。

3. 高速铁路列车运行控制系统究竟是如何运行的?

列车运行控制系统可以为高速铁路自动生成行车许可，告诉高速铁路列车前方多少千米是没有车的，这个距离可以达到 32 km。短短 5 min，200 km 时速动车组可以开 16 km; 350 km 时速可以开近 30 km。

高速铁路调度指挥系统是一个计划性很强的系统，因为 5 min 的延误，可能导致调度员要为后续列车变更接车站台，车站接发车人员、其他车次的旅客要紧急从原定计划的站台转移到变更后的站台，对车站运输秩序带来极大的干扰。

4. 全国铁路一张图，几分钟甚至可能影响全国路网运行

随着我国高速铁路“八纵八横”骨干网的成型，对于整个高速铁路网来说，超过 5 min，这趟高速铁路线路列车运行时间就要做出调整，随即可能就是整个干线的调整以及所有与之相连的高速铁路线路的调整，甚至可能带来半个中国高速铁路时刻的变化。

请思考:

1. 高速铁路调度指挥的重要性体现在哪些方面?
2. 高速铁路调度指挥系统的功能有哪些?

知识准备

一、高速铁路调度指挥的作用

高速铁路调度指挥是高速铁路运营管理和列车运行控制的中枢，由列车调度、计划调度、动车组调度、动车组司机调度、供电调度、客服调度和综合设施调度等调度工种构成，高速铁路综合维修计划由施工调度室负责。

高速铁路调度指挥系统担负着组织指挥高速铁路列车运行的重要任务，是保证高速铁路安全、正点、高效运行的现代铁路控制与管理系统，涉及铁路运输组织、通信信号、牵引供电、安全监控、综合维护等诸多专业技术，并具备计划制定、计划调整、行车指挥、设备控制、设备监测、环境监测、设备维护等高速铁路列车运行管理的主要功能。高速铁路调度指挥的支撑技术包括计算机、网络通信、数据库、软件工程、系统控制、系统安全防护、智能决策等。因此，高速铁路运营调度系统是一个复杂的包括实时控制系统和信息系统的综合系统。这就需要高速铁路调度指挥系统在纵向层级、横向专业子系统、不同调度所之间以及高速铁路与普速铁路调度

指挥系统间在组织架构、功能设置、协同控制、信息交互与共享等方面实现协同动作，满足高速铁路安全、正点、高效的运输组织基本要求。

高速铁路调度指挥系统的高复杂性和智能性使得高速铁路调度指挥系统的组成要素多、要素间相互作用及关联程度复杂。同时，相比其他拥有高速铁路的日本、韩国和欧洲国家，我国幅员辽阔，气候多变，地形及地质条件复杂，这就意味着我国高速铁路具有更为复杂的运输环境，从而导致影响高速铁路调度指挥系统安全可靠的因素众多，调度指挥决策过程、列车运行过程以及调度指挥系统风险存在的不确定性大。因此，高速铁路调度指挥系统应能够准确辨识各类影响调度指挥决策及行车安全的风险因素，把握高速铁路调度指挥系统风险演变的规律，实现高速铁路调度指挥系统风险预警及风险控制，确保高速铁路运营安全、实现高速铁路调度指挥系统的智能化决策及风险管理。

高速铁路调度指挥系统是一个安全、高效、由现代科学技术构成的、具有管理与控制高速铁路全线及整个路网系统，构成系统的"人—机—环—信息—决策"等要素、系统结构、系统环境、调度决策的高度可靠性保障了调度决策正确、信息传输畅通、系统协同动作。调度所列车调度指挥环境如图 7-1 所示。高速铁路调度系统是充分发挥高速铁路运输效能，协调铁路运输各部门工作，确保高速铁路行车全和优质服务的基本保证。

图 7-1　调度所列车调度指挥环境

二、国外高速铁路调度指挥系统

(一)日本高速铁路调度指挥系统

日本新干线调度指挥系统的构建适应高速铁路运行的特点，充分考虑了高速行车伴随的高风险性和行车安全对调度指挥系统的依赖性，把列车正点运行作为工作核心，构建了集各专业功能为一体的综合调度指挥系统。该系统以运输计划为龙头，综合了与行车有关的各方面的内容，使整个调度指挥系统全面协调地工作。日本新干线按线(东海道、山阳)和区域(东日本公司)分别设置单独的调度指挥系统，无国家级统一调度指挥中心；东海道、山阳新干线与既有线完全独立，调度指挥系统完全独立，并设立了备用中心；东日本公司的部分高速列车下既有线运行(既有线改造，在既有线上列车运行速度较低)与既有线调度指挥系统间相互协调；基于对可靠性、实时性、安全性等的不同要求,各子系统采用不同网络通道连接。

日本高速铁路调度指挥系统是典型的综合型指挥系统。东海道、山阳新干线调度指挥采用的计算机辅助控制系统(computer aided traffic control,COMTRAC)是1964年东海道新干线开通时开始采用的,调度中心设在东京,而在大阪则设置了备用中心,以防止地震等自然灾害导致调度指挥系统瘫痪。1995年11月,日本国家铁路公司将东北、上越、北陆新干线各子系统进行整合,形成了新的新干线综合运输管理系统(简称COSMOS)。COSMOS是日本最新、功能最全的调度指挥系统,调度中心设在东京(和东海道、山阳调度中心在同一大楼内)。

COSMOS构成如图7-2所示。

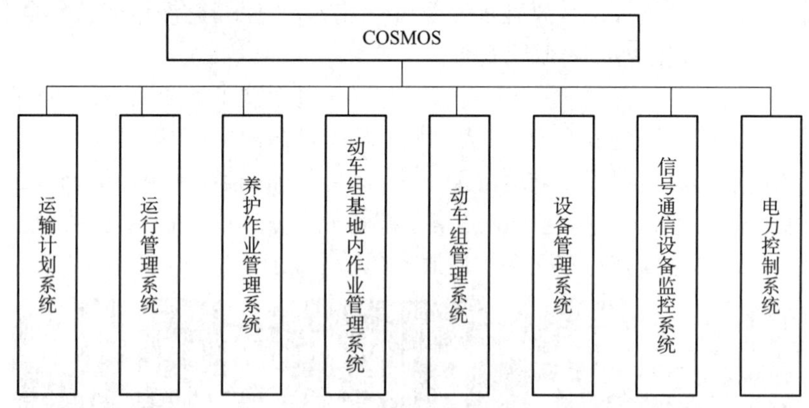

图7-2　COSMOS功能子系统构成图

(二)德国高速铁路调度指挥系统

德国高速线是既有路网的一部分,其主要特点为客、货共线分时运行和新旧线混用,其调度指挥与既有调度指挥融为一体,从体系结构到管理模式完全与既有线相同,实行调度指挥中心—地区调度所—基层车站值班员的三级调度指挥模式。德国铁路调度中心分别设在柏林、慕尼黑、杜伊斯堡、汉诺威、法兰克福、莱比锡、卡尔斯努尔等大枢纽地区,属于按区域设置模式,这种设置便于对客、货列车的组织指挥和管理。德国高速铁路没有专门另建调度中心,而是纳入所在区域的既有调度指挥系统,以利于高速线列车与既有线列车跨线运行的协调配合。

德国铁路调度指挥系统的功能有列车控制、列车监视、供电管理、旅客信息管理和车站监视等。调度指挥系统为局域网(LAN)构成的多功能综合运输控制系统,系统对列车的监视按时刻表进行,必要时可对列车进行控制。列车按车号自动控制进路,根据储存的时刻表与列车运行实际状态,调度员可以及时发现列车偏离运行图的情况并及时做出调整。

(三)法国高速铁路调度指挥系统

法国高速铁路各调度工种基本上按三级管理设置,但具体模式不尽相同。各高速线的调度组织形式不一,有两级管理和三级管理两种。两级管理是指国家调度中心和调度集中(centralized traffic control,CTC)中心两级控制;三级管理是指国家调度中心、分局调度中心、CTC中心三级控制。在国家调度中心和分局调度中心设有营运基础调度、客运调度、电力调度、动车组运用调度、司机调度。法国高速铁路调度指挥系统具有设相对独立的高速铁路调度指挥系统、按区域设置分局作为管理机构的特点,但存在高速线与既有线相对独立的调度指挥模式难以适应运营需要的不足。

法国高速铁路的经营管理尚未形成独立的系统，其调度指挥系统的构建思想受既有线的影响和制约，其调度业务仅包含客运组织、行车组织和机车车辆方面的调度，系统结构较为简单，功能较弱。

三、我国铁路调度指挥系统发展历程

（一）调度指挥管理信息系统（DMIS）

调度指挥管理信息系统（DMIS）是一个采用现代计算机技术、网络技术、通信技术、多媒体技术及数据库技术，并将上述技术与铁路信号技术的特点相互融合，把传统的以车站为单位的分散信号系统逐步改造成为一个全国统一的网络信号系统，构成一个覆盖全国铁路的大型计算机网络，实现全国铁路系统内有关列车运行、数据统计、运行调整及数据资料的数据共享、自动处理与查询，从而最终实现对全国铁路运输的集中监视的指挥。

DMIS减轻了调度员和车站值班员劳动强度，将他们从繁重的简单重复劳动中解放出来。同时，DMIS通过提供大量的实时信息，使行车人员可以全面掌握管内列车的运行情况以及设备的运用状况，实现对列车运行的透明指挥，提高了运输的安全性。此外，行车人员通过准确全面地掌握列车实时信息，可以准确地安排车站的作业时机，压缩接发车时间，提高线路运用效率，通过可视调度命令传输系统，可以实现不停车接受调度命令，提供了列车的旅行速度。

（二）铁路调度指挥信息管理系统（TDCS）

TDCS（train operation dispatching command system）是采用各种新技术与铁路信号技术的特点相互融合，把传统的以车站为单位的分散信号系统逐步改造成为一个全国统一的网络信号系统，由提高安全、提高效率向提高运输效能转变，由单一功能向综合功能转变，由模拟传输向数字传输转变，由手工绘制向辅助及自动绘制转变。通过建立一个融先进通信、信号、计算机网络、数据传输、多媒体技术为一体的现代化信息系统，为各级调度人员提供先进的调度指挥和处理手段，提高应变和处理能力，减少调度人员通话和手工制表数量，改善调度指挥人员的工作条件。

TDCS实现对列车在车站和区间运行的实时监视，动态调整、自动生成列车运行三小时阶段计划，实现列车调度命令的自动下达和实绩运行图的自动描绘；实现分界口交接列车数、列车运行正点率、行车密度、早晚点原因、重点列车跟踪等实时宏观统计分析，并形成相关统计报表；为各级调度人员提供列车的动态运行情况，便于机车合理调配，提高运输能力和安全程度；显示铁路路网、沿线线路、车站、重要列车和救援列车分布等主要信息，为铁路事故救援、灾害抢险、防洪等提供决策参考。

1. TDCS特点

（1）调度办公——无纸化。

（2）流程管理——程序化。

（3）安全检测——智能化。

（4）信息交换——网络化。

（5）计划调整——自动化。

（6）调度指挥——无声化。

(7)调度控制——集中化。

2. TDCS 主要功能

TDCS 功能非常丰富，已经参与了制订列车运行计划、列车运行自动采点、自动绘制实绩运行图、阶段计划自动调整、阶段计划和调度命令向车站/机车下达、自动生成车站行车日志、无线车次号较核等调度工作全过程。

(三)调度集中控制系统(CTC)

CTC 是调度中心(调度员)对某一区段内的信号设备进行集中控制、对列车运行直接指挥、管理的技术装备。CTC 是综合了计算机技术、网络通信技术和现代控制技术，采用智能化分散自律设计原则，以列车运行调整计划控制为中心，兼顾列车与调车作业的高度自动化的调度指挥系统。

新一代调度集中系统，是在计算机技术、通信技术、信号技术高度发达以及 DMIS 成功实施的基础上，提出的一种新型的行车指挥和信号控制设备。CTC 系统包含了 TDCS 的所有功能，如列车运行监视、车次号自动跟踪、到发点自动采集、实绩运行图自动生成、调度命令的网上下达、车站行车日志自动生成等，在此基础上进一步实现了车站信号设备的集中控制，列车进路的按图排路和调车控制。

任务训练

一、场景设计

(一)实训目的和要求

1. 能说明高速铁路调度指挥的作用。
2. 能举例说明国外高速铁路调度指挥系统构成。
3. 能说明我国高速铁路调度指挥系统发展历程。

(二)实训内容

1. 根据所学知识和查阅的资料，说明高速铁路调度指挥的作用。
2. 根据所学知识和查阅的资料，举例说明国外高速铁路调度指挥系统构成。
3. 根据所学知识和查阅的资料，说明我国高速铁路调度指挥系统发展历程。

二、实训步骤

(一)实训前准备

1. 实训场所：在普通教室或能连接互联网的多媒体教室中进行。
2. 工具设备：多媒体设备课件、图片、示教板、计算机多媒体设备等。

(二)实训

1. 以 5～6 人小组为单位开展实训活动，通过学习及利用网络资源说明高速铁路调度指挥的作用。

2. 以 5～6 人小组为单位开展实训活动，通过学习及利用网络资源举例说明国外高速铁路调度指挥系统构成。

3. 以5～6人小组为单位开展实训活动，通过学习及利用网络资源说明我国高速铁路调度指挥系统发展历程。

三、任务评价

姓　　名		地点		时间	
任务名称	实训考察要点	分值	小组评分（40%）	教师评分（60%）	最终得分
高速铁路调度指挥认知	1. 说明高速铁路调度指挥的作用	30			
	2. 举例说明国外高速铁路调度指挥系统构成	30			
	3. 说明我国高速铁路调度指挥系统发展历程	40			
合　　计		100			

典型工作任务二　我国高速铁路调度指挥系统认知

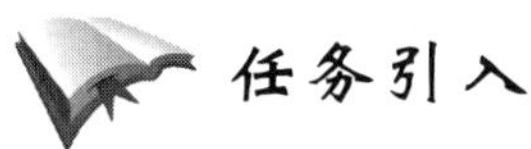

任务引入

恶劣天气时高速铁路列车晚点

2024年2月4日，已经下了一夜冻雨的武汉，天空中依然飘着雪花。在连续几日降雪与冻雨的双重夹击下，汉口车站列车大面积晚点，在候车大厅的屏幕上，到达状态一栏，几乎都是赤红色的“晚点未定”。

冻雨是一种灾害性天气现象，一般发生在初冬或冬末春初。当较强的冷空气南下遇到暖湿气流时，冷空气像楔子一样插在暖空气的下方，近地层气温骤降到0 ℃以下，湿润的暖空气被抬升并成云致雨，水滴通过温暖空气层下降，在接近地面时经过一个浅层的冰冻空气层，在略低于0 ℃的空气中保持过冷状态但并未立即凝固。这些过冷的雨滴一旦落到0 ℃以下物体上时，将立刻冻结，形成外表光滑而透明的冰层。钢轨结冰容易造成车轮打滑，不利于高速行驶；道岔结冰会影响转辙机运行，造成道岔转换困难；车站站台结冰会给上下车的旅客带来安全风险；接触网和受电弓结冰会影响列车取电……

我国已建成世界上运营里程最长、运行速度最快的高速铁路，极大推动了经济社会发展。但从这次冻雨灾害给我国高速铁路运行带来的挑战看，我们在提高高速铁路运行“韧性”、提升应对自然灾害能力方面，还要不断努力。

请思考：

1. 高速铁路列车晚点如何尽快恢复正点？
2. 高速铁路的调度指挥系统如何构成？具体调度指挥的岗位有哪些？
3. 高速铁路调度指挥中应急值守人员的职责有哪些？

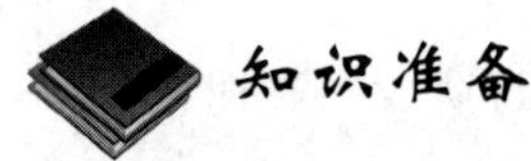

知识准备

高速铁路调度指挥系统是高速铁路运营管理和列车运行控制的中枢，是高速铁路高新技术的集中体现，是高速铁路运营管理现代化、自动化、安全高效的标志，对统一指挥列车运行和协调铁路运输各部门的工作作用重大。因此，建立一个高效率、现代化的调度指挥系统能够充分发挥高速铁路本身所具有的运输能力，确保高速铁路的行车安全和优质服务。

一、高速铁路调度指挥系统的架构

高速铁路调度指挥系统有三种可选网络结构方案。

1. 全路集中设置的一级调度指挥系统架构

该系统架构在全路设置一个高速铁路综合调度指挥中心，在综合调度中心根据线路数量、行车量等设置相应数量的调度台，各调度台通过专业调度直接向基层站段发布调度指挥命令，指挥现场的各项工作，如图 7-3 所示。调度指挥是保证行车安全的关键，所以为了提高高速铁路调度指挥系统安全性，在各铁路局集团公司(高速铁路公司)设置备用调度中心、备用调度中心平时不参与调度指挥工作，为全路调度中心备份数据，一旦全路调度指挥中心出现故障，各铁路局集团公司(高速铁路公司)调度中心接管辖区内的调度指挥工作，从而适当恢复列车的正常运行，保证列车的运行安全。

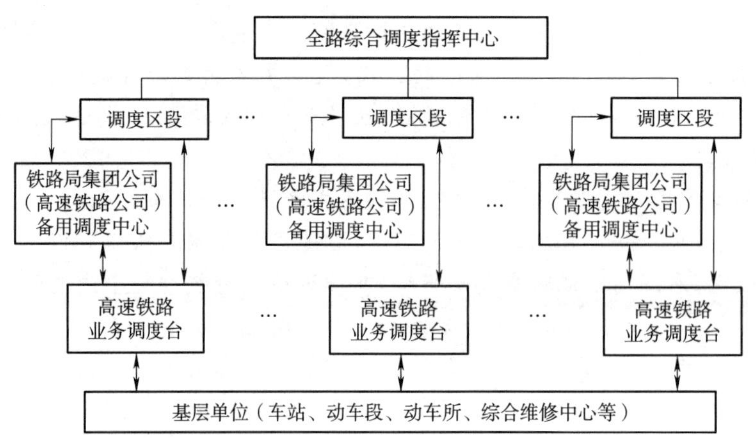

图 7-3　全路集中设置的一级调度指挥系统架构

2. 按区域设置的二级调度指挥系统架构

该系统架构将整个高速铁路调度指挥系统分为两个层级，全路综合调度指挥中心和区域调度指挥中心，如图 7-4 所示。全路综合调度指挥中心主要是起监视和协调作用，必要时接管指定区域的调度指挥工作。区域调度指挥中心负责日常列车的调度指挥工作，通过各专业调度台向基层发布调度命令，基层站段根据调度命令组织实施。

3. 按线路设置的二级调度指挥系统架构

该系统架构将全路高速铁路调度指挥分为两个调度层级：全路调度指挥中心和铁路局集团公司(高速铁路公司)调度指挥中心，铁路局集团公司(高速铁路公司)调度指挥中心按干线

(通道)设置,如图 7-5 所示。全路调度指挥中心负责全路高速铁路以及高速铁路与普速铁路之间的协调、监控,在正常情况下不直接参与调度工作,为二级调度备份数据。铁路局集团公司(高速铁路公司)调度指挥中心负责所管辖范围内的列车的日常调度工作,直接给基层发布调度命令,基层在收到调度命令后按指示组织现场的行车组织工作。

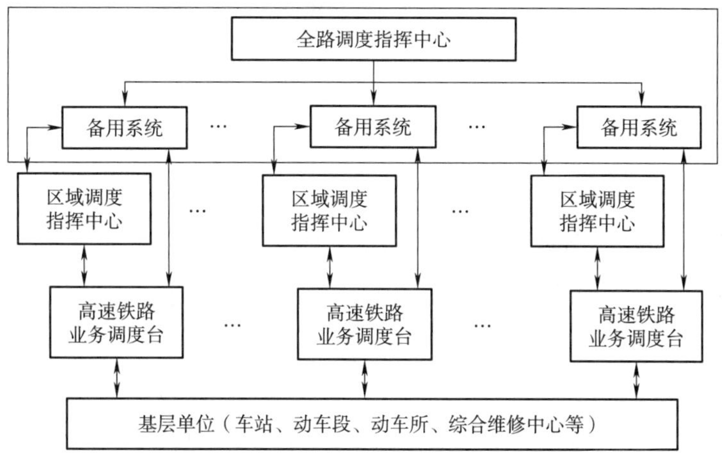

图 7-4　区域集中二级调度指挥系统架构

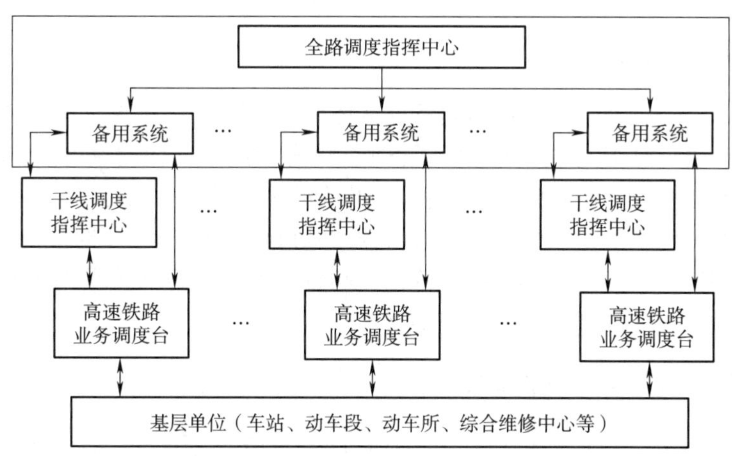

图 7-5　按线路设置的二级调度指挥系统架构

二、我国高速铁路调度指挥的组织机构

我国现行的高速铁路调度指挥系统架构在功能和机构设置方面与普速铁路调度指挥系统架构类似,采用属地化管理的区域集中二级调度指挥系统架构。高速铁路调度指挥人员包括:高速铁路值班副主任、计划调度员、列车调度员(助理调度员)、动车组调度员、动车组司机调度员、供电调度员、客服调度员、综合设施调度员,各调度工种业务实行专业化管理。动车组调度由车辆处,动车组司机调度由机务处,供电调度由供电处,客服调度由客运处,综合设施调度由工务处、电务处进行专业指导和专业培训,并对其专业管理负责。

高速铁路调度指挥机构的设置及分工如图 7-6 所示。

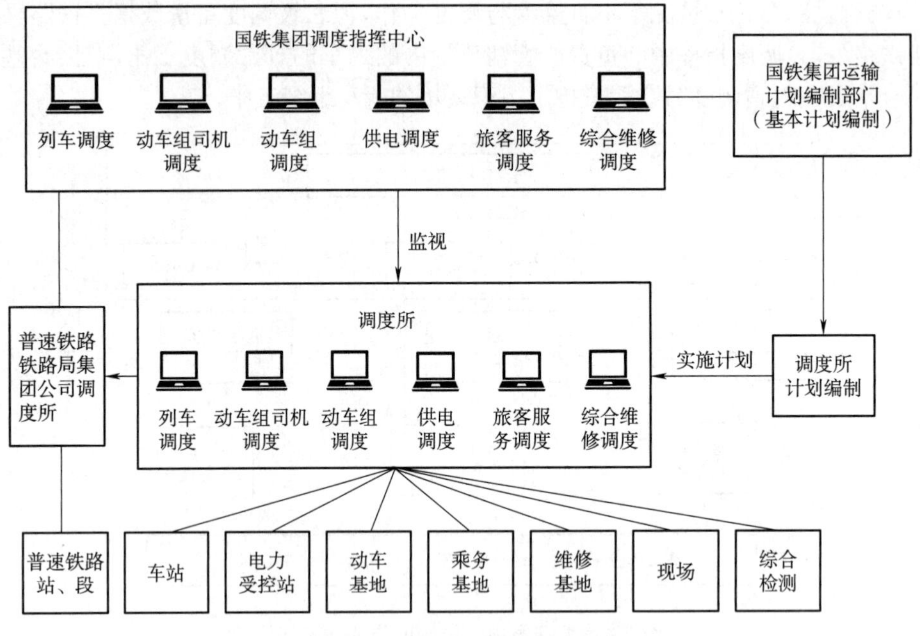

图 7-6 高速铁路调度指挥机构设置

三、高速铁路调度指挥系统的构成

与调度组织结构和职责、高速铁路运营的具体要求相适应，高速铁路调度指挥系统设计为一体化综合系统，由计划编制子系统、运行管理子系统、动车组管理子系统、供电管理子系统、旅客服务子系统、综合维修子系统组成，遵循以准确的运输计划为核心，实现基本计划、实施计划和运行实绩的统一管理，采用分散自律型结构，通过自动控制方式及时准确地实施调度员的指挥意图，满足高速、高密度运行的需求，符合提高铁路运输业务效率的基本原则。高速铁路调度指挥系统功能模块层次结构如图 7-7 所示。

四、高速铁路各调度岗位的工作职责

传统的调度指挥方式是列车调度员—车站值班员—列车司机，而高速铁路由于其技术装备的先进，作业环节少，自动化程度高，列车调度员可以直接指挥列车司机，调度指挥效率大大提高。

高速铁路调度台设有列车调度员和助理调度员两名。正常情况下以分散自律控制模式作为基本行车模式，由列车调度员负责直接指挥和办理调度集中控制区段有关行车工作，司机等相关人员直接向列车调度员报告有关行车工作。

高速铁路车站一般不设固定的车站值班员，车站设应急值守人员（分为车务应急值守人员和电务值守人员），应急值守人员由车务具有车站值班员职名的人员和电务信号人员担任。车务应急值守人员在车站行车监控室（设置有调度集中车站控制终端的处所）值守。电务应急值守人员除完成规定的巡视检查、维护工作以外，在车站行车监控室参与值守工作。

（一）高速铁路值班副主任的主要职责

（1）在调度所值班主任的领导下，负责管辖范围内高速铁路运输生产的集中统一指挥，协

调高速铁路各线间，高速铁路与普速铁路间的运输工作，加强与相邻铁路局集团公司调度所间的工作联系，并向国铁集团高速铁路调度汇报有关工作。

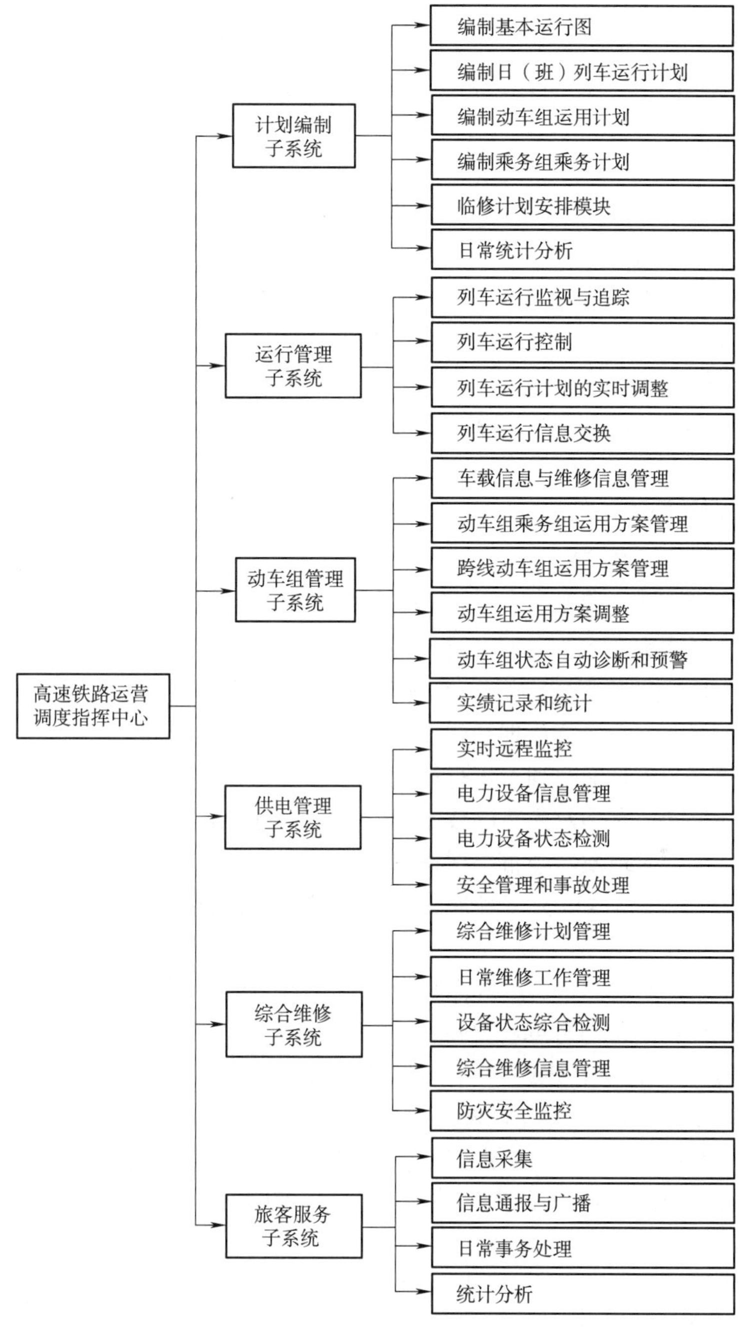

图 7-7　高速铁路调度指挥系统功能模块层次结构

（2）严格执行各项规章、文件、电报、命令和安全管理制度。

（3）掌握高速铁路动车组列车安全正点情况，遇涉及动车组列车非正常行车组织、应急处置等情况时，上台加强组织指挥。

(4)掌握相关区段综合维修计划、试验列车开行、动车组回送情况。

(5)负责审核管内高速铁路动车组列车加开、停运、回送等计划。遇非正常情况时,指导相关调度调整列车开行计划(含客运业务停站股道运用计划)、动车组车底运用计划。

(6)组织协调相关工种调度制定并实施管辖范围内高速铁路站车滞留旅客疏导方案,及时协调处置高速铁路站车发生的与客服相关的突发事件。

(7)负责管内救援用动车组列车的调用。需要跨局调动救援列车时,向国铁集团调度申请。

(8)掌握高速铁路重点任务运输情况,协助列车调度员做好列车运行组织和调整。遇有突发情况,立即向国铁集团报告。

(9)组织实施应急指挥中心确定的救援和处置方案;协调相关单位实施救援、抢修、抢救。

(10)根据文件、电报、有关单位申请,审核管辖范围内动车组试验运行计划,审批施工天窗内的临时施工、维修作业计划。

(11)负责国铁集团调度命令申请单的审核,并督促有关工种调度转发国铁集团的调度命令。

(12)负责高速铁路安全信息的收集、通报和高速铁路列车正点统计分析上报工作。

(13)完成领导临时交办的工作和任务。

(二)列车调度员(列车调度岗位)**的主要职责**

(1)严格执行各项规章、文件、电报、命令和安全管理制度。

(2)接收调度日计划,负责本调度区段行车指挥工作,编制和下达列车运行调整计划,组织并监控列车运行,调整列车运行计划和到发线使用。

(3)负责与相邻调度台交换列车运行计划。

(4)掌握管辖范围内车站及列车的技术设备和作业过程,注意列车的运行情况、掌握重点列车运行信息,正确及时地发布与行车指挥有关的调度命令、行车凭证和口头指示。

(5)需人工办理进路时,负责布置进路,并听取助理调度进路准备妥当的汇报,确认进路正确。

(6)转为非常站控时,负责向车站应急值守人员下达列车运行调整计划(包括车次、股道、方向、到开时刻)、布置进路并听取进路准备妥当的汇报,调度集中控制(CTC)终端能够正常显示时需与助理调度共同确认进路正确;收取列车到发时刻(能通过计算机报点的除外)。

(7)遇发生铁路交通事故、设备故障、自然灾害、防灾安全监控系统报警及列车报告异常信息等情况时,正确及时处理,通报信息,并按规定填写“安监报-1”。

(8)掌握救援列车的分布情况,根据值班(副)主任的指示,及时发布救援列车运行的调度命令。

(9)对列控限速调度命令(数据格式)与助理调度执行“二人确认制度”。

(10)完成领导临时交办的工作和任务。

(三)列车调度员(助理调度岗位)**的主要职责**

(1)严格执行各项规章、文件、电报、命令和安全管理制度。

(2)接受列车调度员(列车调度岗位)的领导。

(3)掌握管辖范围内站、段及列车的技术设备和作业过程,注意列车的运行情况和有关安全监控设备工作情况，注意管辖各站列车进路和调车进路的排列情况。如需人工办理进路和开放信号时，根据列车调度员的指示人工办理。

（4）负责进行控制模式转换、列控限速设置、接触网有（无）电状态、线路（道岔）封锁等操作。

（5）在分散自律模式下，担任调车领导人，及时编制调车作业计划，向调车指挥人和司机下达调车作业计划，并负责办理调车进路。

（6）遇使用无线传送系统发送调度命令不成功时，按照列车调度的指示使用列车调度电话向司机发布调度命令。

（7）负责列控限速调度命令（数据格式）的设置、取消及人工排列的进路，与列车调度员执行“二人确认制度”。

（8）转为非常站控时，在CTC终端能够正常显示的情况下与列车调度员共同确认进路正确。

（9）按列车调度员的指示，负责办理综合维修、设备故障登、销记和接触网停送电签认手续，及时拟订并发布综合维修、抢修作业的调度命令。

（10）完成领导临时交办的工作和任务。

（四）计划调度员的主要职责

（1）严格执行各项规章、文件、电报、命令和安全管理制度。

（2）了解客流变化，掌握管辖范围内动车组配属、备用、运用情况，落实动车组列车开行方案。

（3）掌握相关区段综合维修计划、试验列车开行、动车组回送情况。

（4）汇总、编制调度日计划，及时上报、接收国铁集团审批下达的日计划。

（5）与相邻铁路局集团公司调度所交换日计划及有关资料。

（6）在客运处的指导下，根据客流需要，发布动车组列车临时加开、停运、途中折返、编组调整、定员变化、变更客运业务停站和应急情况下的票额调整等调度命令。跨铁路局集团公司时，向国铁集团高速铁路调度提出调度命令申请。

（7）遇非正常情况，会同相关调度调整列车开行计划（含客运业务停站股道运用计划）、动车组车底运用计划。

（8）组织管辖范围内高速铁路运输中有关军事运输工作，安排新老兵乘车计划，重点掌握有关高速铁路动车组安全正点情况。

（9）完成领导临时交办的工作和任务。

（五）客服调度员的主要职责

（1）严格执行各项规章、文件、电报命令和安全管理制度。

（2）加强与各工种调度联劳协作，解决调度辖区内站车上报的与旅客服务相关的各类事宜，及时处置高速铁路站车发生的与客运服务相关的突发事件。

（3）掌握管辖范围内动车组配属、备用，运用情况，了解管内高速铁路客票发售情况、主要客运站客流波动、动车组列车席位利用及动车组列车的运行情况。

（4）掌握管内运行的动车组列车客运乘务信息及动车组库内保洁计划，遇列车运行计划调整时，及时组织调整本局担当动车组列车客运乘务（含餐服、保洁人员）计划；会同动车组调度，及时组织调整动车组库内保洁计划。

(5)遇有动车组列车晚点时，加强与相关工种调度的联系，组织各部门加强协作，采取有效措施，减少晚点影响。

(6)遇有灾害、事故中断行车或发生设备故障等原因造成动车组不能继续运行时，会同相关工种调度，根据相关动车组列车调整计划、客票发售、动车组备用及邻近客车车内人数等情况，及时制定旅客疏导方案，指导相关单位做好列车上水吸污、折返保洁、备品交接、餐饮供应、退票改签、旅程接续、重点旅客安排等客运服务工作。

(7)接受上级或相关调度所命令或信息，收取辖区内车站、列车上报的与客运服务相关的信息[当班列车车长姓名、电话；滞留列车简要情况：车次、担当局(段)、滞留时间、地点、列车滞留地点地质灾害或水害等情况；车内旅客情况：总人数、分席别人数、重点旅客人数及状况；餐料、餐车燃料可供餐次数；其他认为需要报告的事项等]。向上级及相关调度所通报或直接向站车和铁路客户服务中心发布自然灾害、行车事故、设备故障等原因造成的列车晚点信息(晚点原因、目前晚点时间、预计晚点时间等)等客服信息。

(8)协助做好有关军事运输、新老兵运输、专包及中央大型会议等重点任务的客运服务。

(9)负责旅客(动车组)列车客运服务及正点分析和上报工作；及时记录收集、整理分析客服方面存在的各类问题，提出改进意见。收取站车客运服务的有关资料、站车典型事例等情况。

(10)完成领导临时交办的工作和任务。

(六)车务应急值守人员的职责

(1)正常情况下，在行车监控室值守和间休，不参与行车作业。每班 24 h 工作制的，班中休息时间为 8 h。车务应急值守人员应坚守岗位，不得擅自离开行车监控室。遇特殊情况需要临时离开时，必须报告列车调度员及车站值班干部并得到批准，明确联系方式后，方可离开。

(2)在设备故障、施工维修、非正常行车等情况下，由分散自律控制转为非常站控时，车务应急值守人员根据列车调度员指示，担当车站值班员，指挥车站有关行车工作，具体负责办理以下行车作业：

①向司机等相关人员递交书面调度命令。

②组织相关人员现场准备进路。

③组织相关人员对故障设备进行检查、确认。

④按规定对站内到发线停留车辆的防溜措施进行检查、确认。

⑤在特殊情况下与司机办理故障车、事故车有关随车运输票据和回送单据的交接、保管工作。

⑥组织应急救援，完成信息传递和其他需现场了解、检查确认的工作。

电务、工务人员应根据车务应急值守人员指示，协助办理②、③、⑥项有关作业。

任务训练

一、场景设计

(一)实训目的和要求

1. 能说明我国高速铁路调度指挥机构的组成。

2. 能说明高速铁路各调度岗位的职责。

(二)实训内容

1. 根据所学知识和查阅的资料,说明我国高速铁路调度指挥机构的组成。
2. 根据所学知识和查阅的资料,说明高速铁路各调度岗位的职责。

二、实训步骤

(一)实训前准备

1. 实训场所:在普通教室或能连接互联网的多媒体教室中进行。
2. 工具设备:多媒体设备课件、图片、示教板、计算机多媒体设备等。

(二)实训

1. 以5～6人小组为单位开展实训活动,通过学习及利用网络资源说明我国高速铁路调度指挥机构的组成。

2. 以5～6人小组为单位开展实训活动,通过学习及利用网络资源说明高速铁路各调度岗位的职责。

三、任务评价

姓　名		地点		时间	
任务名称	实训考察要点	分值	小组评分(40%)	教师评分(60%)	最终得分
我国高速铁路调度指挥系统认知	1. 说明我国高速铁路调度指挥机构的组成	40			
	2. 说明高速铁路各调度岗位的职责	60			
合　计		100			

典型工作任务三　调度集中系统(CTC)认知

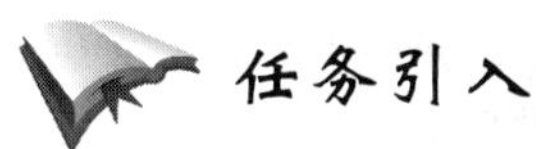

任务引入

CTC模式转换不规范案例

某日1:16,××局集团公司工务部门在××城际铁路乙线路所登记申请2:55—5:25进行天窗修作业。

2:10,列车调度员通知乙线路所、丙站应急值守人员转非常站控模式。

2:14,K×××次甲站通过后,乙线路所应急值守人员在未预告丙站的情况下直接开放了K×××次通过进路。

2:28,K×××次通过乙线路所。丙站应急值守人员发现K×××次开过来后,在未与丁站预告的情况下直接开放了Ⅱ道通过去丁站的列车进路。

2:32,丙站应急值守人员在与丁站车站值班员联系时,才发现K×××次列车本应由乙线路所开往戊站，进入丙站是严重的错误，立即呼叫 K×××次司机停车。

2:36，K×××次停于丙站Ⅱ道。构成铁路交通一般 C9 类未办闭塞发出列车事故。

请思考：

1. CTC 有哪两种模式？具体意义是什么？
2. CTC 模式转换应符合什么规定？

知识准备

一、CTC 系统构成

调度集中系统(CTC)由铁路局集团公司、车站两级构成。

1. CTC 中心系统

调度控制中心主要由数据库服务器、调度集中服务器(双机热备)、通信前置服务器、大屏显示系统、行车调度工作站、助理调度员工作站、综合维修工作站、调度集中维护工作站、网管工作站、打印设备、远程维护接入铁路运输管理信息系统(TMIS)接口计算机以及局域网等设备组成。调度中心系统的主要功能包括：

(1)实时监控管辖范围内列车运行状态，制定、调整和下达列车阶段计划，查阅列车实绩运行图，下达调度命令以及与相邻调度区段列车调度员交换信息。CTC 系统列车信息显示界面如图 7-8 所示。

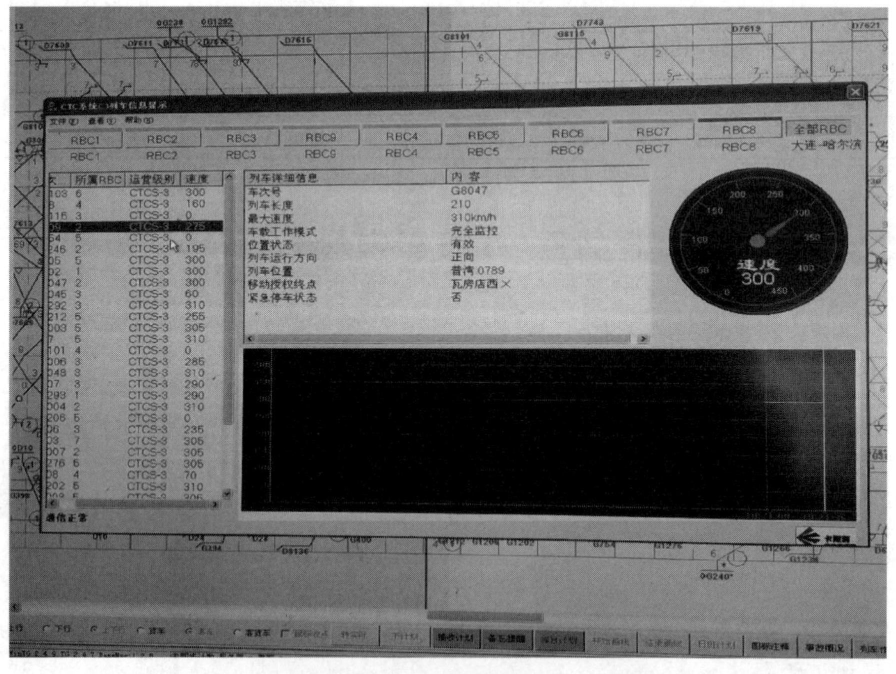

图 7-8　CTC 操作界面列车信息显示

(2)编制、调整车站的调车作业计划及领导调车工作；根据阶段计划和调度员的口头指令进行车站的调车进路的排列。

(3)提供直接遥控车站进路和其他信号设备的按钮操作界面。

(4)掌握线路实际运营情况,组织生产和运输指挥。

(5)提供站场和列车实绩运行图显示,辅助计划调度完成日班计划的生成和下达。

(6)为调度中心各级行车指挥人员提供系统岗位技术培训。

2. 车站系统

车站系统的主要设备包括车站自律机、车务终端、综合维修终端、电务维护终端、网络设备、电源设备、防雷设备、联锁系统接口设备和无线系统接口设备等。其中,车站自律机是分散自律调度集中的关键设备。车站系统的主要功能包括:

(1)接收存储调度中心的列车运行计划、调车作业计划等,并自动按计划进行进路排列,驱动联锁系统执行。

(2)接收调度中心和本地值班员的直接控制操作指令,经检查确认无冲突后,驱动联锁系统执行。

(3)确认进路的完整性和信号的正确性,并能对不正常情况进行处理。

(4)对车次号进行安全级管理。

(5)对列车及调车作业的跟踪。

(6)接收邻站的实绩和计划列车运行图。

(7)接收调度中心和本地值班员的进路人工干预,并调整内部处理流程。

(8)采集数据并处理形成信号设备的图形表示信息。

(9)列车车次跟踪显示处理。

(10)向调度中心发送设备表示信息。

(11)形成本站的自动报点信息。

二、CTC 的主要特点

1. 智能化

实现列车运行计划自动调整,实绩运行图自动描绘;调度命令多媒体下达(可根据列车运行计划执行情况自动向有关列车发送信息),事件自动记录。

2. 分散自律

实现以日(班)计划图、列车运行调整计划(阶段计划)为主轴和框架,将阶段调整计划下传到各个车站的分散自律机中自主执行。系统没有中心控制权与车站控制权之分,只有指令不同来源之分,通过列车运行阶段调整计划进行来自多处指令的自律,科学合理地解决中心控制与车站控制(含调车作业)的矛盾。每一个分散自律机都具有以列车运行阶段计划为核心的智能自律机制,接收列车运行调整计划并自动执行计划。列车运行调整计划的制订与调整由调度中心完成,计划的执行由沿线车站分机自主判断完成。

3. 可实现车站无人值守

在无线通信系统、车次号校核子系统、无线调度命令传送系统、列车编组顺序电子信息的基础上,增加自动预告系统,可以在没有客货运业务的中间站实现行车、调车作业控制无人化。

4. 可靠性高

系统采用双套冗余配置;广域网采用迂回、环状、冗余设计;并通过设置网管工作站、电务维护工作站,实时监控网络上每一节点的状态和系统的运行状况;同时采用远程维护服务器用于远程紧急技术支持、异地远程修复及其他技术支持。

三、CTC 的操作方式

CTC 有分散自律控制模式和非常站控模式两种。分散自律控制模式是分散自律调度集中系统的基本模式，用列车运行调整计划自动控制列车运行进路。在分散自律模式下，调度中心具备人工办理列车、调车进路，车站具备人工办理调车进路的功能，此时车站联锁控制台不起作用。非常站控模式是指当调度集中设备故障、发生危及行车安全的情况或设备天窗维修、施工需要时，系统转为车站传统控制模式，此时车务终端不起作用。

(一)分散自律控制模式

调度集中分散自律控制模式分为中心操作方式、车站调车操作方式和车站操作方式。

(1)在中心操作方式下，调度终端具有信号设备的全部控制权，列车调度员对列车及调车进路均有操作权，车站对列车及调车进路均无操作权。

(2)在车站调车操作方式下，列车调度员对列车进路有操作权，对调车进路无操作权。而车站对调车进路有操作权，对列车进路无操作权。

(3)在车站操作方式下，车务终端具有信号设备的全部控制权，车站对列车及调车进路均有操作权，列车调度员对列车及调车进路均无操作权。

(二)非常站控模式

在非常站控控制模式下，CTC 不再发出进路控制命令，所有的列车进路和调车进路由车站值班员在原有的计算机联锁设备上手工操作。CTC 仅用来接受调度命令和段计划，并显示站间透明信息等(降级为 TDCS 使用)。

纳入 CTC 控制的车站，其功能和作用与以往并没有太大的差别，工作内容与以往的车站基本相同，主要差别体现在 CTC 下的具体操作上，概括起来主要包括以下几点：

(1)在 CTC 模式下，进路的控制主要由车站自律机依据调度中心下达的列车运行调整计划自动生成列车进路指令，通过合法性、时效性、完整性和无冲突性的检查后转变为命令，适时下传给本站联锁设备执行。而传统模式的进路控制由车站值班员人工排列和解锁。

(2)在 CTC 模式下接发列车作业主要由调度员控制，车站值班员则不再负责办理，只起到监控的作用。

(3)在 CTC 模式下阶段计划的概念逐步模糊，调度员做出的列车运行调整计划随时下达，车站工作人员根据该计划做好相应的准备，而不再是传统模式下每 3～4 h 才下一次计划。

(4) CTC 模式下，车站在输入调车作业计划时，增加了钩时分的内容。

(5)由于 CTC 的功能特点，可实现不办理客货运业务、调车作业量较小、列车和调车进路由调度中心远程控制的车站行车岗位无人化，从而出现了传统模式下不存在的一个概念——集控站。

(6)由于出现了集控站，需要增加应急行车人员负责集控站在非常站控和各种非正常情况时的行车组织。

(7)CTC 能实现现行的“行车设备检查登记簿”(运统 46)全部内容的电子化管理，完成综合维修计划的申请、接收，维修施工的联系、要点、登记和销记等。

(8)由于作业组织方式的变化，车站在进行客运作业组织和行包作业组织时，车站值班员需要与调度员加强联系，随时了解到发线占用的情况。

(9)在非正常情况下的作业，CTC 的模式下调度员必须参与相应的操作。例如，道岔无表示时，必须现场人工确认并采取相关安全措施，由调度员办理引导总锁闭，开放引导信号；经现场人工确认列车整列到达后，取消引导总锁闭或转为非常站控模式后由车站办理引导接车。

四、分散自律与非常站控的模式转换

在分散自律模式下，由列车调度员直接办理行车，但出现 CTC 设备故障、施工维修作业需要、发生危及行车安全等情况时，可转换为非常站控模式，脱离调度集中系统控制，转为车站联锁控制台人工办理的模式。

(一)模式转换要求

转为非常站控时，车务应急值守人员和列车调度员须在“CTC 控制模式转换登记簿”内登记，记明转换的原因；车务应急值守人员与列车调度员核对设备状况、站内停留车情况、列车运行计划、邻站(线路所)控制模式及与本站(线路所)有关的调度命令等情况。转为非常站控后，应通知司机车站(线路所)转为非常站控。

转为非常站控的原因消除后，双方在“CTC 控制模式转换登记簿”内登记，并及时转回。“CTC 控制模式转换登记簿”见表 7-1。

表 7-1　CTC 控制模式转换登记簿

序号	分散自律转为非常站控的原因	转入非常站控				转回分散自律				备注
		月日	时分	列车调度员	车站值班员	月日	时分	列车调度员	车站值班员	

转换为非常站控制模式时，由车务应急值守人员担当车站值班员，在列车调度员的指挥下，办理行车工作并遵守下列要求：

(1)在分散自律控制模式下，车务应急值守人员接到或发现危及行车安全的情况需要转为非常站控时，应立即按下非常站控按钮转为非常站控，并及时报告列车调度员。处理完毕后，根据列车调度员的指示转回分散自律控制模式。除上述情况外，车站转入非常站控模式和转回分散自律控制模式，按列车调度员指示办理。

(2)分散自律模式与非常站控模式相互转换，车务应急值守人员、列车调度员应分别在“CTC 控制模式转换登记簿”上登记。

(3)除因危及行车安全必须立即转为非常站控外，列车调度员提出需转为非常站控时，须经调度所值班主任准许，车站盯控人员到岗后，方可转换；车站提出需转为非常站控时，车站盯控人员必须到岗并同意后，方可向列车调度员提出转为非常站控。转非常站控时，列车调度员应通知调度所值班干部上岗盯控，车站值班员应通知盯控人员上岗盯控。

(4)转为非常站控模式的车站办理接发列车作业时，车站值班员须通知司机车站已转为非常站控模式。

(5)转为非常站控模式前，列车调度员须与车务应急值守人员核对列车运行计划、车站及相邻两区间设备情况、有关调度命令和指示、站内到发线占用情况等。

遇危及行车安全的紧急情况需立即转为非常站控模式时，可先转为非常站控模式，但列车调度员与车务应急值守人员必须核对清楚有关行车事项后，方准办理行车。

(6)发生设备故障影响列车运行时，列车调度员须采取应急处置措施后(拦、扣有关列车，呼叫司机等)，方准转为非常站控模式。

(二)车务应急值守人员的规定

由于行车办理权的转换，如果车站值班员不了解有关情况就盲目作业，容易出现安全问题，所以铁路局集团公司对转为非常站控模式前，车务应急值守人员要清楚掌握有着严格规定的内容，具体如下：

(1)“计划清”。车务应急值守人员须与列车调度员核对列车运行计划，确认车次、股道、时刻、运行位置、站内到发线占用情况。

(2)“设备清”。车务应急值守人员须询问列车调度员车站及相邻两区间设备情况，如有设备故障时，须问清故障设备名称、故障地点、影响范围及行车限制条件等。

(3)“命令清”。车务应急值守人员须询问列车调度员与本站有关的调度命令内容及执行情况。

(4)“对象清”。车务应急值守人员须询问列车调度员邻站是否处于非常站控模式，明确办理行车手续的对象。

(三)车站值班干部的规定

为保证行车安全，车站转为非常站控模式时，车站值班干部要上岗监护作业并认真执行下列规定：

(1)必须立即到岗。车站值班干部接到车务应急值守人员的报告后，必须立即到行车监控室，掌握相关情况，盯控作业关键。

(2)必须加强盯控。车站值班干部到岗后，须认真盯控进路、行车凭证、调度命令、“运统46”等关键内容，填记“非正常情况下接发列车关键环节控制程序”。

(3)必须及时汇报。车站值班干部必须及时向站段值班室汇报，重要信息向运输处值班室汇报。

五、本任务引入案例分析

车务作业人员在办理接发列车时，必须严格执行接发列车标准，按规定办理列车预告、核对计划，确认列车开行方向。

本案例中，车务作业人员主观臆测行车，盲目开放信号；在非常站控模式下，未认真阅读调度日计划、3～4 h运行调整计划，未与列车调度员联系加强车次和开行方向的确认。

列车调度员违反有关规定，在还没到天窗施工时间，还有大量旅客列车运行，并且在乙线路所把关人员未到岗的情况下，布置车务应急值守人员转非常站控。

天窗修管理混乱，设备管理单位违反规定，在申报周计划时未注明需要转换为非常站控，但在日计划中擅自增加需转换为非常站控；车务段违反天窗修计划管理的规定，当日维修天窗日计划未传达给乙线路所。

当日车站转非常站控时，车站值班员未通知把关人员，把关人员未及时到岗把关。调度所值班主任虽到岗把关，但对车站盯控人员未到岗就布置车站转非常站控等违章作业未及时纠正，且防错办卡控措施落实不到位。车务段没有在行车监控室揭示次要方向旅客列车车次。

任务训练

一、场景设计

(一)实训目的和要求

1. 能说明调度集中系统(CTC)的主要特点。
2. 能说明调度集中系统(CTC)的操作方式及转换规定。

(二)实训内容

1. 根据所学知识和查阅的资料，说明调度集中系统(CTC)的主要特点。
2. 根据所学知识和查阅的资料，说明调度集中系统(CTC)的操作方式及转换规定。

二、实训步骤

(一)实训前准备

1. 实训场所：在列车调度指挥实训中心及多媒体教室中进行。
2. 工具设备：实训软件、多媒体设备课件、图片、示教板、计算机多媒体设备等。

(二)实训

1. 以5～6人小组为单位开展实训活动，通过学习及利用网络资源说明调度集中系统(CTC)的主要特点。

2. 以5～6人小组为单位开展实训活动，通过学习及利用网络资源说明调度集中系统(CTC)的操作方式及转换规定。

三、任务评价

姓　名		地点		时间	
任务名称	实训考察要点	分值	小组评分(40%)	教师评分(60%)	最终得分
调度集中系统(CTC)认知	1. 说明调度集中系统(CTC)的主要特点	40			
	2. 说明调度集中系统(CTC)的操作方式及转换规定	60			
合　计		100			

典型工作任务四　列车运行控制系统认知

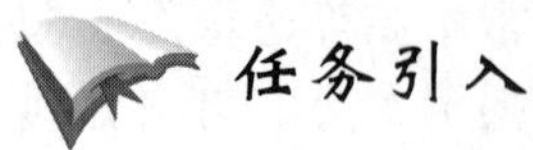

任务引入

列控系统应用逐步推广

机车信号、列车自动停车装置、列车无线调度通信设备合称为“机车三大件”。自20世纪80年代开始在我国铁路迅速普及。它们对保证行车安全,提高运输效率起到了显著作用,也是我国列车运行控制系统的起点。列车运行控制系统的主要作用是完成列车的间隔控制和速度控制。

目前,在我国高速铁路上广泛应用了列车运行控制系统。伴随我国高速铁路的发展,列车运行控制系统已由以地面信号为主的机车信号、列车运行监控装置发展为以车载信号为主的,基于应答器和轨道电路传输列车控制信息,具有超速防护功能的CTCS-2级和基于无线通信平台传输列车控制信息的CTCS-3级列控系统。

CTCS-3级列控系统以无绝缘轨道电路、CTCS-2级列车运行控制系统为基础,满足本线列车最高时速350 km、最小追踪间隔3 min的运行要求,并具备兼容CTCS-2级列车运行控制系统,满足既有线时速200～250 km动车组列车跨线运行的需要。CTCS-4级是基于无线通信平台传输列车控制信息,取消轨道电路,实现了移动闭塞。

请思考:

1. 何为列车运行控制系统?
2. 列车运行控制系统的工作原理是什么?
3. 列车运行控制系统的作用?

知识准备

一、中国列车运行控制系统CTCS(Chinese train control system)简介

为了适应中国高速铁路的迅速发展,保证铁路运输安全的需要,有关部门研制成功了“CTCS”。借鉴欧洲列控系统(ETCS)规范,结合我国铁路运输特点和既有信号设备情况,考虑未来发展,中国逐步形成了自己的CTCS标准体系。

CTCS系统有两个子系统,即车载子系统和地面子系统,其原理框架如图7-9所示。

CTCS根据功能要求和配置划分为以下5级:

1. CTCS-0级

CTCS-0级由通用机车信号和运行监控记录装置构成,适用于列车最高运行速度为160 km/h及以下,一般自动闭塞设计仍按固定闭塞方式进行,采用四显示自动闭塞,信号显示具有分级速度控制的概念,其目标距离式制动曲线可作为参考。

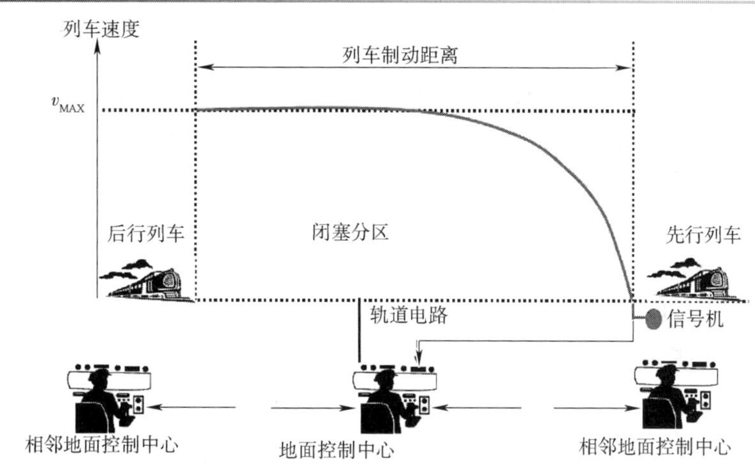

图 7-9　列控系统原理框架图

2. CTCS-1 级

CTCS-1 级由主体机车信号＋安全型运行监控记录装置组成，面向 160 km/h 以下的区段，在既有设备基础上强化改造，达到机车信号主体化要求，增加点式设备，实现列车运行安全监控功能。用轨道电路完成列车占用检测及完整性检查，连续向列车传送控制信息。

CTCS-1 级的控制模式为目标距离式，采取大储存的方式把线路数据全部储存在车载设备中，靠逻辑推断地址调取所需的线路数据，结合列车性能计算给出目标距离式制动曲线。

3. CTCS-2 级

CTCS-2 级是基于轨道传输信息的列车运行控制系统，CTCS-2 级面向提速干线和高速新线，采用车—地一体化设计。CTCS-2 级适用于各种限速区段，地面可不设通过信号机，机车乘务员凭车载信号行车。

CTCS-2 级采取目标距离控制模式（又称连续式一次速度控制）。目标距离控制模式根据目标距离、目标速度及列车本身的性能确定列车制动曲线，不设定每个闭塞分区速度等级，采用一次制动方式。

4. CTCS-3 级

CTCS-3 级是基于无线传输信息并采用轨道电路等方式检查列车占用的列车运行控制系统，CTCS-3 级面向提速干线、高速新线或特殊线路，基于无线通信的固定闭塞或虚拟自动闭塞，CTCS-3 级适用于各种限速区段，地面可不设通过信号机，机车乘务员凭车载信号行车。

CTCS-3 级与 CTCS-2 级一样，采取目标距离控制模式和准移动闭塞方式。由于其实现了地—车间连续、双向的信息传输，所以功能更丰富些，实时性更强些。

5. CTCS-4 级

CTCS-4 级是基于无线传输信息的列车运行控制系统，面向高速新线或特殊线路，基于无线通信传输平台，可实现虚拟闭塞或移动闭塞。CTCS-4 级由无线闭塞中心（RBC）和车载验证系统共同完成列车定位和列车完整性检查，CTCS-4 级地面不设通过信号机，机车乘务员凭车载信号行车。

CTCS-4 级采取目标距离控制模式，列车按移动闭塞或虚拟闭塞方式运行。

虚拟闭塞是准移动闭塞的一种特殊方式，它不设轨道占用检查设备，采取无线定位方式来实现列车定位和占用轨道的检查功能，闭塞分区是以计算机技术虚拟设定的。

移动闭塞的追踪目标点是前行列车的尾部，留有一定的安全距离，后行列车从最高速开始制动的计算点是根据目标距离、目标速度及列车本身的性能计算决定的。目标点是前行列车的尾部，与前行列车的走行和速度有关，是随时变化的，而制动的起始点是随线路参数和列车本身性能不同而变化的。空间间隔的长度是不固定的，所以称为移动闭塞。其追踪运行间隔要比准移动闭塞更小一些。

CTCS 系统 5 级对照表见表 7-2。

表 7-2　CTCS 级别对照表

应用等级	CTCS-0 级	CTCS-1 级	CTCS-2 级	CTCS-3 级	CTCS-4 级
控制模式	目标距离	目标距离	目标距离	目标距离	目标距离
闭塞方式	固定闭塞或准移动闭塞	准移动闭塞	准移动闭塞	准移动闭塞	移动闭塞或虚拟闭塞
制动方式	分级式	分级式	一次连续	一次连续	一次连续
轨道占用检查	轨道电路	轨道电路	轨道电路	轨道电路	无线定位，应答器校正
地对车信息传输	多信息轨道电路＋点式设备	多信息轨道电路＋点式设备	多信息轨道电路＋点式设备；或数字轨道电路	无线通信双向信息传输	无线通信双向通信传输
列车运行间隔	按固定闭塞运行，大于 L	设为对照值 L	L	L	小于 L
线路数据来源	储存于车载数据库	储存于车载数据库	应答器提供；或由数字轨道电路	无线通信	无线通信

列车运行控制系统装备等级根据线路允许速度选用。250 km/h 以下铁路采用 CTCS-2 级列控系统，250 km/h 铁路宜采用 CTCS-3 级列控系统，300 km/h 及以上铁路采用 CTCS-3 级列控系统，兼容 CTCS-2 级功能。高速铁路的 CTCS-3 列控系统包含了 CTCS-2 列控系统的全部设备，并在 CTCS-2 的基础上增加了铁路专用全球移动通信系统（GSM-R）系统设备。CTCS-2 级列控系统结构如图 7-10 所示。

二、车载子系统

车载子系统由 CTCS 车载设备、无线系统车载模块组成。

CTCS 车载设备是基于安全计算机的控制系统，通过与地面子系统交换信息来控制列车运行。无线系统车载模块用于车载子系统和列车控制中心进行双向信息交换。CTCS 车载设备构成如图 7-11 所示。

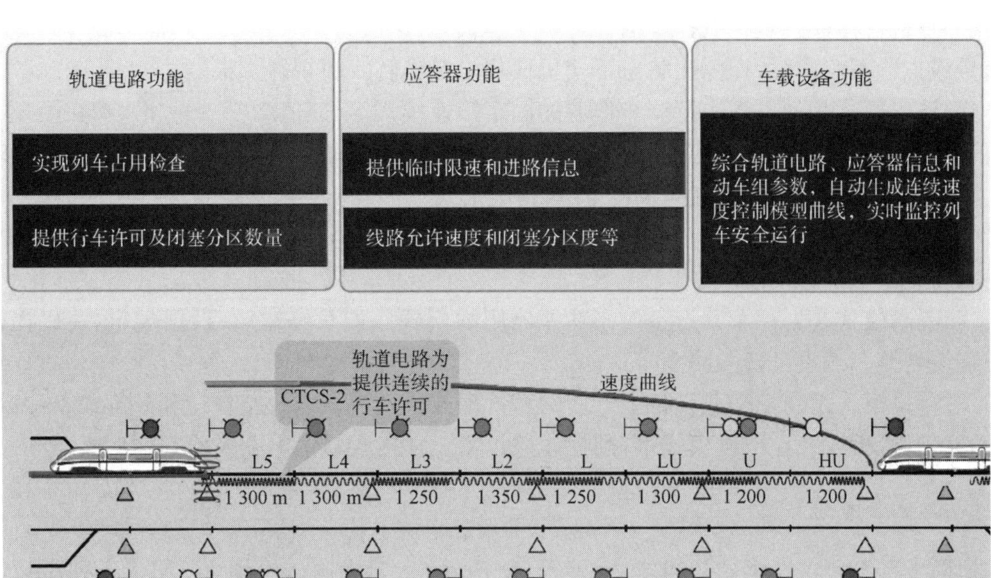

图 7-10　CTCS-2 级系统结构

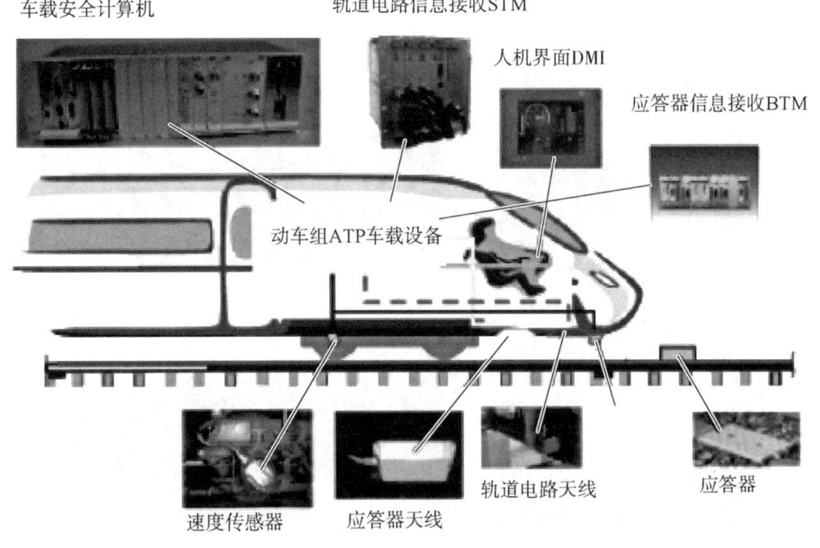

图 7-11　CTCS 车载设备构成

三、CTCS-3 级列控车载设备七种模式的功能

(1)完全监控模式是列车的正常运行模式。列控车载设备根据控车数据自动生成目标距离模式曲线，司机依据人机界面显示的列车运行速度、允许速度、目标速度和目标距离等信息控制列车运行。

(2)引导模式是在进站或出站建立引导进路后，列控车载设备按照最高限速 40 km/h 控车的模式。

(3)目视行车模式是司机控车的固定限速模式,限速值为 40 km/h。列控车载设备显示停车信号或位置不确定时,在停车状态下司机按规定操作转入目视行车模式。

(4)调车模式是动车组进行调车作业的固定限速模式,限速值为 40 km/h。司机按压专用按钮使列控车载设备转入调车模式。只有在列车停车时,司机才可以选择进入或退出调车模式。CTCS-3 级控车时,只能在车站内转入调车模式。

(5)休眠模式是非本务端车载设备不监控列车运行,但仍执行列车定位、记录等级转换等功能的模式。

(6)隔离模式是列控车载设备控制功能停用的模式。列车停车后,根据规定,司机操作隔离装置使列控车载设备转入隔离模式。

(7)待机模式是列控车载设备上电后的默认模式。列控车载设备自检和外部设备测试后,自动处于待机模式。在待机模式下,列控车载设备正常接收轨道电路及应答器信息。

四、地面子系统

地面子系统可由以下部分组成:应答器、轨道电路、无线通信网络(GSM-R)、列车控制中心(TCC)、无线闭塞中心(RBC)。其中 GSM-R 不属于 CTCS 设备,但是重要组成部分。

1. 应答器

应答器是一种能向车载子系统发送报文信息的传输设备,既可以传送固定信息,也可连接地面电子单元传送可变信息,如图 7-12 所示。

图 7-12　应答器

2. 轨道电路

轨道电路具有轨道占用检查、沿轨道连续传送地车信息功能,应采用 UM 无绝缘轨道电路或数字轨道电路。

3. 无线通信网络(GSM-R)

GSM-R 是用于车载子系统和列车控制中心进行双向信息传输的车地通信系统。

4. 列车控制中心

列车控制中心是基于安全计算机的控制系统,它根据地面子系统或来自外部地面系统的信息,如轨道占用信息、联锁状态等产生列车行车许可命令,并通过车地信息传输系统传输给车载子系统,保证列车控制中心管辖内列车的运行安全。

5. 无线闭塞中心

无线闭塞中心是根据线路特性(如坡度、线路固定限速)、运输条件(列车间隔)和其他系统的情况(如轨道占用信息、联锁进路状态等)向列车发送速度—距离监控所需要的移动授权信息,并通过 GSM-R 无线通信系统传输给车载自动超速防护系统 ATP 设备,保证其管辖之内列车的运行安全。

五、CTCS 的功能

1. 安全防护

在出现任何情况的时候,都要保证列车按行车许可运行,防止列车超速运行。

2. 人机界面

为机车乘务员提供信息提示、数据输入及操作装置。

3. 检测功能

具有开机自检和动态检测功能以及关键数据和动作的记录功能。

4. 可靠性和安全性

按照故障导向安全侧来进行系统的设计;采用冗余结构。

任务训练

一、场景设计

(一)实训目的和要求

1. 能说明列车运行控制系统的组成。
2. 能说明列车运行控制系统的功能。

(二)实训内容

1. 根据所学知识和查阅的资料,说明列车运行控制系统的组成。
2. 根据所学知识和查阅的资料,说明列车运行控制系统的功能。

二、实训步骤

(一)实训前准备

1. 实训场所:在列车调度指挥实训中心及多媒体教室中进行。
2. 工具设备:实训软件、多媒体设备课件、图片、示教板、计算机多媒体设备等。

(二)实训

1. 以 5～6 人小组为单位开展实训活动,通过学习及利用网络资源说明列车运行控制系统的组成。

2. 以 5～6 人小组为单位开展实训活动,通过学习及利用网络资源说明列车运行控制系统的功能。

三、任务评价

姓　名		地点		时间	
任务名称	实训考察要点	分值	小组评分（40%）	教师评分（60%）	最终得分
列车运行控制系统认知	1. 说明列车运行控制系统的组成	40			
	2. 说明列车运行控制系统的功能	60			
合　计		100			

典型工作任务五　高速铁路调度日计划的编制与日常运输组织

高速铁路的安全保障源于高水平的调度指挥

随着高速铁路在全世界范围内的快速发展，安全问题已经成为关注焦点，各国一直都在不断完善安全措施以避免事故的发生。自20世纪60年代起，许多国家对高速铁路技术进行了深入研究，在不断提高列车运行速度的同时建立符合国情的安全保障体系，以多重技术保障高速铁路安全。

随着列车运行速度的不断提高，铁路运输安全的风险点也相应发生变化，对高速铁路行车调度指挥工作提出了更高的要求，技术装备水平的提高给运输调度指挥安全保障工作带来新的挑战。

铁路运输安全是一项长期而艰巨的任务，调度安全是运输安全的关键，通过不断强化调度指挥的安全意识，完善和提高调度指挥水平，是提高铁路运输质量与安全的根本途径。高速铁路调度指挥必须坚持“安全第一、预防为主、综合治理”的方针，按照“以人为本、安全发展”的理念，采用科学严格的管理制度，以高科技力量和高度的责任心保安全，提高调度安全管理水平。

请思考：

1. 何为调度命令？
2. 发布调度命令有哪些规定？

 知识准备

高速铁路调度日计划是高速铁路日常运输组织工作的基础，按列车运行图和施工、维修计划进行编制，保证完成运输生产和施工、维修任务。高速铁路调度日计划是0:00—24:00一日内的运输工作计划。

一、高速铁路调度日计划的主要内容

高速铁路调度日计划包括列车开行计划和施工、维修计划。

(一)列车开行计划

列车开行计划的主要内容有：

(1)列车开行车次。

(2)临时定点列车始发站、终到站、沿途客运业务办理站及其到(发)时分、动车组股道运用计划。

(3)开行动车组列车所对应的车组(型号、重联)、动车组车底运用方案及路用列车开行计划。

(4)重点事项。

(二)施工计划

施工计划的主要内容有:

(1)施工编号、等级、项目。

(2)施工日期、作业内容、地点(含线别、区间、车站、股道、道岔、行别、里程)和时间。

(3)施工限速、影响范围、行车方式变化及设备变化。

(4)施工单位(含配合单位)、施工负责人。

(5)施工作业车进出施工地段方案。

(6)区间及站内装卸路料计划。

(三)维修计划

维修计划的主要内容有:

(1)维修编号、项目。

(2)维修日期、作业内容、地点(含线别、区间、车站、股道、道岔、行别、里程)和时间。

(3)维修影响范围。

(4)作业单位(含配合单位)、作业负责人。

(5)路用列车进出区间方案。

二、高速铁路调度日计划的主要依据

高速铁路调度日计划编制的主要依据有以下五个方面:

(1)基本列车运行图(包括分号列车运行图)、有关技术作业时间标准。

①国铁集团组织编制全路基本列车运行图,铁路局集团公司公布所管辖区段的基本列车运行图。高寒地区高速铁路按夏季和冬季分别编制列车运行图。

②在公布的基本列车运行图中,国铁集团及铁路局集团公司根据节假日、小长假、黄金周、春暑运等客流需要,公布周末线动车组和高峰线动车组。

③周末线动车组在周末和高峰期开行,高峰线动车组在小长假、黄金周、春暑运开行。周末线动车组开行规律在基本列车运行图中规定。高峰期为节假日、小长假、黄金周、春暑运运输期限,运输期限在节日加开文件电报中公布。

④在公布基本列车运行图的同时,铁路局集团公司对施工慢行附加时分、出入库时间等有关技术作业时间标准进行公布。

(2)有关文件、电报、调度命令。

①国铁集团或铁路局集团公司根据施工、设备、客流等变化,对直通或管内动车组运行图进行调整,以文件电报形式公布。

②国铁集团或铁路局集团公司根据节假日、小长假、黄金周、春暑运等客流预测,确定高峰线动车组开行日期及增加周末线动车组开行日期,以电报形式公布。

③根据节假日期间客流大幅增长或高度集中的特点,铁路局集团公司制定临时动车组开行方案,查定临时动车组预备运行线,以电报形式公布。

④根据节假日期间长短途客流需求,为充分挖掘客运能力、减少线上压力,由铁路局集团

公司组织动车组重联运行，以电报或调度命令形式公布。

⑤遇临时客流集中时，由铁路局集团公司发布临时开行调度命令，开行临时动车组旅客列车。

(3)动车组运用(车型、组数)、检修计划及回送、试运行、调度申请等。

①动车(客车)段向铁路局集团公司动车组调度上报次日动车组车底运用建议计划，铁路局集团公司动车组调度对车底运用建议计划进行审核，审核后向计划调度提报次日动车组车底运用方案(含热备车)及重点事项。动车组车底运用方案包括动车组交路、车型、车组号、组数等内容。

②计划调度与相关铁路局集团公司调度所交换动车组开行计划，取得相关局动车组运用方案。

③动车(客车)段、造修企业、试验牵头等单位根据有关文电、检修计划、运营交路调整、试验方案等，于回送前一日的12:00前向始发站所在铁路局集团公司动车组调度申请，动车组调度根据国铁集团高级检修月度计划或动车组在段检修计划对申请进行审核，经批准后交计划调度。跨局回送时，由计划调度向国铁集团提交申请，经国铁集团会签批准后，由国铁集团发布调度命令。

(4)分界站协议。

①相邻铁路局集团公司对管辖范围划分的规定。

②相邻铁路局集团公司对高速铁路调度日计划交接的规定。

③相邻铁路局集团公司对施工、维修作业组织的规定。

(5)月度施工计划(含临时文电批复的)及主管业务处提报的施工计划、路用列车开行、设备维修作业计划申请。

①铁路局集团公司运输处负责组织编制月度施工计划(含临时文电批复的)，并根据需要发布调整、增加、停止的文件电报。

②施工单位于施工作业前3日将施工计划申请报铁路局集团公司主管业务处室，主管业务处室审核(盖章)后，于施工前2日9:00前向调度所施工调度提报施工日计划申请。

③施工单位或设备管理单位将路用列车运行需求报铁路局集团公司主管业务处，经主管业务处审核后，向高速铁路施工调度提报路用列车运行申请。

④设备管理单位于维修作业前3日向铁路局集团公司主管业务处室提报计划申请，铁路局集团公司主管业务处室根据设备管理单位的提报，与其他主管业务处室沟通协调后编制本专业维修计划，于维修作业前2日9:00前报铁路局集团公司调度所施工调度，施工调度负责审核维修日计划。

⑤铁路局集团公司所管设备越过局间分界站延伸至相邻铁路局集团公司调度指挥区段(简称延伸段)时，设备管理单位于维修作业前4日向本铁路局集团公司主管业务处室提报延伸段维修作业计划申请，本铁路局集团公司主管业务处室与局内相关业务处室沟通协调后，于维修作业前3日向调度管辖区段铁路局集团公司主管业务处室提报计划申请，由调度管辖区段铁路局集团公司主管业务处室编制维修计划并向调度所提报。

三、高速铁路调度日计划编制

(一)高速铁路调度日计划编制原则

高速铁路调度日计划由调度所主任(副主任)负责组织编制。高速铁路调度日计划的编制应遵守下列原则：

(1)坚持安全生产的原则。

(2)贯彻国家运输政策的原则。

(3)按列车运行图行车的原则。

(4)按施工、维修计划安排施工、维修，坚持运输与施工、维修兼顾的原则。

(5)经济合理地使用动车组和其他运输设备，提高运输效率和效益的原则。

(二)高速铁路调度日计划编制流程

高速铁路调度日计划编制分为三部分内容，分别是列车开行计划、施工日计划、维修日计划。

1. 列车开行计划编制流程

(1)计划调度每日10:00前根据基本运行图(包括分号列车运行图)及相关文件、电报、调度命令确定次日动车组开行方案，转交动车组调度和相关机务段、动车(客车)段、客运段。

(2)动车调度每日15:00前将动车组车底运用方案、热备车及重点事项，转交计划调度。

(3)施工调度每日15:00前将路用列车运行计划，转交计划调度。

(4)计划调度每日16:00前与相关调度所交换列车开行计划。

(5)计划调度每日17:00前形成全日列车开行计划及重点事项，经调度所主任(副主任)审核批准后，报国铁集团调度。

2. 施工日计划编制流程

(1)施工调度将主管业务处提报的施工日计划申请与月度施工计划(批复文电)进行核对，同时将Ⅰ级施工和国铁集团管理施工项目的施工计划申请于施工前2日15:00前报国铁集团调度指挥中心。国铁集团核准后于施工前2日18:00前反馈调度所，施工调度据此编制施工日计划。

(2)因运输原因不能安排施工计划时，须经铁路局集团公司同意。因专特运原因不能安排施工计划时，按国铁集团(铁路局集团公司)命令执行。

(3)施工调度编制的施工日计划经调度所主任(副主任)审核后，纳入调度日计划。

(4)施工日计划样式见表7-3。

表7-3 ××××年×月×日施工日计划

命令号：

区号及方案号或电报号	施工等级	线别	行别	施工项目	施工地点(含区间、车站、股道、道岔、里程)	封锁时间	施工内容及影响范围(含施工作业车进出施工地段方案、区间及站内装卸路料计划)	限速及行车方式变化	设备变化	运输组织方式	施工单位及负责人	配合单位

3. 维修日计划编制流程

(1)施工调度根据主管业务处审核后的维修作业日计划申请，合理安排高速铁路工务、电务、供电等固定设施、设备的综合维修作业计划。

(2)综合利用天窗时，由铁路局集团公司调度所指定维修主体单位，维修主体单位的确定方法由铁路局集团公司规定。

(3)维修日计划样式见表7-4。

表7-4 ××××年×月×日维修日计划

命令号：

项目	维修地点(含线别、区间、车站、股道、道岔)	里程	行别	作业内容	起止时间	维修单位及负责人	配合单位	影响范围(路用列车进出区间方案)	顺号	登记站

四、高速铁路调度日计划下达与执行

(一)高速铁路施工日计划的下达

(1)调度所施工调度于施工前1日12:00前(其中0:00—4:00执行的施工日计划于前1日8:00前)将施工日计划下达有关机务段、动车(客车)段和车务段(直属站),并传(交)主管业务处室、计划调度、列车调度和供电调度。主管业务处室负责通知施工单位、配合单位,车务段(直属站)负责通知相关车站。

(2)Ⅰ级施工和国铁集团管理施工项目的施工日计划,调度所施工调度于施工前1日15:00前报国铁集团施工调度。

(3)铁路局集团公司所管设备越过局间分界站延伸至相邻铁路局集团公司调度指挥区段(简称延伸段)时,施工单位于施工前3日将延伸段施工计划报本铁路局集团公司主管业务处室,经主管业务处室审核(盖章)后,于施工前2日9:00前向调度管辖区段铁路局集团公司调度所施工调度提报施工计划申请,由调度管辖区段铁路局集团公司调度所编制、下达施工日计划,发布施工调度命令。

(4)施工日计划下达后,不得随意取消施工日计划(项目)。因特殊原因临时取消时,须经铁路局集团公司批准(Ⅰ级施工和国铁集团管理施工项目还须报国铁集团调度批准),以调度命令办理取消(含取消或重新发布运行揭示调度命令)。施工单位自身原因取消施工时,不发布取消施工的调度命令。涉及运行揭示调度命令的施工取消时,施工单位须登记运行条件,铁路局集团公司调度根据登记的条件发布调度命令。

(二)高速铁路维修日计划的下达

(1)施工调度室于维修作业前1日12:00前将维修日计划下达有关车务段(直属站),传(交)主管业务处室和有关计划调度、列车调度、供电调度。主管业务处室负责通知作业单位、配合单位,车务段(直属站)负责通知相关车站。

(2)维修日计划下达后,不得随意取消维修日计划(项目)。因特殊原因临时取消时,须经铁路局集团公司批准,以调度命令办理取消。设备管理单位自身原因取消维修时,不发布取消维修的调度命令。

(3)维修日计划下达后,因特殊原因需临时增加维修作业时,在不与其他施工及维修作业产生冲突的情况下,由设备管理单位报调度管辖铁路局集团公司主管业务处室审核同意后,报调度管辖区段铁路局集团公司调度实施。

（三）列车开行计划的下达

高速铁路调度日计划经调度所主任（副主任）审核批准后，报国铁集团调度，计划调度并于17：30前下达给有关单位、调度台。有关单位指参与执行高速铁路日计划的车务段（直属站）、动车（客车）段、机务段、客运段、公安处、餐饮等单位。调度台包括高速铁路列车调度、动车组调度、动车组司机调度、客运调度、施工调度台等。

（四）高速铁路调度日计划的执行

各单位接到高速铁路调度日计划后，根据计划认真组织好本部门的工作，确保计划的兑现。国铁集团调度负责检查各铁路局集团公司高速铁路调度日计划执行情况。铁路局集团公司调度负责组织有关运输生产单位落实高速铁路日计划，完成运输生产任务。

1. 计划调度负责临时调整列车开行计划

（1）遇突发情况需临时加开、停运、变更径路、途中折返、定员变化、变更客运业务停站时，根据确定的方案，由计划调度向铁路局集团公司管内有关单位发布调度命令，并抄送铁路局集团公司客运处（客票管理所）、客货统计所、相关调度。

（2）跨铁路局集团公司调整列车开行计划时，计划调度报国铁集团调度以调度命令批准。

2. 列车调度负责组织实现列车运行图、调度日计划

（1）检查列车运行图和调度日计划的执行情况，及时发布有关调度命令和口头指示。

（2）注意列车运行情况，严格按列车运行图指挥行车，正确、及时地处理临时发生的问题。

（3）遇列车发生晚点时，应积极采取措施，组织有关人员恢复正点。

3. 动车组调度负责组织落实动车组车底运用计划

（1）负责掌握动车组车底运用周转情况，组织动车（客车）段落实动车组车底运用日计划，遇列车运行计划变更时，组织调整车底运用计划。

（2）监控管辖范围内高速铁路动车组运行状态，遇天气影响、设备故障等造成列车运行秩序不畅时，及时协调组织车底交路调整、热备启用工作。

4. 动车组司机调度负责组织落实动车组司机乘务计划

（1）掌握高速铁路动车组司机乘务动态，组织机务段落实动车组司机乘务工作，合理运用动车组司机。

（2）遇设备故障或非正常情况影响列车晚点时，指导动车组司机快速处置，根据情况做好动车组司机乘务、备用安排。

5. 客运调度负责组织落实客运乘务计划

（1）掌握高速铁路动车组客运乘务动态，组织客运段落实动车组客运乘务工作，合理运用动车组客运乘务，协调餐饮、保洁、公安工作。

（2）遇列车运行计划调整时，及时组织制定客运乘务调整计划，采取有效措施，减少晚点影响。

6. 施工调度负责组织施工、维修日计划的落实兑现

（1）加强与各工种调度及作业单位的联系，了解各单位作业前准备情况，掌握综合维修作业进度。

（2）协调组织施工、维修作业按计划进行，处理综合维修作业结合部存在的问题。

（3）做好综合维修作业及动车组确认列车检查信息的收集工作。

五、日常运输组织

日常运输组织过程中，有关行车人员必须执行列车调度员命令、口头指示，服从调度指挥。

列车调度员负责组织实现列车运行图、调度日计划，应做到：

(1)检查列车运行图和调度日计划的执行情况，及时发布有关调度命令和口头指示。

(2)严格按列车运行图指挥行车，遇列车发生晚点时，应积极采取措施，组织有关人员恢复正点。

(3)注意列车运行情况，正确、及时地处理临时发生的问题。

列车按运输性质的分类和运行等级顺序如下：

1. 按运输性质分类

(1)旅客列车(动车组列车，特快、快速、普通旅客列车)。

(2)路用列车。

2. 列车运行等级顺序

根据我国高速铁路列车分类，为适应技术设备条件、满足客运服务水平，在编制列车运行图、制订日常列车运行计划及调度调整运行秩序时，需要考虑的列车顺序如下：

(1)动车组列车。动车组已成为一种重要的旅客运输工具，运行速度和行车条件比其他列车更高。

(2)特快旅客列车。运行于大城市之间，停站少且旅行速度快，是最高运行时速达到 160 km 及其以上的旅客列车。两站间直达时，称为直达特快旅客列车。

(3)快速旅客列车。运行于大中城市之间，停站较少且旅行速度较快，是最高运行时速为 120～160 km 的旅客列车。

(4)普通旅客列车。运行于城乡之间，停站较多，方便各地旅客乘降，最高运行时速不超过 120 km 的旅客列车。

(5)路用列车。由于自然灾害、设备故障或行车事故等原因，须开往现场救援、抢修、抢救的列车，应优先办理，不受列车等级的限制。

由于特殊目的开行的列车，如专列或其他列车等，因其性质及任务不同，缓急程度不同，应根据具体情况在指定开行时确定其等级。

六、调度命令和口头指示

国铁集团、铁路局集团公司调度在组织指挥日常运输工作中，应及时正确发布与运输有关的调度命令，下级调度以及行车有关单位、人员必须执行。

指挥列车运行的命令(运行揭示调度命令除外)和口头指示，只能由列车调度员发布。

(一)调度命令

各级调度在组织指挥日常运输工作中对下级调度或站段，行车有关人员发布的有关完成日常运输生产的具体部署和指挥行车工作的指令，其中必须在“调度命令登记簿”上登记并编有号码的，称为调度命令。

除调度命令以外，调度员在日常生产指挥中向有关人员发布的完成运输生产任务的具体部署和指挥行车工作的指令，称为口头指示。

列车调度员向车站值班员及有关单位人员发布的口头指示，或经车站值班员向有关单位、人员转达的口头指示，一般通过调度电话来完成。但在具有良好转接设备和通信记录装置的条件下，列车调度员可根据铁路局集团公司的规定使用列车无线调度电话，直接向列车司机发布口头指示。

遇表 7-5 所列情况，须发布调度命令。

表 7-5　行车调度命令项目表

序号	命令项目	受令者	
		司机	车站值班员
1	封锁、开通区间		○
2	向封锁区间开行救援列车、路用列车	○	○
3	临时变更或恢复原行车闭塞法		○
4	停止使用基本闭塞法发出列车	○	○
5	双线反方向行车、由双线改为单线或恢复双线行车	○	○
6	变更列车径路	○	○
7	动车组列车在区间被迫停车后返回(退回)后方站	○	○
8	向区间发出停车作业的列车	○	○
9	在车站、区间临时停车上、下人员	○	○
10	列车需临时降号运行	○	○
11	因行车设备故障、灾害或施工，以及列车中挂有限速的机车车辆等，需要使列车临时限速运行(纳入运行揭示调度命令或本务机车、动车组自身设备原因限速时除外)	○	○
12	动车组列车空调失效需打开部分车门限速运行	○	○
13	车站使用总辅助按钮		○
14	准许列车越过故障的进站、出站、进路信号机或线路所通过信号机(能开放引导信号时除外)	○	○
15	调度日计划以外，临时加开或停运列车(单机除外)	○	○
16	按地面信号显示运行的列车改按天气恶劣难以辨认信号的办法行车或恢复正常行车	○	○
17	动车组列车转入或退出隔离模式(被救援时除外)	○	○
18	动车组列车在列控车载设备控车和 LKJ 控车之间人工转换	○	○
19	越出站界调车	○	○
20	利用天窗施工、维修作业		○
21	施工、维修作业较指定时间延迟结束		○
22	运行揭示调度命令与实际限速、行车方式或设备不符时	○	○
23	正线、到发线接触网停电或送电(接触网倒闸、跳闸后试送电、向中性区送电或弓网故障排查除外)		○
24	正线、到发线接触网停电后准许登顶作业	○	○
25	动车组列车按隔离模式运行需以不超过 80 km/h 的速度越过接触网分相	○	
26	双管供风旅客列车运行途中改为单管供风	○	○
27	列车调度员认为有必要记录的上述以外的命令	有关人员	

注：1. 划○者为受令人员。

2. 受令者为车站值班员的调度命令，不发给集控站车务应急值守人员；集控站转为车站控制由车站值班员指挥行车时应发给车站值班员，并须将前发有关调度命令一并发给车站值班员。

3. 动车组列车改按 LKJ 方式运行需将列控车载设备隔离时，列车调度员仅发布改按 LKJ 方式行车的调度命令。

4. 仅发给车站值班员的命令只涉及集控站时不发布(转为车站控制时除外)。因调车作业动车组控车模式转换，不发布调度命令。

表 7-5 中调度命令如涉及其他单位和人员时,应同时发给这些单位和人员。

(二)发布调度命令的基本规定

(1)调度命令发布前,应详细了解现场情况,听取有关人员的意见,命令内容、受令处所必须正确、完整、清晰。

(2)使用计算机、传真机发布调度命令时,命令接受人员确认无误后应及时反馈回执。

(3)使用电话发收调度命令时,应填记"调度命令登记簿",指定受令人员中一人复诵,并记明发收人员姓名及时刻。"调度命令登记簿"样式见表 7-6。

表 7-6 调度命令登记簿

月日	发出时刻	命令			复诵人姓名	接受命令人姓名	调度员姓名	阅读时刻(签名)
		号码	受令及抄知处所	内容				

(规格 190 mm×265 mm)

(4)列车调度员应使用调度命令无线传送系统向司机发布书面调度命令,司机应及时签认接收,不再与列车调度员核对,有疑问时,须立即询问列车调度员。调度命令无线传送系统故障时,可按规定使用语音记录装置良好的列车无线调度通信设备发布,司机接到命令后,须与列车调度员核对。由车站交付的调度命令,车站值班员可使用调度命令无线传送系统或按规定使用语音记录装置良好的列车无线调度通信设备向司机转达。

(5)已发布的调度命令,遇有错、漏或变化时,必须取消前发命令,重新发布全部内容的调度命令。

(三)发布行车调度命令的规定

(1)调度命令必须在列车进入关系区间(站)前交付;在未确认司机已收到调度命令(得到回执)前,不得开放发接该次列车的出站或进站信号。

(2)作为行车凭证的调度命令,在接发列车进路准备妥当后,方可向司机发布(转达)。

(3)使用调度命令无线传送系统传送行车凭证,列车调度员办理接发列车时,由列车调度员传送,车站值班员办理接发列车时,由车站值班员传送。

(4)对跨局(调度台)的列车,接车局(调度台)列车调度员可委托邻局(调度台)列车调度员转发调度命令,接车局(调度台)要将需转发的调度命令号码和内容发给邻局(调度台),邻局(调度台)将受令情况向接车局(调度台)列车调度员通报。

(5)遇调度命令需跨局(调度台)执行时,发布调度命令的列车调度员须发布给列车担当全区段的调度命令,需要列车运行前方各调度指挥区段掌握和执行的调度命令,还应将调度命令抄知相关调度台。

(6)更换机车或变更限速条件时,应由有关铁路局集团公司列车调度员重新发给相关调度命令。途中乘务人员换班时,应将调度命令内容交接清楚。

(四)发布施工、维修作业调度命令的规定

(1)列车调度员根据施工、维修日计划及开始作业的请求,发布准许进行施工、维修作业调度命令。

(2)施工作业结束并销记后,列车调度员应及时发布施工作业结束的调度命令。天窗维修作业在指定时间内完成销记时,列车调度员不再发布维修作业结束的调度命令。

(3)施工开通后有第1、2、3…列限速要求的列车,由列车调度员单独发布限速调度命令,可不设置列控限速。

(4)因施工提前、延迟或其他原因造成运行揭示调度命令与实际限速、行车方式或设备不符时,列车调度员应取消前发运行揭示调度命令,向有关司机、车站值班员、施工负责人重新发布全部内容的调度命令;相符时仍按前发运行揭示调度命令执行。

(五)发布运行揭示调度命令的规定

(1)运行揭示调度命令是指由调度所施工调度发布的涉及限速、行车方式发生变化和设备变化的调度命令。

(2)运行揭示调度命令应包括时间、地点、因由、速度、行车方式变化、设备变化等内容,机务部门应根据运行揭示调度命令及时将有关内容写入IC卡。

(3)发布运行揭示调度命令,不得含有与受令处所无关的内容和命令。

任务训练

一、场景设计

(一)实训目的和要求

1. 能说明高速铁路调度日计划的主要内容。
2. 能说明日常调度指挥中发布调度命令的情况。
3. 能说明日常调度指挥中发布调度命令的有关规定。

(二)实训内容

1. 根据所学知识和查阅的资料,说明高速铁路调度日计划的主要内容。
2. 根据所学知识和查阅的资料,说明日常调度指挥中发布调度命令的情况。
3. 根据所学知识和查阅的资料,说明日常调度指挥中发布调度命令的有关规定。

二、实训步骤

(一)实训前准备

1. 实训场所:在列车调度指挥实训中心及多媒体教室中进行。
2. 工具设备:实训软件、多媒体设备课件、图片、示教板、计算机多媒体设备等。

(二)实训

1. 以5～6人小组为单位开展实训活动,通过学习及利用网络资源说明高速铁路调度日计划的主要内容。

2. 以5～6人小组为单位开展实训活动,通过学习及利用网络资源说明日常调度指挥中发布调度命令的情况。

3. 以5～6人小组为单位开展实训活动,通过学习及利用网络资源说明日常调度指挥中发布调度命令的有关规定。

三、任务评价

姓　名		地点		时间	
任务名称	实训考察要点	分值	小组评分（40%）	教师评分（60%）	最终得分
高速铁路调度计划与指挥	1. 说明高速铁路调度日计划的主要内容	30			
	2. 说明日常调度指挥中发布调度命令的情况	30			
	3. 说明日常调度指挥中发布调度命令的有关规定	40			
合　计		100			

典型工作任务六　高速铁路列车运行调整

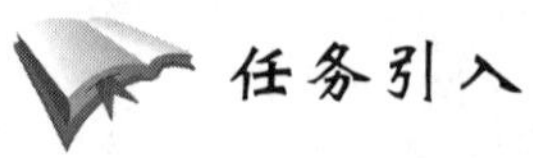

任务引入

高速铁路动车组救援实例

某日13:53，××高速铁路G511次（CRH380AL长编组动车组）司机向列车调度员汇报：因ATP故障（ATP显示制动旁路故障、安全软件故障）在甲站至乙站间下行线K945处停车。列车调度员立即向高速铁路值班副主任汇报，并通报动车调度员、客服调度员。客服调度员向G511次列车长了解，该列乘有973名旅客，一旦救援，必须启用热备动车组转乘旅客；由于G511次尚未提出救援请求，调度所先口头通知丙站热备动车组做好出动准备；14:27，G511次经过对ATP重启3次、大复位1次后，故障恢复并开车。

14:36，G511次因同样的原因在甲站至乙站间下行线K961处再次停车；14:42，司机汇报不能继续运行，请求救援。14:43，调度所发布调度命令启用丙站热备动车组（CRH380AL长编组动车组）开行022次，于14:45开车。

因乙站下行进站受北端渡线道岔限制，下行列车仅能接入3道办理客运业务，后续已进入区间的G831次列车在乙站图定办理客运业务；即便将G511次接入该站3道停车转乘旅客，热备动车组在该站靠站台进入4道后，同样受南端渡线道岔限制，不能开入下行线；只能采取G511次Ⅰ道停车的方案。14:47，列车调度员发布调度命令，准许G511次转入隔离模式运行至乙站；14:52，G511次转入隔离模式后在区间开车；15:15，G511次到达乙站Ⅰ道。同时，通过布置G511次司机换端确认，该列后端设备正常；调度所确定将G511次换端开回甲站进行转乘；这样，既能组织旅客通过站台转乘，确保转乘安全、迅速；又能够将故障动车组驶离甲站Ⅰ道，恢复甲站下行方向畅通，确保后续列车安全、正点。15:51，55206次到达甲站6道；16:12，热备动车组022次到达甲站4道。组织G511次旅客同站台面转乘，16:16，转乘完毕；16:21，热备动车组担当G511次在甲站开车。

本次动车组故障影响G511次晚点2 h 43 min和G513、G821、G65、G831、G545、G621、G75次等其他7列客车晚点。

请思考：

1. 高速铁路列车运行调整的重要意义有哪些？

2. 高速铁路列车运行调整的方法有哪些？

知识准备

由于列车运行受天、地、人、车等各种因素的影响，运行时间偏离，停站时间延长，以致打乱正常运行秩序的情况时有发生，这就要求要实时地调整列车运行计划。因此，编制列车运行调整计划、进行列车运行实时调整是列车调度子系统最主要的功能，也是体现列车调度工作质量的关键。

一、高速铁路列车运行调整的特点

多种速度共线运行的运输组织模式将使得我国高速铁路列车运行组织与非高速铁路及其他国家高速铁路列车运行组织有较大的差异，也使得我国高速铁路列车运行调整问题有其自身的特点。

从列车运行干扰分析看，上线晚点列车将是高速铁路列车运行的主要干扰，导致高速铁路与普速铁路衔接地区的行车组织工作成为整个高速铁路行车组织工作的一个重点，对于列车运行调整来说，就是上线晚点列车如何调整的问题。从国外高速铁路实际运营经验看，高速铁路只要与其他线路衔接，其衔接点的运输组织工作就需要高度重视。如法国高速铁路，由于采用高速列车下高速线运行的运营方式，其行车组织工作的困难不在高速铁路本身，而在于延伸线路与高速铁路线路的协调；德国高速铁路各大枢纽站引入方向多，各方向列车的良好接续就成为德国高速铁路行车组织工作的重点。

从动车组折返交路看，由于节假日、大型活动等因素的影响，铁路客流的波动比较明显，为了适应客流波动，客运部门制定了包含平日、周末、节假日三个层次的分号运行图，不同的运行图下的动车组运用计划和所需动车组数量也不相同。同时，为了维持动车组的良好运用状态，需要对运营里程已达到三级以上的高级修修程的动车组进行下线检修，由备用动车组替代待检动车组承担交路任务。此外，由于恶劣天气、线路基础设施或动车组故障等原因，正在运行的动车组列车可能会出现中途停止运行或晚点的现象，也需要启用备用动车组出动救援或接续晚点列车承担运输任务。所以备用动车组的数量直接影响高速铁路列车运行秩序，特别是在列车密度较大、高速铁路动车组采用不固定区段使用方式时，问题会更突出。

由于不同速度混行，列车速差大，运行图上高速铁路列车的均衡到发性差，一定程度上也会影响动车组的良好接续。因此，当列车运行紊乱时，高速铁路动车组的合理高效运用将成为高速铁路列车运行调整的另一个重点。

1. 约束众多

进行列车运行调整时需要满足区间运行时分、车站作业时分、到发线约束、天窗时间约束、列车运行图图定时分等众多约束以及遵循一些约束原则的限制。

2. 优化指标众多

动车组运行调整总的优化目标是使列车实际运行状况尽可能地接近计划运行图，从不同的角度出发，优化的指标有很多。常用的有：总晚点时分最小、总晚点车数最少、提高列车运行正点率、提高列车旅行速度、列车运行时分总量最少、列车运行费用最小等。

3. 实时性高

高速铁路列车运行速度快,各运行线间衔接紧密,对运行调整的效果提出了更高的要求。调整的目标是不应该给其他列车带来新的干扰,同时,尽量减少自身列车的偏离状况。运行调整的方案制定后,要给传达调度指令留下足够的时间,因此调度方案要具有一定时间上的超前预测性。正是高速铁路列车运行调整的实时性要求,使很多调整方法的实现遇到了挫折。

4. 动态性

列车运行晚点的因素是不可预测的,随时有可能发生变化,列车运行特征也在随时间而动态变化。

5. 需考虑动车组运行交路的调整

高速铁路列车运行的紊乱,必然导致动车组所在交路的运行受到很大干扰,特别是在动车组采用不固定区段使用方式时,晚点动车组影响的范围更广,加之高速铁路行车密度大,使列车调整问题更加复杂化。另外,我国现行高速铁路开行多种旅速的列车,不同等级列车速差很大,列车的到发时刻比较集中,运行图上动车组的到发时刻体现为不均衡性,一定程度上也会影响动车组的良好接续。因此,当列车运行受到干扰发生紊乱时,高速铁路动车组运行交路也需要进行合理有效的调整,这是动车组运行调整的重点。

6. 与普速铁路衔接紧密,影响范围广

高速铁路在车站设置时,充分考虑了与普速铁路间的衔接换乘,高速铁路跨线客流比例高,在与普速铁路衔接的换乘站客流量大。如果高速铁路列车晚点,造成大量的换乘普速铁路的旅客在换乘站不能及时疏散。

与普速铁路相比,高速铁路动车组运行速度高、行车密度大。动车组运用计划规定了动车组检修的时间、地点、各交路间的接续,同一交路段中各运行线衔接紧密。高速铁路动车组采取不固定运行区段运用方式,动车组完成一个车次的运输任务,经过整备或维修会继续担当下一个车次的运输任务,如果动车组某个列车次晚点,一方面对相邻时间区域内在同一或临近区间运行的列车产生影响,在已开通的京津高速铁路上,列车发车间隔最短只有 5 min,如果一列列车晚点,势必会迅速影响其他列车的运行;另一方面,某列车晚点后,如果不能及时恢复正点运行,造成列车终到站晚点,动车组运用计划制定的交路计划和维修计划就无法实现,如果不及时调整运用计划,改变动车组交路,影响面积会大肆蔓延。

二、列车运行调整的原则

1. 由列车调度员单一指挥

当列车运行紊乱,尤其是灾害及事故情况下,列车运行需要大面积的调整。由于影响面大,此时应以尽快恢复列车正常运行为核心,相应调整动车组运用计划,乘务计划及供电计划等,必要时由调度所主管统一协调,但列车运行调整计划必须由列车调度员制定及下达。

2. 以安全为前提,以正点为核心

列车运行计划的调整必须尊重客观条件与规律,不得违规编制调整计划,更不得违反有关行车安全的规定。在此前提下,应尽可能缩小影响面,减少列车晚点时间,甚至恢复正点。

3. 服从全局(全线)整体优化目标

列车运行调整计划的实时调整应以全局(全线)整体优化为目标,发挥全局(全线)的整体效益。

4. 尽可能减少对正点列车的影响

尽量减少晚点列车的数量，在编制列车运行调整计划、进行运行调整时，晚点列车应尽可能不影响正点列车。

三、列车运行调整的方法

1. 利用冗余时间和储备能力

由于速差及区间的不均衡，高等级列车越行低等级列车时，在一些区间将会留下大小不等的冗余时间，这些时间有的可以被晚点列车利用。同时，由于区间能力不饱和或事先预留的储备能力，也供列车运行调整使用。在不影响正点列车的情况下，晚点列车插空运行。

2. 压缩停站时间

停站比较多的列车，晚点后可以通过逐站压缩停站时回来恢复其正点。但压缩停站时间必须以保证旅客乘降为前提。旅客列车规定停车的车站，不得变停车为通过。

3. 运行速度的控制与调整

为满足列车运行调整的需要，在保证行车安全的情况下，有时要求列车赶点运行，压缩区间运行时间，有时要求列车放点运行，适当延长区间运行时间。

4. 变更越行点

无论是越行列车，还是被越行列车的晚点，都将引起越行点的变化。根据列车晚点情况及其运行速度的变化，正确选择越行点和安排越行方案，是列车运行调整的关键之一。

5. 利用备用运行线

备用运行线在编制计划列车运行图时，是根据一定的原则，与正式列车运行线一起铺画的；如果计划列车运行图是按最大波动量铺画的，节假日、春运和暑运才启用的运行线，平日也可作为备用线使用。当晚点列车采用上述措施仍不能进行有效调整时，可让其利用备用线运行。晚点列车的原运行线可作为前方晚点列车的备用线。

6. 临时停运

当晚点列车，尤其是跨线列车严重晚点，各种措施都无法有效调整，且由于动车组交路的变更，将引起返回列车始发晚点时，可选择在有条件的车站运休，并按返回列车在该站的图定发车时间正点发车，返回原始发站。

四、列车运行调整计划的编制

列车调度子系统通过不断编制滚动的列车运行调整计划来实现其调整措施。调整计划有两重意义：一是使计划更接近实际；二是使偏离计划运行线的列车(晚点列车)逐步靠近以致符合计划运行线。

调整计划的编制无异于编制局部的列车运行图，一般采取人机对话的形式，由计算机编制初步方案，人工进行局部调整；或由计算机提出多个可行方案，人工进行挑选。如遇灾害和事故，长时间中断行车后，将重新铺画紧密列车运行图(即按最小的追踪列车间隔时间铺画)，直到把受阻的列车全部送到目的地为止。

五、列车运行调整计划的下达

系统能实时自动地将调整计划传输给相关站段与调度。与前一计划有重大变化的部分

(如变更径路与越行站等)要以调度命令的形式下达给有关车站及乘务组,并通知动车组调度、供电调度以及其他有关调度工种;如涉及列车交接时间的变化,还应及时通知相邻区段的列车调度员(包括普速铁路列车调度员)。

六、列车运行调整(风速超标报警设置列控不及时)案例分析

(一)案例概况

某日 11:19,××城际铁路(线路允许速度 350 km/h 区段)乙站至丁站间自然灾害和异物侵限监测系统在 K57+078 风速监测点报警,依据规定和系统预置,该系统提示 K45+153 至 K62+387 处限速 300 km/h;列车调度员立即在调度终端提示界面上确认报警地点,呼叫已进入该限速地段的 G7271、G7146、G7139、G7016 次列车司机将速度降至 300 km/h。

11:25,向相关司机发布第 9258 号限速调度命令;11:26,列车调度员和助理调度员“两人确认”,分别设置该地段上、下行列控限速。

12:31,甲站至丙站间自然灾害和异物侵限监测系统在 K45+153 风速监测点报警,系统提示 K36+006 至 K57+078 处限速 300 km/h;列车调度员立即确认报警地点,呼叫已进入该限速地段的 G7139、G7148、G7202 次列车司机将速度降至 300 km/h;于 12:33 向相关司机发布第 9261 号限速调度命令。

12:35,在设置该地段上、下行列控限速时,因系统提示的限速范围里程与前次系统报警后设置的列控限速里程有重叠部分(K45+153 至 K57+078 处),列控限速无法设置。

直至 12:38,乙站至丁站间 K57+078 风速监测点报警解除后,列车调度员分别取消 K45+153 至 K62+387 处上、下行列控限速;并于 12:41、12:42 经列车调度员和助理调度员两人确认,分别设置甲站至丙站间 K36+006 至 K57+078 处上、下行列控限速。

(二)案例分析

自然灾害和异物侵限监测系统中,风速监测子系统和雨量监测子系统报警后需要限速的里程,为报警监测点的相邻两端监测点之间的区段;如果终端监测点报警,限速里程则为相邻端监测点至终端监测点前移 10 km 的区段;报警终端应自动给出限速值、限速范围供调度员参考。遇到某一时段风速不稳或某一地段多处风速报警,需要频繁发布限速调度命令和设置、取消列控限速时,经高速铁路值班(副)主任批准,列车调度员在某时段或地段按最低限速值发布限速调度命令,并及时设置列控限速。

列车调度员发现报警信息后,要沉着、冷静,按规定程序操作,并根据报警信息立即向列车发布限速调度命令。对来不及发布调度命令的列车,立即通知列车司机限速运行,列车司机按相应的限速要求运行,当系统发出禁止运行报警信息时,列车调度员应立即通知报警区段内或接近报警区段的列车停车。这时,通知相关列车停车或限速时,应首先运用设备手段(对未进入关系区间的列车取消发车进路自动触发),同时充分发挥列调台上配备的两台 FAS 机的作用,列车调度员应明确布置助理调度员负责呼叫的列车车次,按照“先通知报警区段内列车,后通知接近报警区段列车”的原则,采取两人分别呼叫的办法,以达到及时使相关列车停车或降速的目的。

需要设置两处列控限速时,如果限速里程有重叠部分,则第二次下达的列控限速无法设

置。在本案例中，K45＋153 至 K57＋078 属重叠部分的里程，且系统两次报警提示的限速值均为 300 km/h，则应在 K36＋006 至 K45＋153 及时设置 300 km/h 的列控限速，以实现对动车组列车的速度控制。由于乙站至丁站间风速报警恰在此时解除，列车调度员方才设置第二次报警的列控限速，实际造成 K36＋006 至 K45＋153 处应实施限速 300 km/h 的地段，在长达 10 min 的时间（12：31—12：41）内仅凭列车调度员的口头通知，以司机人工控速，未设置列控限速实现对动车组列车速度的“机控”。

任务训练

一、场景设计

（一）实训目的和要求

1. 能说明高速铁路列车运行调整的原则。
2. 能说明高速铁路列车运行调整的方法。

（二）实训内容

1. 根据所学知识和查阅的资料，说明高速铁路列车运行调整的原则。
2. 根据所学知识和查阅的资料，说明高速铁路列车运行调整的方法。

二、实训步骤

（一）实训前准备

1. 实训场所：在列车调度指挥实训中心及多媒体教室中进行。
2. 工具设备：实训软件、多媒体设备课件、图片、示教板、计算机多媒体设备等。

（二）实训

1. 以 5～6 人小组为单位开展实训活动，通过学习说明高速铁路列车运行调整的原则。
2. 以 5～6 人小组为单位开展实训活动，通过学习说明高速铁路列车运行调整的方法。

三、任务评价

姓　名		地点		时间	
任务名称	实训考察要点	分值	小组评分（40%）	教师评分（60%）	最终得分
列车运行调整	1. 说明高速铁路列车运行调整的原则	40			
	2. 说明高速铁路列车运行调整的方法	60			
合　计		100			

复习思考题

1. 简述高速铁路调度指挥的作用。

2. 简述国外高速铁路调度指挥系统。
3. 简述我国高速铁路调度指挥系统的发展历程。
4. 高速铁路调度指挥系统有哪三种架构?
5. 简述高速铁路调度指挥组织机构。
6. 简述高速铁路调度指挥系统构成。
7. 高速铁路调度指挥主要调度岗位有哪些?
8. 高速铁路调度指挥各岗位职责是什么?
9. CTC 系统是由哪几部分构成的?
10. CTC 系统的主要特点有哪些?
11. 具体说明 CTC 系统的操作方式有哪两种?
12. CTC 两种模式转换的具体规定有哪些?
13. 简述高速铁路调度日计划的内容。
14. 何为调度命令? 发布调度命令有哪些规定?
15. 简述高速铁路列车运行调整的特点。
16. 高速铁路列车运行调整的原则有哪些?
17. 高速铁路列车运行调整的方法有哪些?

参 考 文 献

[1] 彭其渊,闫海峰,文超.高速铁路运输组织基础[M].2版.成都:西南交通大学出版社,2014.
[2] 中国铁路总公司.高速铁路行车组织基础[M].北京:中国铁道出版社,2014.
[3] 张琦.基于同站台换乘的高速铁路车站作业计划编制[D].北京:北京交通大学,2015.
[4] 连义平,郑松富.高速铁路行车组织方法[M].北京:中国铁道出版社,2016.
[5] 中国铁路总公司.铁路技术管理规程(高速铁路部分)[S].北京:中国铁道出版社,2014.
[6]《技规》条文说明编写组.《铁路技术管理规程(高速铁路部分)》条文说明(上册)[S].北京:中国铁道出版社,2014.
[7]《技规》条文说明编写组.《铁路技术管理规程(高速铁路部分)》条文说明(中册)[S].北京:中国铁道出版社,2014.
[8]《技规》条文说明编写组.《铁路技术管理规程(高速铁路部分)》条文说明(下册)[S].北京:中国铁道出版社,2014.
[9] 国家铁路局.高速铁路设计规范(条文说明)[S].北京:中国铁道出版社,2014.
[10] 杨敏炯,杜敏齐,周治衡.高速铁路行车组织基础知识问答[M].北京:中国铁道出版社,2018.
[11] 李慧玲,靳希颖.铁路行车组织[M].北京:人民交通出版社,2020.
[12] 李一龙,刘功利.铁路运输调度指挥[M].3版.北京:人民交通出版社,2020.
[13] 铁道部.铁路交通事故应急救援和调查处理条例·铁路交通事故调查处理规则[S].北京:中国铁道出版社,2007.
[14] 石蕾,石高山.高速铁路动车组运用与管理[M].2版.成都:西南交通大学出版社,2021.
[15] 中国国家铁路集团有限公司机辆部.铁路动车组运用维修[M].北京:中国铁道出版社有限公司,2022.
[16] 中国国家铁路集团有限公司安全监督管理局.铁路运输安全[M].北京:中国铁道出版社有限公司,2022.